中国比较文学学会文学人类学研究会
CCLA-INSTITUTE OF LITERARY ANTHROPOLOGY

文学人类学研究

【2020年第一辑】

LITERARY ANTHROPOLOGY
STUDIES

徐新建　主编

李　菲　执行主编

谭　佳　梁　昭　副主编

社会科学文献出版社
SOCIAL SCIENCES ACADEMIC PRESS (CHINA)

本刊物由教育部人文社科重点研究基地四川大学中国俗文化研究所资助出版

编 辑 部

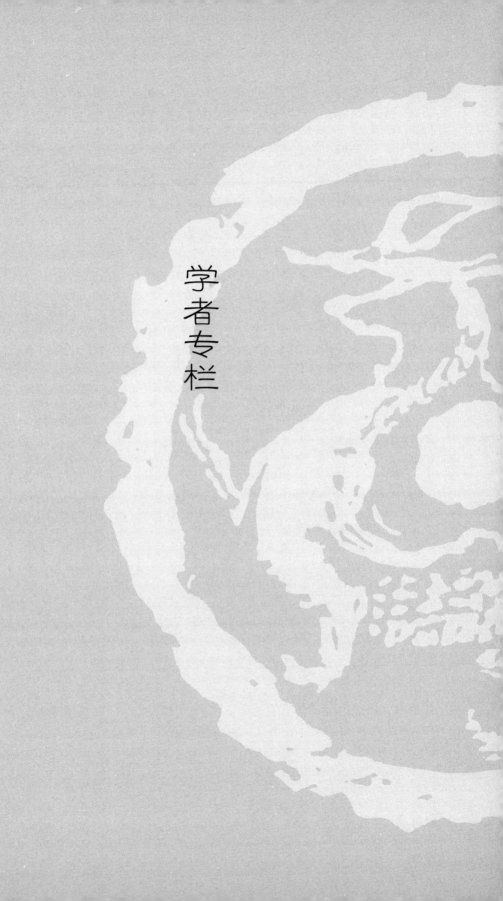

学者专栏

文学人类学的新理论与新方法

——萧兵先生访谈录[*]

胡建升^{**}

萧兵，原名邵宜健，福建福州人，1933 年生，淮阴师范学院中文系教授，上海交通大学神话学研究院研究员。20 世纪 80 年代，萧兵先生的系列楚辞研究，方法独特，观点新鲜，成绩斐然，在学术界引起了极大的反响，被当时学界称为"萧兵现象"。出版了《黑马》、《楚辞研究》、《楚辞文化》、《楚辞与神话》、《楚辞的文化破译》、《楚辞与美学》、《中国文化的人类学破译》、《中庸的文化省察：一个字的思想史》、《孔子诗论的文化推绎》、《中国早期艺术的文化释读》、《中国上古图饰的文化判读》、《神话学引论》、《傩蜡之风》、《老子的文化解读》（与叶舒宪合著）、《山海经的文化寻踪》（与叶舒宪、郑在书合著）等著作 30 余种，曾获中国图书奖、江苏省优秀社科著作奖等。被评为全国自学成才优秀人物，江苏省高校优秀学科带头人以及省优秀哲学社会科学工作者。国务院特殊津贴专家。叶舒宪教授在谈到文学人类学的学术开拓与理论创新时，总是以萧兵先生为榜样，来教育和鼓励学生。

2019 年 4 月 6 日至 7 日，上海交通大学神话学研究院"首届新成果发布会暨专家论坛"在上海交通大学闵行校区学术活动中心举行。86 岁高龄的萧兵先生参加了此次新书发布会，并做了《跨学科吸纳与投射——兼论"反李约瑟难题"》的主题演讲，受到与会学者的好评。会议期间，我很荣幸，就文学人类学的理论与方法，与萧先生展开了一次深入的学术访谈。

---

* 本文系国家社科基金后期资助一般项目"文化大传统与诗言志的跨学科研究"（项目编号：19FZWB038）的阶段性成果。

** 胡建升，上海交通大学人文学院、神话学研究院副教授，研究方向为文学人类学与中国传统文化，在《哲学与文化》等期刊发表学术论文 40 余篇。

胡建升（以下简称"胡"）：萧先生，您好！您是文学人类学的早期开拓者之一，取得的学术成果极为丰厚，成绩斐然，极富创新，令晚辈敬仰之至。很荣幸，今天能有机会采访您。首先，请萧先生回顾一下，您开始文学人类学的跨学科研究，是受谁的影响？

萧兵（以下简称"萧"）：1955年前后，我阅读了闻一多先生关于《楚辞》与神话方面的研究著作，还有郭沫若的《甲申三百年祭》，以及他的一些民族、神话、古文字方面的著作。我深受启发，那个时候，我才二十多岁，在上海海军工作，我觉得，自己可以在这方面做一些努力，有可能会取得一些成绩。

胡：您是怎样开始文学人类学的全新思考与研究的？

萧：当时，闻一多、郭沫若等人还没有建构出文学人类学的理论。我将当时这方面的研究称为民俗神话学。民俗神话学相当于文化人类学，就是用民俗学的方法去研究神话，用神话的理论去引领民俗。我们所说的民俗，不是那种简单的、在民间流行的传说信仰，而是整个史前、富有历史意义的所有人文的风俗习惯与社会秩序构造，我们强调它的历史，从历史的维度去考虑它的过去、现在、未来。由于他们的研究更多局限于当代的民间信仰，我们还要问当代的民间信仰是从哪里来的，它的根在哪里，换句话说，就是我们古老文化中的一些很神秘的东西，现在变成什么样子了，也就是文化人类学家所说的遗迹研究，或文化遗痕研究，即它的痕迹构造研究，以及将来会变成什么样子，这样就把文化的过去、现在、未来贯通起来。实际上，这也是人类学研究很重要的一部分。那么，到了文学人类学提出来以后，我觉得基本与早期民俗神话学还是一致的，文学人类学的研究重心还是神话与民俗。对文学人类学最简单的概括，就是以人类学作为理论与方法来研究广义的文学，再用广义文学的资料来充实和改善人类学。不仅改变了传统文学研究的格局，也改变了人类学研究的格局。为什么呢？第一，传统人类学研究的是史前社会，以田野调查为主，我们认为，应该将史前社会引入文明史，以及文明史的将来走向，都要贯穿起来。第二，以广义的文学为资料，即广义的文本资料，包含了过去的民俗神话、民间传说故事，乃至古典的文本神话。第三，就是诗学人类学，应该将文学人类学搞得很生动，具有文学性，便于人们接收，为群众所喜闻乐见。因此，文学人类学既借鉴了人类学的理论，又充实和改善了人类学。

胡：文学人类学的研究与方法对阐释中国文化精神、揭示华夏文明起源研究有什么学术优势？

萧：最主要的一条，研究人类学，要从根源抓起，我们所谓的人类学，是以文化与文学为中心的，但又不能局限于它，还应该包含古人类学、哲学人类学、体质人类学这三种人类学。这是人类学界、文化人类学界、文学人类学界的不足之处。中国搞人类学理论研究，不大考虑古人类学问题，文学研究仅仅局限于文本的文学，没有把哲学人类学、古人类学的根本包含在内。哲学人类学研究的第一个问题是人的本质，人的特性，人与动物的差异。第二个问题是人的过去、现在和未来。第三个问题是人与人之间的关系，以及人和自然之间的关系。重点在于这三个部分。这三个部分，我们要将其涵括在文学人类学中，因为哲学界的学者不大看得起人类学，而人类学的学者又怕讲空话，不愿意讲哲学。所以中国不够成熟的两门学问，一是哲学人类学，二是原始思维，包括神话思维与巫术思维。这两部分的研究较为薄弱。哲学思维与原始思维的研究都存在很多问题，原始思维涉及大量的民俗神话形象，他们研究原始思维，仅仅将其当成理论化的东西，而原始思维研究还要精通人类学、心理学。心理学也是一门交叉学科，包含实验心理学、病理心理学，甚至通过实验的方法，将人类心理复现出来，当然还包括实验考古学、实验神话学、模拟神话学等。我的研究做了一些大胆的尝试，将古人类学纳进去，人类学起源在什么地方，人类最初如何走出非洲，类人猿有几种，类人猿怎样转变为能人，能人在各个阶段代表性的文化是什么，这与过去的传统概念都有很多不同，比如过去讲新石器时代革命，以达尔文为代表，现在不这样，而要讲旧石器时代的革命，这是一个重要的历史阶段，因为艺术的井喷期就是在这个时期，而不是在新石器时代开始的。在旧石器时代中晚期，艺术萌芽并井喷，出现了大量的岩画、壁画，大量的所谓原始艺术在这个时候出现。这是人类的早期艺术，艺术是什么？艺术是人类适应自然、与自然作斗争的手段与工具，也是对自身的一种心理认识，过去我们没有提高到这种高度来认识，艺术是人类生存的必需品。所以我写了一本书，题目叫

《艺术的起源与发生》，主要研究两个问题，第一是古人类怎样向艺术转变，第二是专门讲人类的特征，我用自由能动来概括人类的特征，因为自由能动性包含以下三个方面内容。第一就是所谓劳动，也就是制造工具。工具就是将人类的力量传达到对象上去，如果人类用加工器来加工其他的加工器，这就是二次加工，这种二次加工才是真正的工具制造，这才是真正的劳动。所谓劳动，就是要创造价值。这样才能创造价值。如果只是使用，无法创造价值，只是使用价值。第二就是语言。人类能够使用意义分明、有语法规则的音节语言，语言包含三个特征：一是音节性，二是有比较明确的语法规则，三是语意比较确定，便于交流。第三就是理性思维。所谓理性思维，是人类在所有创作中表现出来的思维模式、思维规律、思维形态，都包含在其中，神话思维只是其中的一种。在此书中，我认为，艺术首先表现在工具之中，制造工具、使用工具、改进工具，原始思维还没有从工具出发。我还谈到了神话故事，包括语言，谈到了作品，包括民俗、神话等方面。

胡： 谈到神话思维，是不是可以将艺术当成神话思维的文化遗物或有形的表象形式？

萧： 这种理解还远远不够，所谓原始思维，体现为人类的特性和人类的创造。我不用创造这个词，而用能动这个词，因为人类的生产资料，人类的生活源泉，很多不是人类自身的创造。比如太阳，就不是人类的创造。

胡： 通过您的研究，最后得出艺术起源于什么呢？

萧兵： 艺术是基因与人类环境相互作用的一种成果，是一种积极的适应方式。具体来说，艺术发生于学习及其成果展演。因为人，首先是体质性的东西，如基因、遗传编码等，但这方面还不够，人类要改进体质方面，还需要改进学习。只有通过学习，才能战胜本能，战胜基因的东西以及与基因相对抗的东西。

胡： 学术界还有体质人类学、分子人类学等自然科学，也为我们带来很多关于人类自身的全新知识。未来文学人类学如何利用好这部分知识呢？

萧： 首先要加强学习，要懂得这方面的新知识。古人类学、分子人类学等方面，我们一定要学习。艺术基因还没有破译，而语言基因已经接近了。我们的基因研究还处于初始阶段，特别是艺术基因。

胡：现在文学人类学开始成为国内具有理论创新的重要学派，我想听听您对文学人类学理论创新现状的看法。比如，叶舒宪教授最近提出了玉石神话信仰、大小传统、神话中国、神话历史等，这一系列的新命题、新理论对促进文学人类学的发展有何意义？

萧：我们不能太乐观。人类学研究，包括文学人类学研究，在正规的传统学科中，属于边缘学科。最近好一点了，最多是成了现代学科中的一个分支，还谈不上什么引领作用。我们是对传统学科的挑战，是尝试，是冒险，但有一点是清楚的，它是创新的学科。叶舒宪所提出的这些理论，对文学人类学的研究有着极其深远的意义。

胡：能具体谈谈其中的一个理论命题吗？诸如大小传统的文化理论，您是怎样理解的。

萧：大小传统，我们要辩证地对待。大小传统与宏观研究、微观研究是紧密结合的。所谓大传统，就是民间的、机缘的、根本的东西，但是这个东西不是抽象的，不是我说机缘就是机缘，也不是我说根就是根。它是微观的，用中国传统的话说，是用圣道作为原则的，是用先验小巫，以知大巫，先从小到大，从根须慢慢向上延伸。比如，叶舒宪以玉石物质作为切入点，以熊图腾、猫头鹰的眼睛作为切入点，在传统学术界可能还不太认同，但需要慢慢地宣传，要多开这种新书的发布会，现在还不能太乐观。

胡：文学人类学还倡导四重证据的方法论，在20世纪90年代提出的三重证据法基础上，进一步提出了四重证据法，包括您自己在著作中也大量地使用图像物质证据来论证自己的学术观点。请您讲讲，作为第四重证据的物质图像在阐释文化、还原古史方面有哪些优势？

萧：叶舒宪提出四重证据法，在方法论上，还是有一定的引领作用的。我的提法，是多重证据，因为提四重证据还不够。多重证据的理论基础是什么？多重证据的理论基础就是跨学科研究，是交叉学科研究。人类学本身就是一个交叉学科，是自然科学与人文学科相结合的结果。我刚才讲了很多，环境学、基因学、分子生物学、古人类学，都是自然科学，你不使用这些东西不行。人类学天生就是一个交叉学科。在这个理论基础上，才能谈到跨学科研究，既然是跨学科，当然就要用到多学科的证据，因此，我提倡多重证据。过去不重视第四重证据，这次将第四重证据特别的拿出来讲，重视物质图像证据，重视考古实物证据。王国维重视二重证据，杨向奎、饶宗颐也都讲过三重证据。叶舒宪提倡四重证据，比他们都讲得好。所谓图像证史，这就更加有意义。利用考古学的出土实物，考古学就是器物学，我要说什么观点，我就拿什么证据给你看，以证据说话，而且是活生生的、具体可见的证据。

胡：萧先生自己也身体力行，用物质图像证据来阐释古代传统文化，能不能举一个您最有心得的例子，来说明图像证史或物质图像证据的有效性？

萧：诸如混沌、一元、气，这些东西都很深奥，但都在古代的图像中体现出来了。甚至一分为二，二分为三，在史前图像中都有表现。混沌形象也表现出来了，是多种形态的。我曾经提出千面混沌，坎贝尔提出千面英雄，叶舒宪提出千面女神。我提的是千面混沌。第一个是元气，是气体混沌，气态混沌，这个在图像中就有了。天地未分之时，是混沌一片，只有云气缭绕，然后才分开来，才有阴阳，才有天地，才有白天黑夜，才有万物产生。还有水体混沌，如《旧约·创世记》记载，原初是大水，什么也没有，一片混沌。水生太一，这是水元论的世界观，也就是水体混沌。天地浮在水上，明确的记载是管子的《水地篇》，以及葛洪的著作。太一生水，将其颠倒了一下，但依旧还是水体混沌，加以概括，有很大的意义。还有其他形态的混沌，如人体混沌、葫芦体混沌，都是混沌形象。将葫芦剖开，就是瓢。还有卵体混沌，宇宙卵（Cosmic egg），盘古从卵中生出。在《薄伽梵往世书》《梨俱吠陀》《五十奥义书》等文献中记载，宇宙最初是一个混沌金胎，红和热就像太阳，从中裂开，梵天就出来了。这些讲空话是没有用的，过去都是用图像来表示，现在我们就可以将这些古老的图像拿出来给人家看。再举个小例子。我研究《楚辞》，就发现楚王宫中是多元文化的，楚国文化是多样性的，其审美趣味也具有多样性。楚王宫中嫔妃如云，美女很多，宫中不仅有楚国的姑娘，也有西北的姑娘，个子又大又胖，高大腰细为美，还有鲜卑好女，东北的姑娘，个头高大，还有一些长沙纹面的姑娘。老一辈楚辞研究者都觉得很奇怪，楚国这么先进的文明，随县曾侯乙的编钟都有了，为什么还以纹面为美，这根本是不可能的事。我就拿出长沙纹面记的图像给大家看，图像证史，提供了文字以外的鲜活证据。还有楚国所划的龙舟，龙舟底下有橛形物，这个橛形物就像一个突出的戈，犹如龙王的肚子下长个独橛，以前有人认为，这个东西会产生阻力，会影响前行。他们不理解，这个橛形物是为了防止水怪，可以避开危险，具有辟邪的文化功能，也是避凶啊。我也找到相关的证据，将证据拿出来，别人就很难驳倒了。

胡：另外，文学人类学特别关注华夏文明起源的问题，也提出了一系列的文化命题，诸如神话中国，玉文化先统一中国说，等等，请谈谈您对这些理论命题的看法。

萧：这些提法都有很大的创造性，但是争论也比较大。首先什么是文明，过去对文明的界定，有三大标准，如文字、青铜器、城市，在这方面，我比较保守，我认为，这三大标准基本上是可靠的。虽然这三个东西并不错，但是过去讲得比较狭隘。叶舒宪提出神话中国，非常重要，比如说，中国为何能成为一个大一统的国家，内聚力特别强，这个是当前非常有兴趣的研究热点，为什么中国这个多民族国家，能够持续几千年，分分合合，最终又走向了统一。世界上古老的文明，都发生了一些变化。有的灭亡了，如苏美尔文明、古埃及文明。印度文明，它存在，但可惜它中断了。有的就是转移了，如希腊文明，希腊文明在欧洲文明得到了复兴，但它转移了。只有一个文明，既没有消灭，也没有中断，也没有转移，这就是中华文明。当然，认知中华文明，应该有很多标准，不单是玉石神话，一个东西不能强调过分，要从各个方面、从多元证据来论证。根据我的《中庸的文化省察——一个字的思想史研究》，这可能与环境有关。这里的环境是广义的地理环境，是基因与环境互动的结果。所有环境，不单指地理环境，也不仅仅是指气候，这里的环境还包括社会构造，包括地理大系，包括人所创造的东西，甚至包括住宅，等等。人在自然环境中生活，没有自然，哪里有人，强调这一点，也不是自然环境决定论。中国的地理有一个非常妙的方面，第一，有广阔的土地，广阔的疆域，基本上是平原和丘陵地带，可以互相支撑，虽然有河流，河流的作用，与其说是分割，不如说是交流，还可以交通。它比较困难的，就是对外沟通，所以中国有一个广阔而又相对封闭的结构，西北有大山，北面有沙漠，东面有大海，这在当时，都是比较难以沟通、难以开放的。它有一个广阔而又相对封闭的环境。当然，也有小规模的交通交际。第二，中国的人种相对单纯。绝大多数是蒙古人种，而且大部分是大陆蒙古人种，还有一部分海洋蒙古人种。人种相对单纯，认同感就强烈。也有少数的其他人种，比如高加索人种、突厥人种、通古斯人种、南方马来人种（也有人将马来人种列为海洋蒙古人种）。华夏文明的稳定，人种单纯是一个重要的因素。第三，与神话有关。比如龙，在中国传统文化中，龙是一种神话动物，它是在蛇、蜥蜴、鳄、虫等动物形态基础上生长出来的神话动物，它能伸能屈，从南方到北方，都有玉龙出土，人们都崇拜龙。龙的神话是很好的文化纽带。另外，中国神话与中国土壤构造、地理环境有关，气候不太严酷，相对稳定，温度适中，适合农耕。美国芝加哥大学的何炳棣，他研究中国文明为何能持续这么长久，为什么不会中断，他不讲空话。他首先研究北方的黄土结构，从黄土的微粒结构研究起，因为黄土具有极好的垂直结构，具有很好的保水性，具有一定的制肥力，不需要花过分的辛苦劳作，就可以获得一定的生活资料，他将这种农业称为旱作农业，而这种旱作农业可以养活很多人，但另一方面又需要下很大力气，所以中国人民勤劳勇敢，你不花力气耕作，就很难有收获啊。但是在中国这片土地上，只要你花了力气，就一定能够种出庄稼，而世界上有的地方，你再努力，也种不出东西来，所以农耕与中国文明有很大关系。综合来看，中国文明的形成不是一个单一的原因，而是多元的原因。当然，在青铜出现之前，是古代中国的玉器时代，玉石神话信仰对于解释华夏文明起源与民族认同是非常重要的。

胡：讲到神话，我想问问萧先生，东西方神话观念有什么差异？

萧：有很大的不同。就如我刚才提到的，中国文化的特色是农耕文化，需要付出辛苦的劳动，才能得到收获，而且通过劳动确实能够得到收获，所以养成了非常实际也非常实用的文化观、宇宙观与人生观，所以在中国的神话中，纯粹的自然神话是很少的，自然神都人化了，都与人文、英雄神话结合在一起，我将中国的神话称为神话的传说化，或传说的历史化，也就是文学人类学当前所讲的神话历史。神话传说化了，传说历史化了，中国没有单纯的神话。比如黄土神话，没有单纯的黄土神话，而是黄土的人格化，如黄帝，黄帝首先就是黄土地，再就是黄风，黄沙卷地，风沙萧瑟，混沌一片，是混沌原型，所以黄帝开头就是混沌啊，黄帝又称帝鸿。黄帝是黄土地的人格化，又可以用龙来表示，所以很多少数民族也称为黄帝子孙，游牧民族也称黄帝子孙。中国古人认为，人与自然是一体化的，天人合一，天人以合，没有单纯的自然，它的自然都是人化的自然，它的神话都是文化的神话，人化的神话。还有如黄息、黄土、黄色、黄水、黄海、黄河，都是人格化的，黄河之水天上来，奔流到海不复回，黄色是中国最重要的颜色，还有黄帝，人也是黄种人，还有古代皇帝的黄袍，黄色是最高贵的颜色，黄色是中和之色，它不太黑，也不太白，是一种中和的颜色。自然神话与神话传说、神话历史结合在一起，完全历史化了，没有单纯的自然神话。希腊神话也有一些共同之处，但通常强调自然神赋予人的东西，是神的人化。中国神话是人的神话，是以人为主体，来同化和吸纳这些自然神话。这是两者最大的不同之处。

胡：也就是说，文学人类学讨论的本土神话，与西方人讨论的神话，在神话观念上是有所不同的。

萧：是的，存在一些不同之处。另外，我刚才还有一句很重要的话要说。中华民族为什么能够这样持久，这样有内聚力？中华民族大一统很重要的原因，是它既具有内聚力，也有外向力，也有吸纳力。它是一个多元的、包容性很大的国家神话。我们说自己是炎黄子孙，我们不太说我们是黄帝子孙，实际上，炎帝与华夏汉族人根本是两回事，炎帝是羌族的祖先，但是华夏汉族将其吸纳过来，炎黄子孙具有包容性、联合性，所以"炎"字就可以代表很多少数民族，羌族人对中国文化的贡献极大，农业就是它发明的，姜嫄生稷，后稷是农业之祖，还有姜子牙，都与商人、周人有联姻关系。我们能将羌人的文化吸纳过来，而其他少数民族也很认同这一点，这是中国文化十分重要的东西，所以它能团结多民族，多民族也愿意团结它。

胡：萧先生一辈子在文学人类学的跨学科研究方面开疆拓土，贡献极大。请结合您现在的研究，谈谈未来文学人类学还可以在哪些方面发挥自己的长处，使自身的文化理论更加丰满，更加成熟，能够创造它更加美好的未来。

萧：第一，以叶舒宪为代表的学派，对于文学人类学的理论建设开拓，做得非常好。因为没有理论，就没有后发力。他所带领的团队，在这方面做出了很大努力，这是非常好的。文学人类学首先要有自己独立的理论，我们不能认为，西方人的抽象思维能力就很强，中国人就不能抽象。中国人也能抽象，我们的抽象还与西方人不同，我们也有能力建构我们学科的理论。

第二，要有更大的包容心，要包容更多的学科，更多的知识，尤其是要有自然科学知识，弥补我们最大的不足，我们的自然科学知识太差，还有一些自然科学方面的学科，诸如人类学、心理学、古地理学，我们了解不够。现在的跨学科不但有点狭隘，而且水平不够。

第三，要有适当的扩张性。文学人类学是多学科的研究，要不断吸纳别人的最新成果，还要向外投射我们的影响。检查文学人类学是否成功的一个重要指标，就是各个学科是否承认你，是否引用你，是否关注你的研究。举个例子，如王仁湘，他是纯粹的考古学者，而且是优秀的、资深的考古学家，他愿意关注、吸收文学人类学的理论精华，来充实考古学的相关研究，具有较强的创新性，成就较大。王仁湘的旋涡、彩陶、玉器研究，与传统考古学的研究都不太一样，因为他适当借鉴和吸收了文学人类学的一些成果。所以考核文学人类学一个很重要的标准，就是看人家承认不承认你。现在学术界不少人被吸引到这边来了，如王子今、王一川也来了。文学人类学是一个开放性的学科。就我自己而言，就喜欢向其他领域扩张。

第四，要尽可能地开拓我们的研究领域，但又不要散漫过火。我的研究就有点散漫，我试图向各个方面扩张，比如文化人类学、比较文学、比较宗教、比较文化等，各个领域都侵入进去。在扩张领域的同时，还是要坚持以人类学为本位。我们主要扩张了以下学科。第一，古代思想史。我和叶舒宪用人类学方法研究古代思想史，研究孔子、老子、庄子，研究孔子诗论、中庸之道。现在我又搞到科学史里面去了，提出反李约瑟难题了，这是我最近研究孔子得出的结论。我还提出文字人类学，过去叫文字

民俗学，准确地讲，应该是文字人类学。从文字观点，又侵入美学领域
了。我写过一本书叫《汉字与美学》，就是从羊人为美和羊大为美中引申
出来的，先是羊人为美，后来变为羊大为美，讲的是民俗学，也是神话
学，还是文字学，而且还是美学。美学研究通常说美是主观的，美是客观
的，美是主客观的，都很难讲清楚。我们通过汉字来研究中国美学的特
征，美是从哪里来的，真是从哪里来的，善是从哪里来的，有一个奇怪的
现象，在真、善、美三个价值理想中，有两个字与羊有关，那不从羊开始
研究怎么行呢？我研究羊，就搜集了将近一百万字，东西方的羊，东西方
羊的形象、图像，都搜集了。善，什么是善？善就是膳食中的羊肉最好
吃，善从口，一方面是吃，一方面是讲话，那么，从牧羊人口中说出来的
话，就是好话。真、善、伪原本都是好的价值，后来才演变为对立的价
值。荀子就提出，人要伪善。孔子说：人之初，性本善。但是他后面还有
一句话，达到了当时心理认知的最高水平，即"性相近，习相远"。"习"
包括行为与环境等，中国的"习"字，非常妙，环境、习惯都要改造，
"学而时习之，不亦说乎？"学习就是科学与艺术的起源，也是关键的动
力。孔子重视学习，就形成了孔子的美学核心观念。荀子说的人为，就是
要慢慢改造，人工学习，这样坏人也可以变成好人，坏习性可以变成好本
性。再看恶字，从亚，"亚"是中国古代的神圣建筑，我写过《中国古代
对时空的划分》，专门研究"亚"，"亚"是一种神圣建筑。叶舒宪研究明
堂，得出的结论，与我一样，我很高兴。在科学研究中，两个人不约而同
走到一块，你用你的方法，我用我的方法，最后殊途同归了。这就说明，
科学研究具有客观性，具有图式性。

最后，研究方法还要更加多元化。要向各个学科开放，多听取别人的
批评。今天开新成果发布会，这种会议开得越多越好，有这么多媒体参
加，可以强化向外宣传。

胡：萧先生好，您今天的访谈非常精彩，我受益良多，尤其加深了我
对文学人类学的学科特色、研究方法及其未来发展的认识。谢谢您。

人类学的法兰西学派

——多松教授访谈录

让－皮埃尔·多松（Jean－Pierre Dozon）[1]

刘芷言[2]　佘振华[3]　秦娅芳[4]

受访人：让－皮埃尔·多松（Jean－Pierre Dozon）

访问人：刘芷言、佘振华

访问地点：四川大学科华苑宾馆

现场翻译：佘振华；录音整理及法汉翻译：秦娅芳

稿件润色：刘芷言

引　言

2019 年 9 月 30 日下午，法国人文科学之家基金会副主席、高级研究员让－皮埃尔·多松（Jean–Pierre Dozon）教授在四川大学望江校区文科楼 200 会议室举行了题目为"人类学方法的回顾与反思：关于文化的研究"的讲座。讲座以回顾人类学的法兰西传统开始，阐述社会人类学的核心方法，以及人类学及其田野考察方法的批判方式。讲座的最后，多松教授对人类学是否能够真正地了解人类族群与文化提出了质疑，为此次访谈埋下了伏笔。2020 年 10 月 2 日下午，多松教授接受了四川大学文学与新

---

① 让－皮埃尔·多松，法国人文科学之家基金会副主席、高级研究员，曾任法国社会科学高等研究院非洲研究中心领导职务。研究领域为西非经济、卫生（尤其是艾滋病和埃博拉病毒）、族群冲突。代表作有《先知们的事业：当代非洲的政治与宗教》《兄弟与附庸：法国与非洲关系展望》《塞内加尔的圣路易，一座城市的翻版》《在别处的真实：巫术与阴谋》等。

② 刘芷言，四川大学文学与新闻学院博士研究生。

③ 佘振华，四川师范大学外国语学院法语专业副教授，四川大学文学与新闻学院博士。

④ 秦娅芳，四川师范大学外国语学院本科生。

闻学院文学人类学教研室的专访，就个人从业经验展开了讨论。

一　人类学的治学经验

问：多松教授您好，今天我们访谈的主题是"人类学四大流派——法兰西学派之个体学术经验"。因此，我们的第一个问题就从您个人的从业经验展开。请问，多松教授是如何踏入人类学研究领域的呢？

多松：其实，在大学期间，我就学习过哲学和人类学。大学毕业后，我当过两年多的教师。差不多在 23 岁的时候，我进了法国社会科学高等研究院（École des Hautes Études en Sciences Sociales，EHESS），开始从事人类学研究。之后，我就去了科特迪瓦做田野调查，慢慢地对这个国家熟悉起来，我的学术从业史也就此展开。我是我们家族第一个研究人类学的学者，也是第一个去非洲的成员。至于为什么要去非洲，那是因为我在学生时代遇到了两位特别好的老师，亦是我的两位挚友，他们都对非洲很感兴趣，所以我也就爱屋及乌了。受他们影响，在去非洲前，我就看了不少与非洲有关的论著（一直都处于前田野状态）。所以，我踏入人类学这一行当，首先得感谢我这两位恩师。大致情况就是这样吧。

二　非洲与疾病研究

问：谢谢多松教授的分享。我们注意到，最近几年您在疾病人类学方面的研究成果颇多，比如西非暴发的埃博拉疫情。请问是什么样的动机，促使您展开疾病研究的？

多松：这个问题问得很好。为什么要研究埃博拉病毒？或者说为什么要研究传染病？因为我对疾病很感兴趣。当然，这一兴趣也不是突发奇想，还要从我在科特迪瓦的人种研究说起。顺便提一下，昨天讲座上我提起的那篇论文，就是我在科特迪瓦做人种研究的成果。在科特迪瓦的四年里，我主要研究当地的一个土著族群，并试图理解他们的社会、文化等一系列问题。在这个基础上，我不但完成了我的博士学位论文，还写成了一部有关当地社会，或者说文化研究的专著。这个过程激发了我对科特迪瓦其他方面，特别是一些难以解释的领域的浓厚兴趣，比如某些宗教现象。说到这里，我不得不引入"占卜"这个词语。占卜普遍存在于非洲，随着殖民时期的到来，基督教也走进了非洲大陆。某些当地人受传教士的影响，将基督教融入当地文化后化为己用。这些人仿照《圣经》，自称先知，兴修新教堂，并开展了一系列大规模活动。

此外，我对非洲巫医的好奇，也逐渐引发了我对疾病的兴趣。从定义来看，巫医与疾病的联系是非常密切的。非洲大地上有很多传染病，比如在科特迪瓦就有一种臭名昭著的恶疾，当地人叫它"昏睡病"，主要经苍蝇传播。在面对传染病时，不仅需要医生和传染病专家的指导，人类学家的参与也非常重要。了解当地人对疾病的解释和预防，并站在当地人的角度去理解疾病是非常必要的。目前有待人类学家完成的工作主要是搞清楚，在缺乏现代医学帮助的情况下，这些疾病是怎么被治愈的。由于和当地巫医的接触日趋频繁，我的疾病人类学研究也就自然而然地开始了。"昏睡病"是我在这方面的第一个研究对象，接着就是艾滋病和埃博拉病毒了。

艾滋病大家都不陌生，它不仅覆盖了全世界，而且非洲沦为重灾区。目前，这个问题非常复杂，它不仅是一个无药可治的医学难题，还是一个不能三言两语就向大众解释清楚的表述问题。我申请了相关的研究项目，并制订了研究计划，主要从人类学和社会学两方面来研究艾滋病。在研究期间，我的职业生涯也从助理研究员上升到了高级研究员。虽然骄傲自大不可取，但也不能妄自菲薄，目前我在疾病人类学领域，勉勉强强也算得上一个专家。

2013年，西非暴发了埃博拉疫情。第一例病患出现在刚果（布），很快就蔓延到了几内亚、利比亚和塞拉利昂。其实，我对埃博拉的研究并不算久，是近几年才开始的，目前出版的专著有《在别处的真实：巫术与阴谋》（La vérité est ailleurs：complots et sorcellerie），以及其他几篇学术论文。最初，因为疫情凶险，疫区几乎不允许任何人踏足。等到疫情快要结束的时候，差不多是近几年，我才去了几内亚首都科纳克里。当然我并非只身一人，而是和同事一起，同行的还有一些更年轻的学者。在那段时间里，我看到了一些相当奇特且罕见的现象：首先，那些被埃博拉病毒折磨得最痛苦的患者，拒绝医疗救援；其次，他们并不认为来到村庄的医疗和科研队伍是治病救命的人道主义卫士，反而认为他们是传播疾病的罪魁祸首。为了避免被感染，所有去疫区的人都要穿防护服，戴护目镜，看起来很像宇航员。这在当地人看来，是非常怪异的。因此，各种医疗科研救援队在进入疫区之前，都会和当地卫生系统产生许多误解与难以调和的矛盾。当地人不相信我们说的任何一句话，不论我们说什么，在他们看来都是谎言。说到这里，想必大家都想到了阴谋论。作为一项烈性传染病的受害者，非洲当地人认为这是一起有组织的预谋。首先，世界上某个制药厂研制出了埃博拉病毒；然后，这些病毒被人为地传入了非洲的各个村庄。政府当局、欧洲人，甚至所有的西方人都是这场阴谋的始作俑者，全都对他们心怀不轨。也正是这其中的阴谋论，引发了我的研究兴趣。总之，我对疾病人类学的研究兴趣不是心血来潮的，而是经历了一个漫长的过程。

三 法国与英美的人类学比较

问：非常感谢多松教授的回答。那么，作为一名法国人类学家，您认为法国学派和英美学派有什么样的联系？

多松：首先我要强调的是，法国学派更倾向于社会人类学，这是我们最大的特点。其次，法国学派也吸收各家之长。法国人类学与涂尔干的渊源很深，因为他是法国社会人类学学会的奠基人。当然涂尔干的影响遍及欧洲，不仅仅局限于法国。由于涂尔干素来注重社会制度的研究，因此法国人类学也秉承了这一传统，我也不例外。您问我法国学派和英美学派的区别在哪里？我想纠正一下您的提问，英国和美国应当分开来看。先说英国学派，他们其实是和涂氏传统一脉相承的，整个英国学派都会阅读涂尔干的著作，比如埃文斯·普理查德（Evans Pritchard）就是一个例子。反过来，法国学派受英国的影响也不少，我就看了很多英国人类学家的论著。所以，在人类学方面，英国和法国的关系更加紧密。

当然，我们同美国学派也有交流。大家都知道，美国学派属于文化人类学。长期以来，美国有许多伟大的人类学家淋漓尽致地为我们呈现了美国学派的特色，比如弗朗茨·博厄斯（Franz Boas）、露丝·本尼迪克特

（Ruth Benedict）和拉尔夫·林顿（Ralph Linton）。这三位人类学家的著作早已被译介到法国，并对法国学派产生了一定的影响。但是，对于美国学派，我们更多的是批判。其原因在于，他们是以静止的目光在看待文化。也就是说，文化在美国学派那里成了一种百世不易的实体。就拿本尼迪克特的研究来说吧，她的"文化模式"理论借鉴了两个古希腊社会模式的概念：狄奥尼索斯式和阿波罗式。前者十分暴力，后者则相对平和。我也学习过这两种社会模式，觉得并无太多新奇有趣之处。一个相对暴力的社会，在某段时期之后也有发生改变的可能，而一个相对平和的社会，也不能断定它就不会变得暴力。

所以，这些给文化和社会进行模式分类的概念实在过于固化。然而，英法学派则恰恰相反，更多关注社会制度和社会变迁，是以动态的眼光来看待人类的。即便社会制度往往深深地扎根于人类的实际生活，但却不是一成不变的，会随着时间的变化而变化，就连原初社会也不例外。比如说，在一定时间内，父系社会可能转变成母系社会，反之亦然。然而，美国学派（也就是文化人类学）则通常认为，非西方社会几乎没有历史，甚至连续好几个世纪都保持原状。事实却并非如此，非西方国家的社会变化速度虽不及从 15 世纪起便步入现代化发展的西方国家，但这并不代表他们就没有变化，只不过速度稍微缓慢了而已。

总之，英国和法国的人类学界历来都注重社会制度和社会变迁，这和美国学派有着本质上的差别。作为一名法国人类学家，我也继承了这一智识传统，并以之为观照世间万物的法门。

四　对年轻学者的学术建议

问：作为学界前辈，多松教授在学术上有没有什么建议想要分享给年轻的学者们呢？

多松：首先，一切人类学研究皆建立于田野调查之上。其次，田野调查分许多种，我们通常采用的是围绕社群展开的传统模式。在我看来，做田野不可操之过急，切忌提问提得太快。相反，你可以和他们多攀谈，像天气、葬礼以及生活中的喜与忧等，都是比较好的话题。这么做的目的是，让社群成员接受你的存在。当然，聊天是双向的，不可能是你一个人一直在说，必须得有互动，你得想办法让对方主动向你发问。要是他们询问你是何人，打何处来，你当然要耐心作答，因为做田野调查必须慢条斯理地来，不能心急。

我觉得刚入行的新人通常急于获知社群的日常运作，一进入田野就开始不停地提问。这会让那些社群成员感到一头雾水，甚至会产生不快的情绪。当田野调查进行得不怎么顺利的时候，可以考虑放慢节奏，就先别急着提问了。举个例子，假如你想了解当地的丧葬仪式，那么最好在征得主人家的同意后参加葬礼，在观看了整个葬礼的过程后，再提出你的疑问。如果涉及一些更复杂的情况，比如研究当地人对生死和冥界的想象，以及如何解释生活中林林总总的现象，你的田野调查就更需要一步步地慢慢展开了。

就拿方才我们谈论的疾病来说吧，只要有疾病，通常都会有与之对应的非医学解释模式。比如中医，它的一切表述都基于想象之上，强调人体的辩证关系，以及从内到外的平衡。这种药理解释与西医（也就是现代医学）大相径庭，但中国人仍然在运用它。遇到这种复杂的情况，研究过程就得一步一个脚印地慢慢来。在操作上，首先要针对自己亲眼观察到的现象提出问题，然后再思考它为何会发生，接着再试着去理解当地人的解释。当然，做田野调查是需要和当地人生活在一起的，这期间肯定会遇到很多生活上的麻烦，比如对方的饮食习惯和你的截然不同。为了避免冒犯当地人，你的确得接受某些饮食习惯，但这也不代表你就没有拒绝的余地了。

以我自身的经验为例，我曾经在田野中对当地人给我的食物来者不拒，曾经就吃到了一种非常辛辣的食物，有次还吃了老鼠肉。我们法国人是不吃老鼠的，我当时内心是拒绝的，但由于害怕引起对方不快，我还是吃下去了。后来我发现，其实当地人也不是什么食物都吃的，他们也有完全不吃的饮食。所以，在田野中，遇到这种情况，你可以很自然地拒绝。你要是什么都吃，反而会显得特别奇怪。尽管世界上大部分的人都吃鸡肉，但我仍然认识一些不吃鸡肉的人。他们不吃，也完全可以啊，毕竟每个人都有喜欢和抗拒的事物。后来再遇到这种情况，我就会说："这个东西在我们那儿是图腾，属于文化禁忌。"这些经验也不是我一下子就收获的，而是在长期的田野调查中总结出来的。

以上是我给出的一点小建议，其实一切还是取决于你所处的地区，再加上田野调查也分很多种，因此我不能给一个笼统的建议。比方说，我有学生研究的是病患、贫民和边缘群体，他们面临以下三个方面的问题。

第一，在访谈对象的世界里，你只是一位过客，而他们却活在日复一日的挣扎中，所以你可能很难理解他们平日究竟如何生存。

第二，如何顺利地争取对方的同意，让你可以和他们待在一起，实施起来比较困难。如果你在进入田野之前，告诉这些群体你想了解他们的生活，他们表示同意，那当然好，你可以按照计划行事，不过千万不要着急。然而，有时候对方不会直接回应你的请求，而是来了一句："你能给我点钱吗？我想去喝一杯。"这种情况也是有的，怎么办？你可以给一点钱，但不能没完没了地给下去。那么给多少钱合适呢？这就看每个人可以承受的范围了，对此我很难给出建议。

第三，再举一个例子，我曾在南非的约翰内斯堡等地做过田野，调查的都是一些社会问题重重的地区，所以很危险。很多人住在贫民窟，没有工作，时常喝得酩酊大醉，还有暴力倾向。那边的两性关系也很糟糕，强奸案件屡见不鲜。并且，当地的艾滋病患病率相当高，血清阳性率高达15.2%。当时我是和一个同事一起去的约翰内斯堡，由于晚上出去比较危险，所以我们都是早上出去访谈。在开始田野调查之前，约翰内斯堡大学给了我们俩一张黑色小卡片和一支手枪。每次开始工作前，我们都会把手枪藏在身上，并且带好那张黑色小卡片。有一回，我们去了一家酒吧，除了我和我同事，在场的一共有二十个人。我们跟酒吧里的人攀谈，聊的都是一些日常生活话题，但我就是感觉气氛有些不对劲，于是我就帮在场的人都买了单。看到酒钱有人付了，在场的人都非常高兴，于是我们才得以继续跟人聊下去。我记得约翰内斯堡大学在给我们那张小卡片时就说过，要是没有它，我们的处境会非常危险。在这之前，我恰好去过南非某个地方，事实证明，没有这张小卡片，情况的确不容乐观。

这都是二十多年前的事了，那时的我也不怎么年轻了。我举的这些例子，都是比较特殊的情况，说出来是为了能让你们理解田野环境的多样性。其实在昨天的讲座上，我就谈到了这一点。如果一个地方的失业率长期居高不下，生活在那里的人们成天喝酒买醉，打架斗殴，干出很多傻事，甚至它们已经成了日常生活中极为重要的一部分，改变这些状况很难，我们要做的就是如何理解这样的环境。

五　个人经历的回顾和总结

问：非常感谢多松教授的分享，让我们对当前法国人类学的状况有了一些了解。既然我们今天的访谈是针对人类学家的个人从业经验，那么最后一个问题就回归到个人经验上来吧。请问多松教授，作为一名人类学家，您在职业生涯中，有没有让你觉得很幸福的时刻呢？

多松：这个问题问得好！我从两个方面来谈吧。在我从事人类学研究之前，在十二三岁的时候，我很想成为一名记者。而如今我认为，相比起成为一名记者，我做人类学家能做得更好，并且我在这方面的确有一些成就。人类学家这个职业给我带来了不少难以言表的幸福瞬间，尤其是在我做田野调查的时候，遇到了很多非常美妙的时刻，有时我自己都会被自己惊到。我举一个例子吧，回到我之前说到的占卜术，在科特迪瓦时，我曾长期访谈一位流浪先知，这个人非常不可思议，以对抗黑巫术为己任。我跟着他辗转于许多城市和村庄之间，一路上经历了许多令人惊奇的瞬间。有一次他乘公交出门，我开车在后面跟着他，周围全是人。只是当时我没有摄像机，所以没能录下视频，只有一些记忆。不过还好，除了他，我也跟随过其他先知。

我也拍过纪录片，最近又和两位同事合拍了几部。其中有一部分，是我们对三十年前拍的一些片子的重拍。此外，我们还根据这些片子一起写了一本书，叫《与众神同在》（*Vivre avec les dieux*），讲述了先前那五部纪录片的背景和故事，书末附有一张 DVD。这五部片子的背景发生在非洲的刚果（布）、科特迪瓦和多哥，以及南美的委内瑞拉和巴西。先前提到的那位先知没有入镜，不过有其他伏都教①的先知。根据伏都教教义，神会附至

---

① 伏都教，又称巫毒教，英文称 Vodun，Voodoo，Vodou 或者 Vaudou，意思是"灵"（spirit）。伏都教起源于西非靠海地区，是糅合了一系列祖先崇拜、万物有灵论、通灵术的原始宗教。

凡人身上，有点类似于中国和蒙古国的萨满教，只不过萨满教主张的是亡灵附身。田野调查期间，我经历过许多令人意想不到且妙不可言的时刻。虽然不是唯一一位拥有丰富经验的人类学家，但我确实做过各式各样的田野调查，经验相当丰富多样，并且我认为这些经验差强人意。藏掖这些个人经验是很愚蠢的行为，所以我很乐意把这些经历分享给年轻人。

总的来讲，人类学家确实是一份很不错的职业。当然，它也会带给你许多不开心的时刻，有得必有失。这份职业教会了我许多，已经成了我人生的一部分，和我的个人身份紧密相连。我经常将我的个人经验分享给我的学生，不仅满足于讲述奇闻逸事，还要让它们包含学术经验。希望某一天，我的学生也能如此。其实，我说了这么多，并不是因为它们是我的个人经历，而是从事人类学研究本就很有趣。

忆虎彬：2006 年芬兰文学学会民俗学档案馆考察记行

汤晓青[*]

引言：学人工作档案

"学人工作档案"，将以我们这些年在民族民间文学资料的抢救性搜集整理、西部少数民族地区口头传统当代传承情况的"国情调研"工作为线索，通过整理学者的田野调查笔记、图文资料，采用图文志的工作散记方式，陆续发表。希望得到各位学者的批评指导。

21 世纪的这 20 年，中国文学研究的文献学建设在各二级学科的分支领域都取得了突出的成绩。古典文学文献学、现代文学史料学等学科以往的基础扎实，而新兴学科中国少数民族文学的资料学建设起步较晚，底子薄，面临的问题很多，解决问题的路径不明，需要学界的耐心探求。当代民族文学研究、民俗学研究的重要突破——口头诗学/口头传统的研究，以研究理念和研究范式的根本性转变，推进了学科的发展，有关的学术史的梳理和理论的阐发，已经成了研究的热点，几位学科带头人的学术贡献每每被同人和后学评述。如果我们静下心来审视民族文学研究学科建设的基础性问题，就会发现对民族文学研究的推进有着举足轻重的作用的"中国少数民族文学资料库""中国少数民族文学资料影音图文档案库"等项目的建设，在几代学者扎根田野、不计名利的默默工作中，取得了突出的成绩。而这些集体性的工作，往往因为资料搜集工作以保存和归档为工作目标，使得每一位研究者的付出并不为学界所知。

---

[*] 汤晓青，中国社会科学院民族文学研究所研究员，研究方向为少数民族文学。

与虎彬在中国社会科学院共事

尹虎彬的辞世令人心痛和惋惜，学界同人发表了许多悼念文章。虎彬的谦和、认真、聪颖、睿智，还有那标志性的微笑，永远留在了我们的记忆中。

虎彬小我几岁，进入民族文学研究所工作晚我两年，我一直称呼他为小尹。他于 2014 年 11 月调入新的工作岗位，2015 年我退休，默契合作多年的研究所的工作班子只有领头人还在坚守。我们之间的同事加朋友的情谊无法割舍。

去年春节刚过，一位老朋友因肠道疾病突然辞世，她曾经在研究所工作多年，我们前去送行，在告别厅前见到了小尹，告别仪式结束后我开车顺路送小尹回家，当时他的气色还不错，我们相约找时间聊聊。夏天的时候就听说他生病已经开始治疗，此后不时有微信联系。庚子开年疫情肆虐，医院日常门诊基本停止，对小尹的状况有些担心，又不忍打扰，不想等来的竟是噩耗。

我于 1987 年与小尹相识，共事 30 多年，各种记忆满满。他不幸病逝之后，学界同人和他的弟子纷纷撰文悼念，并将他多年的学术论文整理出来，一并呈现。身为民族文学研究所的资深研究员和多年担任分管科研工作的副所长，尹虎彬为研究所的资料学建设做了大量的工作，付出了很多心血，这些工作很难用学术发表来展示。这里谨将 2006 年夏天，我和小尹一起出访芬兰，对芬兰文学学会（Suomalaisen Kirjallisuuden Seura）民俗学档案馆的考察活动的图文资料整理出来，用工作日志还原认真细致的小尹踏实严谨的工作作风，了解他对民族文学研究学科建设做出的无私奉献。

21 世纪之初，民族文学研究所的几位学者先后前往哈佛大学燕京学社访学，以口头诗学/口头传统研究为导向的中国史诗学研究日渐深入，民族文学研究所以"帕里－洛德特藏"的学术理念建立的"中国少数民族文学资料库"进入第二期（2006～2011 年）的实施阶段。此时，国际史诗学界的口传文本资料的数字化记录、数据化管理工作呈现了良好的发展势头。我们研究所的资料建设则面临着如何夯实基础并尽快转型，找到适应

尹虎彬 2006 年于芬兰

口传文学资料特殊性的文献管理方式的问题。北欧民俗学的研究重镇——芬兰文学学会民俗学档案馆有悠久的传统和成熟的经验，与我国民俗学界有学术交流的传统，但研究机构之间的深度合作未能展开。致力于口头传统研究的诸位学者希望对芬兰文学学会民俗学档案馆的情况有所了解，借"他山之石"拓展思路，推进研究所的资料学建设深入开展，大家达成了共识：与芬兰文学学会的交流将是一个事半功倍的项目。

与虎彬的芬兰同行

2006 年夏季，我和尹虎彬通过中国社会科学院的国际合作计划，到芬兰文学学会民俗学档案馆进行了两周的学术访问。

这次访问在尹虎彬和芬兰文学学会劳里教授的精心安排下，重点访问了几个单位：芬兰科学院芬兰文学学会民俗学档案馆，赫尔辛基大学民俗学系，土尔库大学民俗学系、民俗学档案馆。整个考察过程计划安排周密，每一个环节侧重点不同，虎彬认真，劳里教授严谨，两位学者治学态度、办事风格相似，相得益彰。

谨介绍我们这次考察的几个环节，图文记之如下。

8 月 16 日（星期三）

我们乘坐 HYCA3007 航班前往赫尔辛基，于赫尔辛基时间下午 2 点 18

分抵达芬兰赫尔辛基万塔国际机场。芬兰文学学会民俗学档案馆馆长劳里·哈维拉提（Lauri Harvilahti）博士到机场迎接。我们乘坐出租车，入住位于玛利安大街14号C座的芬兰科学院的招待所。

劳里先生拿出钥匙，打开大门，一层楼梯口有旧式的电梯，我们打开电梯，连人带行李一起上二楼，再打开一道门，才进入客房。房间内的陈设是典型的北欧简约风格，写字台上贴着各种颜色的报事贴，劳里教授依次为我们解读了每张纸条上写的入住注意事项、生活设施的使用方式，以及第二天上午去芬兰科学院报到的路线等。

8月17日（星期四）

访问芬兰文学学会民俗档案馆。芬兰文学学会民俗学档案馆是芬兰文学学会管辖的一个机构，该机构设于赫尔辛基市中心。芬兰文学学会是民间性的学术团体，成立于1831年，该协会由埃里亚斯·隆洛特（Elias Lönnrot）等知识分子发起成立，早期便开展民间传统的搜集活动，这些民俗学资料最初藏于协会的图书馆里，后来收藏于1934年成立的专门的民俗学档案馆。

11点30分，我们在劳里先生的带领下来到仰慕已久的芬兰文学学会的民俗学档案馆。劳里先生把我们带入档案馆，向我们介绍了一些在场的工作人员，介绍了馆藏资料，当我们来到拐角处的特藏室时，劳里先生显得很严肃，他对我们说这里是圣地，是《卡莱瓦拉》史诗手稿特藏室，深棕色的、考究的木桌子和周围的书架显得很凝重。我们坐了下来，开始了这次学术访问的首次正式交谈。

该档案馆的馆藏范围主要包括由芬兰语记录和整理的口头传统、民间音乐、民族志描述以及传记和回忆录，手稿有 400 万件个人记录材料，还有大量图片和录音资料，内容涉及民间传统的口头艺术的各个题材样式、民间宗教和仪式活动、民众生活调查材料。在搜集过程中主要运用问卷调查的方法，建立互动网络。成立了数字中心，对馆藏材料进行数字化处理和储存，建立数据库，以利于检索和调用材料。

访问结束前，劳里博士又特别交代了这次活动的日程。

定于 18 日（星期五）中午 12 点应邀与安娜－利纳·西卡拉（Anna－Leena Siikala）教授见面；她刚从俄罗斯的卡累利亚地区田野考察归国。下午 1 点回到档案馆，由劳里博士派人介绍档案馆和资料分类问题。21 日或 22 日要到土尔库大学的民俗学档案馆访问。下周劳里先生将亲自讲课，内容是关于芬兰和其他国家的民俗学档案建设问题以及数字化和数据库建设问题。23 日或 24 日要利用一天时间观摩数字中心（digital centre）和音声中心（sound division）。周末之后，29 日（星期二）总结，就进一步合作交换意见。

8 月 18 日（星期五）

拜访赫尔辛基大学文化研究学院民俗学系教授安娜－利纳·西卡拉博士。

虎彬记录："今天凌晨 1 时许，我醒来挑灯夜战，拟订了采访问题，就萨满教研究与民间宗教研究以及迷信问题，史诗类型学问题、中国和世界民俗学发展前景等问题向教授求教。"

中午12点，经劳里博士引荐，我们有幸见到国际著名民俗学家、现任国际民俗学者协会主席、赫尔辛基大学文化研究学院民俗学系教授安娜－利纳·西卡拉博士，并在她的系办公室进行了一个小时的学术访谈，会晤结束时西卡拉教授热情地给我们赠送了她主编的"国际民俗学者协会组织通报"丛书10种15册图书。她在会见中表示愿意在今后的工作中支持和力所能及地帮助中国民俗学界同行开展国际交流。

8月19日（星期六）

参观考察赫尔辛基大学主楼、大学图书馆、芬兰档案馆、国家博物馆。在赫尔辛基学术书店购书。

8月20日（星期日）

参观芬兰民俗学博物馆、芬兰国家艺术博物馆。由市内乘坐24路巴士，终点站便是伴侣岛，我们在这里考察了芬兰的生态民俗博物馆。

8月21日（星期一）

由劳里教授介绍，我们一行二人专程到距离赫尔辛基200公里的土尔库大学（University of Turku）人文学部（Faculty of Humanities）文化研究院（School of Cultural Studies）做了一天的访问。新到任的民俗学系主任派卡·哈卡米斯（Pekka Hakamies）教授专门到火车站接我们，亲自驾车带我们去位于大学民俗学系的土尔库大学民俗学档案馆，与等候在那里的卡

莱瓦拉研究所秘书玛丽亚（Maria Vasenkari）女士、阿基·洛特宁（Aki Luotonen）研究助理见面。

芬兰土尔库大学口传文学档案馆（The TKU Archive at the University of Turku）成立于 1964 年。土尔库大学民俗学系与比较宗教学系联合，将在田野工作及其相关研究中所获得的资料进行归档并保存，以声像研究与教学为特点，在规模上仅次于芬兰文学学会民俗学档案馆（赫尔辛基）。第一批录音调查磁带是由著名的资深学者劳里·杭柯在 20 世纪 50 年代搜集的，随后逐步形成了以科研项目为导向的口头传统资料库。该库搜集的资料包括书面资料（复制的资料、手稿、录音记录本与各类田野笔记），录音资料（磁盘、录音带、微缩磁盘）和视觉资料（录像带、摄影照片、胶片）。各类资料按年代进行了历时性的排序，大量的声像资料都采用了数据库手段进行分类、索引，实现了计算机系统化管理，并在国际互联网上建立了自己的网站（芬兰语与英语）。截至 1998 年年底，该档案馆已经搜集了 6684 个录音磁带（约 10000 小时）、703 个录像带、7845 个胶片和 4652 幅照片；总体上大约有 20000 个档案。芬兰文学学会民俗学档案馆的数字资料在这里异地备份存储。

我们先参观了位于一层的目录室、特藏室、机房、储存录音带和录像带的恒温室。阿基·洛特宁先生是档案馆的技术人员，他向我们详细演示了数据库的检索系统和操作平台。

接着参观了二楼的卡莱瓦拉研究所（Kala Institute, University of Turku）和芬兰国际民俗学者组织（Folklore Fellows）。卡莱瓦拉研究所由来自土尔库大学的民俗学教授，以及芬兰大学的许多教授和研究者组成的筹划指导

小组（Institute's Steering Group）负责运行，他们代表着五方进行合作。现任一届指导小组成员 2004 年 10 月任命：所长为安娜－利纳·西卡拉（Anna－Leena Siikala），副所长为劳里·哈维拉提（Lauri Harvilahti）。

派卡·哈卡米斯（Pekka Hakamies ）在大学的教工食堂招待我们午餐。午饭后我们参观了土尔库大学的主楼和校园，教授向我们介绍了该大学崇尚学术自由的理念。大学建立在山上，下来不远有一个教堂，12 世纪建立，里面有瑞典王十二世遗孀的灵柩，上面有王冠。在教堂里，教授介绍了许多历史掌故。走出教堂，我们与教授告别。

美丽的土尔库大学是一个适宜安静读书的好地方，我们觉得应该推荐研究所的青年学者来这里访学。

8月22日（星期二）

在芬兰民俗学档案馆图书馆查阅资料。

信息专家 Erna Marttila 热情接待了我们。她简略介绍了整个藏书情况，主要为民俗学、民族志和比较宗教学这三个领域的著作，有些是英文撰写的著作。1910 年起创刊的《民间文学工作者协会通报》，其中的绝大部分是以英文出版的民俗学专门著作。还有由西卡拉教授主编的近年来在芬兰科学院出版的丛书。这些书很有价值，是民俗学研究者的必读书目。靠窗户边的期刊架上摆放了英语、法语、德语、俄罗斯语、芬兰语的世界各地出版的民族学、人类学、民俗学和民间音乐学等期刊上百种。其中著名的杂志《口头传统》（*Oral Tradition*）、《美国民俗学杂志》（*Journal of American Folklore*）、《亚洲民俗学》（*Asian Folklore*）等赫然在目。Erna Marttila 女士介绍了马蒂·库西国际谚语数据库（The Matti Kuusi International Database of Proverbs）、民俗学电子期刊（ELORE：A Scholarly Online Journal in Folklore Studies）和芬兰文学学会（SKS）网站。

下午虎彬又去了图书馆，以 10 欧元购买了一张 150 页的复印卡，复印了一本书。同时通过阅览还发现了一些重要资料。

8月23日（星期三）

芬兰民俗学档案馆馆长劳里教授就民俗学档案馆的结构和数据库建设做了专门的讲演。

上午 9 点 30 分，按照约定我们来到馆长劳里博士的办公室。它位于 SKS 主楼三层的西头，办公室内是个套间，里面为秘书用的小间，外面为大的带有书架、桌子、电脑和电话的办公室。他坐在我们中间来讲课，显然是为了缩短距离。两个小时讲了差不多两周的课程。大约 11 点 30 分，我们走出办公室后，又到对面的茶室，那里有复印机和其他办公用品。他给我们复印了一套材料。劳里馆长提供的材料内容涉及以下几个方面：（1）民俗学档案馆；（2）芬兰文学学会民俗学档案馆；（3）田野工作与田野研究；（4）研究项目：相对于可获得材料而言要切实、具体、精确、现实、目的性明确；（5）芬兰文学学会民俗学档案馆分类系统；（6）非物质文化遗产的保护与管理；（7）非物质文化遗产的数字化保护和管理概述；（8）芬兰民俗学对于蒙古民俗学研究的模范作用。这些材料是提供给我们日后参考的。

劳里馆长在讲演中主要强调以下几点。

第一，设置。首先要有资源，每个研究项目都要有特定的文化资源。然后，确立培训项目，具备相应的硬件，完成课程设计，进行人际沟通工作，提高决策能力。其次，要将旧有的系统逐渐更新为新的系统；记录材料和归档工作。培训要求，需要熟练的职员和专家，需要有能够有效地合作的团队，其中技术人员一名，训练档案库的人员，分配任务，制定标准，优化工作环境，筹办数字化工程的硬件，寻求解决问题的办法，保留原来的资料和卡片，将其印刷成书，归档保存，同时还要建立数字信息的材料。软件系统，要处理各种形式的文件，如图片、文本、音声等形式。元数据（meta data）：创建关键词系统，以便能够调用资料。档案库系统，需要大量时间来完成。语言，如方言和少数民族的语言。数字化过程需要被描述出来，以便日后必要时能够还原回去。

第二，组织。指挥者—董事会—管理层—形成团队，经过高度训练的专家，拥有高效运转的团队。注意处理年轻学者和资深专家之间的关系，数字化工作主要依靠年轻人。

第三，田野工作—方法论—芬兰的方法，民俗学的理论发展历史的回顾。这说明，民俗学对材料的要求是和数字技术的信息革命相互关联的，这是民俗学在未来不可回避的问题。

第四，民俗学资料采集的语境问题。1965 年为一个转折点。科学的田野工作，借助录音技术的田野录制技术，史诗研究中注意到歌手、地区、文类特点，反复录音成为可能，演唱中的变异问题被重视。在 20 世纪 80 年代后期，苏联的史诗专家在中国新疆见到还在演唱史诗的歌手，他们惊讶了，束手无策，他们认为史诗歌手只是奥夫拉一样的传说中的人物，他们的时代已经过去了。他们在歌手面前失语了。要善于在一个社会共同体中寻求文化的功能。Richard Bauman 的表演理论，强调民俗事项的情境化。劳里·杭柯提出"记忆文化"概念，艺人—社会—知识，是记忆文化的三要素。

第五，要审时度势，在地方性层次上进行田野工作，起用年轻人，建立原则和工作规则，掌握材料，拥有技术和技能。注意跟踪电子技术的发展。要认识到旧的系统和新的系统各有其功能，现在它们二者是共存的。

下午我们考察档案馆的数字化工作中心图像处理工作室，了解了该中心的图片及手稿的扫描、数字化存储、归档等工作环节。就有关的技术问题进行了交流。

下午 2 点，按照劳里教授上午指定的方位，我们来到贵族等级院大楼南头的一个半地下室，这就是数字中心（Department of Digitalization）。两位女士正等候我们，她们是 Ms. Tea Avall 和 Ms. Milla Eräsaari。她们二人主要介绍了数字化工作流程。大致情况是为顾客做图文资料的复制，即经过档案馆的允许，并由那里传来原始资料，经过数字化处理，分别以正本和副本两种形式保存（前者以 tif 而后者以 jpg 文件形式）于服务器中，然后将原件送回档案库归档保存。该中心的两个工作人员是职业摄影师，熟练掌握数字化的仪器和设备，称得上专门的技术人员。

8 月 24 日（星期四）

上午 10 点，我们来到民俗学档案馆的音声档案库，它位于芬兰文学文献情报中心，该中心在一幢米黄色的大楼里。贵族等级院楼（The House of Nobility）也有音声档案库租用的工作室。有 4 位工作人员在这里工作。资深研究员 Jukka Saarinen 先生和数据库设计师匈牙利人 István Zsemberg 先生专门接待了我们。他们以"音声和文本的数据化"为专题，以 PPT 演示文稿，向我们概略地介绍了音声资料的数据化过程，特别介绍了新的数据库项目的计划。

下午参加了在赫尔辛基大学举行的"芬中马达汉研讨会"（Finnish - Chinese Conference on Mannerheim）。中国社会科学院边疆史地中心的几位研究人员在会议上发言。

8 月 25 日（星期五）

上午到民俗学档案馆采访 Juha Nirkko 先生，他是该馆负责客户服务与材料归档的研究人员。我们详细咨询了档案库的资料数字化工作的基本思路，新入库资料的数字化归档、检索、保存等环节，并就原有资料编目系统与新建数据库的对接问题进行了讨论。

下午，去了芬兰科学院专业书店购书。

8 月 28 日（星期一）

上午，与劳里博士一起总结两周来的访问情况，主要就双方今后合作问题进行了交谈。

2006年8月28日（星期一）上午8点30分到10点，我们在芬兰科学院的招待所与民俗学档案馆馆长劳里博士一起总结两周来的访问情况，主要就双方今后合作问题进行了交谈。

劳里教授介绍了芬兰民俗学会的学术战略、口头文学数据库的建设、国际民间叙事研究会的工作计划等。虎彬代表民族文学研究所提出了双方可以在以下方面开展进一步合作。

劳里先生主要介绍了：（1）芬兰民俗学今后的学术方向；（2）口头文学的数据库建设；（3）国际民间叙事研究会（The International Society for Folk Narrative Research，ISFNR）的工作动向等。并根据我方的学术特色，建议在2010年前后可以在中国主办以"阿尔泰语系各民族萨满文化与史诗"为题的讲习班或研讨会，也可以就"民俗学档案馆和数据库建设"举办国际学术研讨会。

我方基本同意劳里先生的观点。认为双方可以在以下方面开展进一步合作。

（1）数字化工程和民俗学档案库工作者的业务培训，采取短期或长期在芬兰进修的方式实现。学习经费由中方在国内争取资金支持。

（2）可以在互惠的前提下，进行民俗学相关资料的交换。

（3）双方可以举办民俗学或史诗学的国际会议，或者开办讲习班。

（4）促进学者之间的双向交流，特别邀请劳里先生在方便的时候访问中国社会科学院民族文学研究所。

（5）在条件具备的情况下，可以在我们所的具体的口头传统研究基地开展国际性联合田野考察。从实践上促进民俗学的国际化合作研究，进一步扩大中国民俗学研究在世界的影响。

8 月 29 日（星期二）

上午 11 点 30 分约见 Senni Timonen 女士，她是资深研究员，《卡莱瓦拉》史诗专家。我们相见于档案馆的特藏室，我们首先介绍了来意。她开始介绍《卡莱瓦拉》的搜集历史。18 世纪开始搜集，19 世纪开始真正意义上的搜藏。埃利亚特·隆洛特于 1820～1830 年开始搜集。从此，散见于各地的史诗开始被搜集起来。1850～1860 年开始了史诗搜集的新阶段。民俗学研究的介入是 1870 年以后。搜集了许多的异文，资料汇集于此，形成壮观的集成。它们被陆续以芬兰语出版。变体数量不计其数。不同种类的史诗有 150～200 种，每一种都有不同的变体，关于一个英雄的故事甚至有 300 个变体。《卡莱瓦拉》的史诗变体一共有 150000 种。这包括哀歌、抒情诗和史诗等各体民歌。这部史诗的分类主要是依据特定题目的歌、搜集地点、主题，按照史诗反映的年代、内容又分为古代英雄、男性英雄、家庭故事的民歌和妇女歌等。研究人员的大量工作是依据史诗的文本作主题分类，首先给特定的歌统一命名、划分主题、标出该主题在《芬兰人民的古代诗歌》中的具体页码和编号；下面是对这一史诗段落的内容表述，是以母题这个术语来作分析性描述的。史诗的搜集地点、搜集者、演唱者、时间等，都要记录清楚。巨型史诗同样需要有主题分析，以便把文本和主题索引相互对照。主题划分应该有严肃的学术上的统一的标准，不能随意给主题命名。《卡莱瓦拉》的主题词有 10000 个。特定题目的歌指的就是特定的母题。抒情诗只做母题划分。《卡莱瓦拉》史诗的文本已经全部录入为电子文本。数字化保存，形成数据库。（回来整理图片资料，发现因相机没电了，没有留下尹虎彬访问时与 Senni Timonen 女士交谈的照片，有些遗憾。）

下午，乘坐 HYCA3008 航班离开赫尔辛基返回北京。

为期两周的学术访问，我们对芬兰文学学会的民俗学档案馆从事学术考察和研究，就该馆馆藏的口头传统资料的采集、分类、归档、数字化储存和数据平台建设情况进行了现场考察，向有关技术人员进行了咨询，获得了一定数量的现场第一手资料，并及时复印了一些重要技术资料。

结　语

这次出访属于专项学术考察，它主要针对民族文学研究所承担的中国社会科学院"十一五"重大项目"少数民族文学资料库"（二期工程，2006～2011年）建设问题，对国际同行所做的相关项目进行实地考察，考察期间所获成果比较珍贵，对本所未来的学科建设、对院重大项目的顺利完成都具有重要意义。

我们明确了多介质、多语种的口传文学/口头传统资料的收集、整理与保管，当以建设数字化档案馆的模式开展相关工作。国际同行的工作实践为我们提供了很好的思路和解决问题的路径。我们也认清了中国多民族口头文学资料学建设面临的问题，此后10年，研究所的"中国少数民族文学影音图文档案库"的建设，在档案库的数据管理、元数据开发、数据采集与著录、媒体资源管理等层面都在探索中推进。这其中，尹虎彬始终承担着重要的工作，秉承他的一贯作风，默默奉献。

谨以此图文集献给远行的虎彬。

从"白马文化圈"到本土新范畴

——文学与审美人类学的新人新作

徐新建

题记：几位文学人类学和审美人类学的博士论著近期出版，值得推荐。它们是：郭明军《热闹与红火——黄土高原乡村审美研究》、姜约《审美生活：川东"巴文化圈"中人的生活实践》以及王艳的《面具之舞：白马人的神话历史与文化表述》。这批新作议题接近，论述相关，而且都以田野个案为基础，选材虽各自有别，问题聚焦却基本一致。作者们都努力迈向一个共同目标，即：构建文学生活的本土话语。这里的"文学"已不再仅指作家精英们创作的书面文本、小说散文，而已扩展至人类学意义上的文学行为，包括民间和乡土社会的审美实践，以及在多民族共同体内交流互渗、活态传承的口传、仪式、诵唱等表述类型。在这意义上，这些新人新作展现了文学人类学与审美人类学的学术前沿，特此推荐。①

王艳聚焦的"白马文化圈"

王艳博士的著作讲述"白马人"的文化故事。作者立足文学人类学的理论方法，阐述跨越甘川省界的族群历史与表述关联。以当代中国"多元一体"的空间格局而论，这样的跨界和关联可视为该著最突出的亮点。其贡献不仅在于从白马人的实际处境出发突破分省叙述的视野局限，并且将因区划分隔而散居于不同行省的特定人群重现成了依存呼应的文化整体，从而勾画出以"池哥昼/跳曹盖"等信仰及表述传统为特征的"白马文化圈"。

---

① 文中部分内容曾在相关期刊发表，此次汇集做了补正，特此说明。

图1 "白马文化圈"示意①

"白马文化圈"的呈现和阐述具有多重意义。该文化圈以白马人为核心，而"白马人"的称谓本身就体现了命名上的内外交织和古今转换，及至最终形成跨界统一的区域整合。一如有学者推测的那样，"白马"之族名最先源于外部文献对平武"达布人"的"他称"，继而在多方因素的介入下，被逐渐建构成甘肃、四川两省"一部分有着共同文化特征的藏人的'他称'"②。如今的白马人主要居住在甘川交界的文县、平武和九寨沟境内，此外在四川的松潘和甘肃武都等地也有零星分布。③ 20世纪80年代四川学者得出的考察结论指出，白马人"虽然跨居川甘两省，省内又属不同

---

① 此示意图为王艳根据四川省民族研究所《白马藏人族属问题讨论集》（1980年内部刊印）"甘肃、四川白马藏人分布图"制作。
② 王万平、宗喀·漾正冈布：《白马人·沙尕帽·池哥昼——一个藏边族群的边界建构》，《西藏民族大学学报》2019年第2期，第28～35页。
③ 曾维益：《白马藏族及其研究综述》，《藏学学刊》第2辑，2005，第118～131页。

的地、州",然而却呈现着空间分布上的显著特征,即"他们居住的地域是连片的"。①

依照学界既有的考察成果,王艳的白马文化圈强调,其处在"文化多样性最为显著的藏彝走廊东北端",地理特征为"位于自然生态相对脆弱的青藏高原与四川盆地过渡带";以此呼应,"独特的文化地理区位塑造了多元的族群结构和文化模式"。这一表述把白马与西藏并置,凸显了从高原到盆地过渡的走廊特征。

"藏彝走廊"的名称由费孝通先生在20世纪80年代提出。当时的主要契机即源自如何为"白马人"作族属归类。费孝通先是指出"在川甘边境,大熊猫的故乡周围,四川平武及甘肃文县境内居住着一种称为'平武藏人'或'白马藏族'的少数民族有几千人";由此突出了行政区划上四川平武与甘肃文县等地的"跨境"归属、以"大熊猫故乡"寓意的生态特征以及"平武藏人"与"白马藏人"的族称分别,接着强调要解决这些民族识别的余留问题就需要拓宽视野,"扩大研究面":

> 把北自甘肃,南到西藏西南的察隅、珞渝这一带地区全面联系起来,分析研究靠近藏族地区这个走廊的历史、地理、语言并和已经陆续暴露出来的民族识别问题结合起来。②

费孝通特别指出,这个由"白马人问题"延伸而来的(民族文化)走廊处在"汉藏、彝藏接触的边界",既呈现着本土传统的"政治拉锯"特质,又体现了区域之间的关联意义。③ 这就是说,"走廊"的价值不仅在于本土族群的内部跨界,更在于族际及省际的相互联系与外部连接。沿此思路,学界后来使用的名称逐渐由"藏彝走廊"扩展成了"藏羌彝走廊"④,力图使其中的族别类型涵盖更广。然按费孝通的原意,已在此间交错生存的汉族也不应排除在外,而是应包括进去的。于是有学者顺此延伸,又提

---

① 四川省民族研究所:《白马藏人族属问题讨论集》,1980年内部刊印,第5页。
② 费孝通:《关于我国民族的识别问题》,《中国社会科学》1980年第1期,第157~158页。
③ 费孝通:《关于我国民族的识别问题》,《中国社会科学》1980年第1期,第158页。
④ 赵琼:《"藏羌彝走廊"概念的产生、发展及其研究综述》,《蜀学》2017年第2期,第251~258页。

出了"汉藏走廊"的提法。①

为了减缓名称用语的歧义纷争，笔者以自然地理为基础，提出"横断走廊"的新命名，使之与另外两条同样重要和著名的文化走廊——"河西走廊"及"岭南走廊"形成呼应，再将考古学的六大分区与民族学的三大走廊相结合，形成多元中国更为宏观的"六区三廊"关联整体。②

由这样的关联出发，处于横断走廊上端的"白马文化圈"便具有了跨界连接的象征及整合意义。同样类型的连接和整合不但屹立在青藏高原与成都盆地的过渡地带，也呈现于滇、黔、桂的歌圩之间，形成无数由歌缘起、以唱连接的口传"文化圈"③，"文化带"④ 甚至延伸至中越、中泰及中缅边界，构成丰富多样的跨国、跨境关联。⑤ 扩展而论，受到学界关注的此类跨界地带还有人类学家凌纯声阐释的"环太平洋文化圈"⑥ 及詹姆斯·斯科特（James C. Scott）等论述的跨越东南亚与西南中国边界的"佐米亚"山区。⑦

作为一种处理跨界现象的解释工具，"文化圈"的提法在地理、历史、民俗及人类学研究中由来已久。早期的研究关注特定区域内的文化传播及影响，注重对"文化丛"（culture complex）现象的探寻和阐发；发展到20世纪末期后又延展出"文化空间""文化区域""文化地带"一类的概念、范畴，不仅推动了联合国教科文组织的公约制定，也促进了中国学界对遗产保护的研讨践行。⑧

---

① 任新建：《略论"汉藏民族走廊"之民族历史文化特点》，《藏学学刊》第2辑，2005，第39~45页。
② 徐新建：《横断走廊：高原山地的生态与族群》，云南教育出版社，2008，第6页。
③ 吴文志、石佳能等：《构建"湘黔桂三省坡侗族文化生态保护实验区"专家访谈》，《民族论坛》2010年第8期，第26~27页。
④ 徐新建：《沿河走寨"吃相思"——广西高安侗族歌会考察记》，《民族艺术》2001年第4期，第188~205页。
⑤ 黄玲：《跨越中的边界：中越跨境民族文学比较研究》，人民出版社，2016；陆晓芹：《从民间歌唱传统中看壮泰族群关系——以中国壮族"末伦"和老挝、泰国佬族Mawlum的比较为个案》，《东南亚纵横》2012年第9期，第54~59页。
⑥ 凌纯声：《中国边疆民族与环太平洋文化》，台湾：联经出版事业股份有限公司，1979。
⑦ James C. Scott, *The Art of Not Being Governed: An Anarchist History of Upland Southeast Asia*（《逃避统治的艺术：东南亚高地的无政府主义历史》），Yale University Press, 2009.
⑧ 乌丙安：《非物质文化遗产保护中文化圈理论的应用》，《江西社会科学》2005年第1期，第102~106页。

回到中国境内的比较研究。在如今南北贯通的西部地区，最能与"白马文化圈"呼应对比的，还有泸沽湖畔跨越川滇省界的"摩梭文化圈"。那里的人群自称"纳人"，20 世纪 50 年代被分别识别为两个民族，云南的一半叫"纳西族"，四川的一半为"蒙古族"；到了 20 世纪 80 年代后，两边呼应，又都逐渐改成"摩梭人"。①

那么，是什么因素使这些跨界人群得以整合并相互认同呢？在王艳博士的论著里，促成白马人成为整体的，即普遍存在于其文化圈内部的传统信仰及其文化践行，具体来说，就是她在专著中重点考察的"池哥昼"与"跳曹盖"——一种以群体互动祭神逐鬼的面具之舞。在当地白马语中，"池哥""曹盖"均指面具，系汉语音译的不同转写。"昼"（bro）则为身体舞动的"跳"。由于对分布于甘肃文县与四川平武、松潘及九寨沟等地同类事象的不同取舍，汉语世界的档案文献与学术论著遂翻译出了"池哥昼"与"跳曹盖"这样的各自命名，不仅造成字面上的极大差异，久而久之还反过去对本土传统的自我确认产生负面影响，削弱了文化圈内部的整体关联。就其母语自称的内涵，汉译的"池哥昼"与"跳曹盖"等均指面具之舞，故若要避免翻译造成的误解并消除地方称谓的歧义，最佳选择便是要么统一直译为"池哥昼"（vphrul rgan bro），要么意译为"跳面具"或"面具舞"。联想到 20 世纪 80 年代"傩文化"研究的高峰时期，对于民间广泛存在的面具传统，在学界也出现过命名取舍的困扰。在贵州安顺的"屯堡文化"区，有学者主张把当地的面具活动称为十分文雅的"地戏"（或"傩戏""傩文化"），笔者则更倾向于沿用屯堡人的传统自称——"跳神"（或"跳鬼""跳花灯"），目的就是不让文人之雅遮蔽民间之俗，避免外来的客位名称取代本土的主位传承。②

长江后浪推前浪。多年过去，来自西北的王艳博士将聚焦转到了同样传承着面具之舞的"白马文化圈"，并在尊重本土自称的前提下，对不同区域的命名差异进行详细辨析。作者指出：

---

① 蔡华：《一个无父无夫的社会——中国的纳人》，《决策与信息》2006 年第 3 期，第 66 ~ 68 页。
② 徐新建：《安顺"地戏"与傩文化研究》，《贵州社会科学》1989 年第 8 期，第 30 ~ 34 页。

在白马人的语言里，"曹盖"跟"池哥"实际上是同一个词语，同一个意思，只不过是两个地方方言发音略有差异，用汉语表述出来也就出现了一词两译的现象。"池哥昼/跳曹盖"又称为"鬼面子""朝格"，因表演时头戴面具，当地汉族称其为"鬼面子""面具舞"。

正是基于这样的认知，王艳考察跨越甘川两省的"面具之舞"，以充分扎实的田野调研再现并阐释文县、平武等山乡村寨世代延续的信仰传承，从而完成了对"白马文化圈"的文学人类学书写。

作为这部《面具之舞：白马人的神话历史与文化表述》的最早读者，最令我感到慰藉的，除了对"白马文化圈"的论述贡献外，还在于著者白马人身份的自我彰显。王艳生长于甘肃陇南，藏名白马央金，2015 年由西北民族大学考入四川大学，攻读文学人类学博士学位。本书即为其博士学位论文的修订延伸。在数年的研修过程中，王艳——白马央金深入甘肃、四川两省的白马村寨，考察走访，不畏辛劳，终于修成正果，完成了这部能为"白马文化圈"论述增光添彩的专题之作。作为指导教师，笔者在教学相长的过程中收获不少，最后要说的是，一切不足都根源于教，所有成就皆归作者。

郭明军和他的《热闹与红火》①

郭明军博士的专著《热闹与红火——黄土高原乡村审美研究》被收入四川大学中国俗文化研究所的博士文库出版，值得祝贺。该书以作者的博士学位论文为基础，经修订完善而成，在标志四川大学博士培养学科成果的同时，也体现着作者学术生涯的重要提升。郭明军博士的专业是美学，方向为审美人类学。为此，他将研究重点放在了对审美实践与本土范畴的开掘上。这样的设定几经周折，说来还有一段故事。最初他应邀参与笔者负责的黄土文明课题，到山西介休做田野，在考察中发现了当地社火、说

---

① 郭明军：《热闹与红火——黄土高原乡村审美研究》，四川大学出版社，2020。本节内容曾刊于《民族艺术》2019 年第 1 期《多元美学：构建审美实践的范畴整体》。此处有所修订。

唱等民间传承的娱人事象，便提出可用巴赫金的"狂欢"说来做阐释。笔者觉得不妥，认为那样的结果最多为该说补充一点新注脚，同时极可能掩盖了这些事象蕴含的原生话语。于是他只好放弃，为此苦恼了好一阵子。后来笔者提醒他注意发掘当地的民间"自称"，也就是我们文学人类学立场所强调的文化"自表述"①——参与社火、说唱等民间活动的老百姓们的习惯说法。于是，他将眼光向下，转向文化持有人的局内视角，这才发现了"热闹""红火"等相关概念，经与既有美学理论的对话式阐释后，上升为可资对比的新范畴。

话说回来，美学作为一门现代学科，在欧洲诞生以后，随着不断在欧洲之外地区的传播扩张，逐渐被视为用以剖析人类所有审美现象的有效工具和具有跨文明功力的普遍话语。以这样的认知为基础，由鲍姆加登（Alexander Gottlieb Baumgarten）至康德、黑格尔、席勒、歌德等创建的审美范畴——如优美、崇高、悲剧、喜剧、滑稽、荒诞等，便成为各地通用的世界语。这些建立在欧洲民族审美经验上的范畴传播，不但推动了对欧洲经验的了解，也促进了不同文明在话语意义上的美学沟通和交流。

然而，仅从单一的地方性经验及知识出发和评判，即能实现人类整体的美学沟通吗？回答是否定的。因为若以构建通约性话语为目标，则任何单一经验与知识都是不完整和不充分的，唯有更为多元的认知互动、不同而和，方可达成人类互通的美学理解。

正因如此，20世纪以来，欧洲之外的不同文明区域，不断以创建本土范畴的方式对鲍姆嘉登式的美学话语进行回应，为迈向跨文明的整体美学做出了积极的努力。在汉语世界，便先后有"风骨"、"气韵"、"空灵"及"逍遥"、"清静"等范畴的提出或重建，为世界美学的话语对话开辟了独具特色的华夏路径。

然而范畴问题还值得讨论。什么叫范畴？什么样的概念对象可以称为范畴？在什么学科、何种意义上的范畴？这些都是需要追问的。在美学领域，如果把人们的审美活动视为具有时空形态的整体构成的话，其中的范畴还可细分。以笔者之见，人类审美实践的整体结构里，可作为范畴存在

① 徐新建：《表述问题：文学人类学的起点和核心》，《西南民族大学学报》2011年第1期。

的类别至少有两大种类。原先人们所熟知的"优美"、"崇高"及"空灵"、"雄浑"等属于情态范畴；而在此之外，还有可称为"关系范畴"和"过程范畴"的类型需要添加。后者便是此处将要讨论的"养心"、"暖屋"和"热闹"等。

两相对照，情态范畴聚焦审美现象中的"情态－感知"，关系与过程范畴则体现主客体互动的"实践－结果"。在语词构成上，情态范畴主要为名词、形容词；而过程范畴则可由动词呈现，且往往呈现为动宾结构的词组。如果说审美场域的情态范畴体现的还只是"美"的可能、潜在，也就是无主体的尚未实现之"在""将在"的话，关系与过程范畴则表示了"美"的主体性实践和完成，亦即可由亚里士多德的关系范畴推出的"共在"（connected being）[1] 直至怀特海（Alfred North Whitehead）"过程哲学"所阐述的"动在"（actual entities）。[2]

如今，有关人类美学话语的跨文明交流仍在继续，还有许多新的维度期待推进。以中国传统的多民族共同体为例，若沿着多元一体的文化格局及眼光向下的知识视野，便不难发现在中原华夏的精英之外，还存在着丰厚的多元美学。若与精英体系相对照，不妨把这些还仍被遮蔽的审美动在称为源生实践、乡土知识或民间体系。

通过较长时期扎根田野的实证考察，文学人类学、艺术人类学及审美人类学角度汇集了不同区域与族群的诸多案例，可从中提炼出不少具有本土特色的审美范畴。在此不妨以对谈与专论的结合方式，尝试着从底层和民间出发，参与多元美学的话语对话。目前讨论的范畴有三组，即侗族的"养心"、壮族的"暖屋"和山西介休的"热闹"。"养心"议题已在笔者有关侗族大歌的人类学考察课题中有所揭示；[3]"暖屋"的讨论，最早由陆晓芹通过博士学位论文及系列文章做过阐发；[4]"热闹"的发现，则呈现于人类学家乔健牵头、四川大学等相关院校课题团队共同参与的"黄土文明

[1] 参见〔古希腊〕亚里士多德《范畴篇·解释篇》，方书春译，商务印书馆，2008。
[2] 〔英〕怀特海：《过程与实在》，周邦宪译，贵州人民出版社，2006，第19、37页。相关论述可参见樊美筠《怀特海美学初探》，《江苏社会科学》2015年第3期，第56~65页。
[3] 参见徐新建《侗歌民俗研究》，民族出版社，2011。
[4] 陆晓芹：《吟诗与暖——广西德靖一带壮族聚会对歌习俗的民族志考察》，广西师范大学出版社，2016。

与介休案例的人类学考察"项目之中,① 最后由郭明军博士撰写成以《热闹与红火——黄土高原乡村审美研究》命名的博士专著,从而与"养心""暖屋"等一道,扩展了美学范畴的新话语,为构建本土根基的"多元美学"做了贡献。

这样的构建是否有效、合理,还望大家给予评论。

姜约论述的"在世乐世"与审美生活②

汉语世界在近代以后不断引进西方美学的理论体系是十分必要的,有助于在交流互动中提升本土人们的知己知彼、相互映照。但迄今为止,这样的互知与映照还有局限。为此,我们从人类学的田野案例和跨文化视野出发,讨论多元美学的理论创建,目的在于从理性思辨的角度提升乡土实践的理论价值,强调把对地方、民间及多民族文学、艺术与文化的研究提升到话语建设层面,努力创建兼容民间范畴、乡土实践、审美生活及至生命美学等多重表述的开放体系。

由这样的语境观照,姜约博士的论著便展现了学术的前沿特征和实证魅力。其以"审美生活"入题,考察川东"巴文化圈"乡土民众的社会实践,并以此为据检讨对"美本质"问题的近代引进和阐释。在笔者看来,姜约论著的突出意义就在于从多元立场出发,对美学研究的乡土开拓和话语贡献。他聚焦"审美生活",辨析其与"日常生活审美化"与"人生的艺术化"两种美学思潮的异同,强调"前者与后两者之间虽有很多相似之处,但却存在着'审美性'与'审美化'的根本区别";最后通过对审美之于生活"内生性"与"外附性"的差异阐释,提出自己的总结判断,即:"审美是对生命活动的诗性表述,而'美'则'在生命的诗性绽放'"(姜著第五章),继而概括出"巴文化圈"乡民审美的实践特征——在世乐

① 徐新建、彭兆荣、周大鸣、安介生、王怀民:《黄土文明与地方发展——文化遗产保护的介休范例》,《民族艺术》2005年第5期,第112~118页。
② 姜约:《审美生活:川东"巴文化圈"中人的生活实践》,四川大学出版社,2020。本节内容曾载于《民族艺术》2019年第1期(徐新建、陆晓芹、郭明军:《本土范畴:多元审美的话语意义》),此处有所补正。

世（姜著结语）。

依笔者之见，美学研究关涉人类普遍存在却又彼此不同的审美实践。但长期以来，由于欧洲话语的强势影响，学界不少人习惯于用以鲍姆嘉登为起点的西方美学来度量和判断各地的多元审美，于是局限和遮蔽了本土固有的地方实践及其对应话语。为此，有必要回归本土，走进田野，面对各地鲜活生动的审美实践，重新梳理彼此有别同时又有望抵达不同而和境界的表述话语，从而构建整体人类学意义上的多元美学。在这一问题上，笔者结合侗族大歌的考察事例，把（以歌）"养心"视为特殊性的美学范畴，阐释对多元美学的理解。① 与此类似，陆晓芹和郭明军分别关注的壮族"暖屋"与晋中汉人社区的"热闹"皆可作如是观。② 在笔者看来，汉语与西语世界的理论映照存在缺憾。如若将视野扩展，则还应关注多元文化语境中与丰富多样的审美实践相关联的其他事象。

简要言之，讨论多元美学的问题可分为两层。首先是反思审美，也就是美学意义上的生活实践；其次是面向田野。反思审美就要追问何谓审美、为何审美。

对此可从三个维度展开。第一是讨论美与哲学。这主要以西学谱系的"知、情、意"结构来进行对照和回应。第二是回到汉语谱系，如儒家话语的"诗、礼、乐"，立足"乐以成人"的核心，讨论"兴于诗，立于礼，成于乐"的美学意义。总结从孔子的原初开创到牟宗三对康德的当代回应。在笔者看来，汉语世界对西方美学的话语回应经历了不同阶段。先秦时期是各自表述。近代以来，受西学东渐的刺激，激起了以王国维为代表的话语引进，力图按悲剧、史诗等西式范畴整合乃至改写本土传统。到了牟宗三之后，则另辟途径，开启了与康德美学的话语对谈。牟宗三的贡献在于提出了"三个世界"学说，亦即命体世界、道德世界和美学世界。命体世界相当于知，道德世界关涉伦理和善，美学世界则指向审美和美

---

① 参见徐新建"侗族大歌的人类学研究"［国家社科基金项目（2011–2015）］，《侗歌民俗研究》，民族出版社，2011。

② 参见陆晓芹《吟诗与暖——广西德靖一带壮族聚会对歌习俗的民族志考察》，广西师范大学出版社，2016；郭明军：《"热闹"不是"狂欢"——多民族视野下的黄土文明乡村习俗介休个案》，《民族艺术》2015年第2期。

学。牟宗三对"美学世界"做了汉语式的表述，叫"圆成世界"。① 其中显然包含了儒、释、道的"圆融"。牟宗三认为这个圆成世界就是审美生活，不是两头的连接，因为它们本来就没分开，所以是最终的圆融和完满，亦即儒家所说的"成于乐"。需要补充的是，在汉语世界的美学体系里，与西方的基督教神学类似，佛、道两家的美学话语也可归入与儒家不同的神圣美学，把它们加进去，才能构成更完整的阐释系统。第三个维度就是引入人类学视野。要回答"为何审美"的问题需要把"审美"回归到生活的实践层面予以考察，也就是让美学面对田野，置身于日常存在的多元结构之中。

姜约的研究正是基于这样的认知设定展开的。作为四川大学审美人类学专业毕业的博士，他的论著由学位论文修订完成，成果从个案选题、实证材料到田野方法都体现了人类学的基本特征，值得赞许。还在攻读博士学位期间，姜约便对美学理论的"表述危机"发表过看法，认为危机的根源在于"表述行为内部以及相互之间张力的失衡"，继而导致"将表述的对象引向不同的方向"。为此，姜约提出的建议是：真正想要理解本文，最好的办法当然是直接化入本文。② 如今，面对这部以"审美生活：川东'巴文化圈'中人的生活实践"为题的个人专著，何尝不可视为作者对"化入本文"的身体力行？

值得进一步关联的是，在话题阐发及学科连接的互文意义上，姜约的著作还与先期出版的陆晓芹论著和即将面世的郭明军作品形成系列，构成了阐述本土美学的成果整体。③

作为一篇已刊文稿压缩改写的简短"代序"，笔者尤其要肯定的是姜约博士通过川东"巴人案例"的实证阐发和对乡土民众审美生活的再度开掘。在学术史的承继意义上，正如笔者《民歌与国学：民国早期"歌谣运

---

① 牟宗三：《认识心之批判》（下册），友联出版社，1957；台湾师范大学美术社，1984年影印版，第314~315页。

② 姜约：《表述的张力及其平衡之道》，《文艺理论研究》2018年第2期，第199~206页。

③ 参见陆晓芹《吟诗与暖：广西德靖一带壮族聚会对歌习俗的民族志考察》，广西师范大学出版社，2016；郭明军《热闹与红火——黄土高原乡村审美调查研究》，四川大学出版社，2020。

动"的回顾与思考》等论述表达过的那样，[1] 这样的工作堪称近代中国
"眼光向下之革命"[2] 的延续和弘扬，期待学界同人的关注认可。

顺着姜约论著的理路延伸，还有一个与话语相关的美学问题需要再
提，那就是必须认识到民间话语的事实存在，不能把乡间、底层及少数民
族扁平化。事实上，正是那些被以往上层文人看不起的民间精英们，他们
通过自己的不断努力以及对生活的总结，才开拓了"养心""暖屋""热
闹"这样的审美范畴和实践话语，并创造了（巴人）"在世乐世"的审美
生活。

两相对比，是乡民在前，学者在后。前者才是原创意义上的本土美学
家。他们有自己的审美话语，同样能在自己的乡土社会完成知识的循环和
话语的再生产。对此，你若坚持在"下里巴人"面前卖弄康德《判断力批
判》，那真就是各说各话，风马牛不相及了。

---

① 徐新建：《民歌与国学：民国早期"歌谣运动"的回顾与思考》，巴蜀书社，2006。
② 参见赵世瑜《眼光向下的革命——中国现代民俗学思想史论》，北京师范大学出版社，
1999。

神话与族群

遇难的水手*

李　川 译**

译者按语:《遇难的水手》为古埃及文学史上的名篇，其重要性仅次于《辛努海的故事》和《能言善辩的农民》。就世界文学史而论，它结构完整、叙事婉曲、情感真挚、形象丰满，为人类上古史屈指可数的文学珍品。其价值约而言之有三端。第一，此乃最早的海洋文学作品之一。西人论海洋文学，恒首推希腊史诗之《奥德赛》，虽然叙事之富赡、情感之细腻、架构之恢宏，《遇难的水手》不及《奥德赛》，而论海洋文学题材的草创之功，则不能不首推此篇。其所塑造的孤独的遇难者形象，以及开拓的海洋文学叙事舞台（孤岛）及结构（遇难、获救、返乡）与晚出的《奥德赛》《鲁滨孙漂流记》以及蒲松龄《罗刹海市》《夜叉国》等相比，亦不遑多让。第二，此篇所使用的第一人称叙事视角亦是文学史上的特异现象，在同时期甚或后来很长一段时期皆罕有与其匹敌者，第一人称的手法虽见之于荷马、赫西俄德等希腊作家，却仅限于局部使用，阿普里乌斯、但丁等通篇运用第一人称叙事的作品，远远晚于《遇难的水手》，由此亦可窥见它在叙述学上的价值之一斑。第三，此篇在结构上亦独具匠心，通篇采取大故事套小故事的叙事结构，这种结构在希腊史诗、印度史诗中常见，尤为著名者则为印度的《五卷书》及阿拉伯的《天方夜谭》，而埃及在四千年前则有这等创作，不能不赞叹是一个奇迹。

此篇不但在文学上价值重要，对于神话学、历史学、思想史、民俗学、艺术学等各学科而言，亦是相当重要的资料。举例而言，故事说的是"我"在遭遇海难后为大蛇所救，这种离奇遭遇乃中国志怪小说的常见题材，堪为比较

---

* 翻译依据 James P. Allen, *Middle Egyptian Literature*：*Eight Literary Works of the Middle Kingdom*, Cambridge：Cambridge University Press, 2015。

** 李川，中国社会科学院外国文学研究所副研究员，主要研究方向为神话学等。

文学研究的重要素材。而大蛇之种种行状，与《山海经》又多有相通相似之处。故事中提及的蓬特岛，为埃及上古交通史上的一大问题，正是香料之路上的一个关键站点，从而与当下的"一带一路"可以实现古今东西的完美对接。其余可以进一步发掘、探讨之处甚夥，不一一赘述。

译者翻译此篇，并非发思古之幽情，而是试图从跨文化的、世界体系的视野出发，庶几能为神话学提供一些新的研究资料。他山之石，可以攻玉，深入了解异域文化，或是进一步理解自身文化传统的有益参照。译文根据杰姆斯·爱伦（James P. Allen）整理的埃及－英语对照本翻译，注释中的按语为译者所加。

此乃现存古埃及故事中最古老的文本。它仅存孤本，现保存于赫米蒂奇博物馆（the Hermitage Museum）①。文献以祭司体写成，圣书体之手写形式，大部分以竖列书写，只有一处横向书写。② 除了少数例外，红墨水用于标示叙述中全新部分的开端。文本的语法、祭司体的古文字学断代其作品为中王国早期（前2000～前1900）。

这一故事在若干方面不同寻常：其突如其来地开端，其无主名的特征，其故事嵌套故事再嵌套故事的文学方式，其沉郁的结尾。故事的教化：毅力贯穿于苦痛之中。在故事的开端，自尼罗河前往非洲的远征军显然无功而返。远征军长官报告国王，为了鼓励他，船员中的一位告知长官，他如何在更为恶劣的环境中生存，在前一次任务中遭遇海难而独活。在其叙事中，水手遇到一位以巨蛇形象出现的神明，他通过告知水手他如何在更大的灾难中活下来（丧失了整个家庭）而鼓励他。

如同所有中王国时期的早期文学一样，《遇难的水手》以叙事韵体成文［福斯特（Foster），1998］。除了基本的联句之外，文本还充分使用了三联句，偶尔的单句，可能还有一处六联句（六行为一组）。如同所有文学作品，它亦使用诸如隐喻和头韵等手段。

---

① 后世文献对这一故事的两处引文，可证。参 Allen（2008），32－33；Simpson（1958），50。

② 1～123栏，竖列书写；124～176平行书写，有六页（124～132，133～142，143～151，152～160，161～169，170～176）；纸草其余部分，竖列书写（177～189栏）。

原本纸草文献尚待出版。此文本乃其转写，注释中的祭司体符号为绘制，依从格勒尼舍夫（Golenischev，1913）；部分来自格勒尼舍夫（1912）。作为第一个版本，纸草中的竖列和横行被分为互不相连的竖列、横行，以对应作品中的诗行。文本 2~8 栏的圣书字转录被连续排列，依据的是原始文献的行列。转写右侧的数字，表明每行可能的重音单元（参 pp. 3~4）。

一 背景（1~21）

象形文字文本的数字指的是最初抄本的栏目或行数。故事的开端设置的情景：由埃及前往非洲的尼罗远征军回到故土。

1、由一个精明的随从讲述①

1~3、以娱君之心，长官②

瞧，我等已经回到家乡③

3~5、木槌拿来了，锚锭揳上了

船头缆绳系在陆地上④

---

① ḏd jn šmsw jqr—不定式和 jn 一起表示行为主体。不太可能取 s ḏm. jn. f 的形式，因为后一形式通常表示的是前赋动作或陈述的结果。此处存有争议，故事的开端已经亡佚（Bol-shakov 布尔沙科夫，1993）。形容词 jqr 乃黑墨书写，这一事实暗示其乃本行的强调部分。šmsw 为王室随扈中低品级人员的首要头衔［Berlev，伯勒乌（1978），206~229］。

② w ḏȝ jb. k ḥȝtj（j）-ʿ—w ḏȝ jb. k 意思是"但愿您心灵健康"。ḥȝtj-ʿ 字面含义，"在手臂前的人"，ḥȝtj 乃以派生词自 ḥ ȝt"前方"的词语，整个短句乃以 nfr ḥr 型。ḥ-ȝtj-ʿ 乃高级官员的头衔，此处谓远征军的领袖。为保持该故事的匿名特质，长官的职务头衔未提及。

③ ḥnw—字义为"内部"，此处谓埃及"境内"。该词亦用于指首都孟菲斯。然第 10 栏所提及的地点，其背景则在阿斯旺，由南方渡河远征回来后的第一个国内港口。

④ šzp ḫprw ḫw mjnt | ḥȝtt rdj t（j）ḥr tȝ—关于远征船只进港的联句。mjnt"系泊桩"（象形文字，编号 p. 11）乃一木桩，通过木槌揳入地中，而 ḥȝtt"船缆"则拴于其上。šzp... ḫw 为 s ḏm. f 的被动式。ḥȝtt rdj t（j）为主语－静态动词结构。ḥȝtt 为派生于 ḥȝt"前面"的阴性孳乳词。静态动词为第三人称阴性单数，字面含义为"给予，安置"。注意联句第一行的对比，指两个过去的动作，第二个则指出过去动作的衍生结果。按：就字面的含义看，"船头缆绳被放在地面上"。《北山录·综名理》："若执文以定义，义归壅矣；颐义以乖文，文将害也。"要之，不可拘泥于文字而妨碍意义，反之亦然。

5～6①、致毕颂词，拜罢神明②

每个都拥抱那另一个③

7～8、我等队员已安全归来④

我们这远行力量不曾泯灭⑤

8～10、我们已位于瓦瓦特之尾⑥

吾等已循森穆特⑦而行⑧

10～11⑨、瞧，我们已平安归来⑩

我们的土地，我们到地方了⑪

---

① 该联句反映前一联句的结构：第一行的两个过去时的动作，后接对当前状态的描述。

② rdj ḥknw dwȝ nṯr—s ḏm. f 型的被动式。关于短语 dwȝ nṯr，nṯr 符号置之于前，敬称转写。在埃及语中，"敬拜神明"是表达感谢的短语，故此第二个从句意思是平安返航幸亏了神明。

③ z（j）nb ḥr ḥpt snnw. f—虚假动词结构，ḥr 加不定式；表示在说话的同时动作之进行。snnw 字义是"第二个"（按，这里表示"同伴"），要言之"每个人都拥抱着另一个"。

④ jzwt. tn jj. t（j）ʕd. t（j）—主语－静态词结构，第二个静态词为无标记状语从句。人称词缀tn 乃第一人称单数之 n，▭乃标明 jzwt 的阴性词尾当于人称词缀之前发音（按：即先读）的方式。按，所谓无标记状语从句指的是ʕd. t（j），谓"平安"而无危险的状态。

⑤ nn nhw n mšʕ—n. 汇—否定副词句用如无标记的状语从句，亦可理解为独立陈述，"我们的远征军没有溃散"，ʕ乃"远行的武装力量"，后来倾向于指"军队"。

⑥ p ḥwy wȝwȝt—瓦瓦特指努比亚的北方界，和埃及接壤。埃及人自身定位为南方，"瓦瓦特之尾"指是努比亚的北界。按："尾"之类的表达，乃拟人、拟物修辞。《国语·楚语上》"夫边境者，国之尾也"，正可移用以注释此处。以"尾"等词用于大地，乃一种常用修辞，由大地而引申于山川，比如《楚辞·天问》曰"其尻安在？"尻犹尾也，问的是山的基座之所在。《吕氏春秋·开春论》曰"昔王季历葬于涡山之尾"，乃言山脚。《史记·天官书》"中国山川东北流，首在陇、蜀，尾没渤、碣"，首、尾皆指水流而言，宋人李之仪《卜算子》"我住长江头，君住长江尾"等，皆类似用法。进而言之，大地既有尾，亦可有手足等。如《韩非子·外储说左上》："中牟，三国之股肱，邯郸之肩髀。"

⑦ zmmwt—比嘎（Bigga）为阿斯旺南部的岛屿，乃远征军由瓦瓦特出发而北行，在埃及境循序遇到前两个地方之一。

⑧ 注意此联句两行所使用的头韵修辞：p ḥ. n. n p ḥwy wȝwȝt | zn. n. n zmmwt。

⑨ 此乃远征军回航之开篇叙述之最后一联。

⑩ mj. k r. f n jj. n m ḥtp—主语－静态词句，带第一人称代词复数形式之古旧形式。r. f 意思是"与之相关者"，人称代词指前此已然讲过者。按：r. f 大略相当于汉语之"以此""由此"。

⑪ tȝ n p ḥ. n sw—动词的宾语预先设定之而议题化。关于 p ḥ. n 的解释众说纷纭，然没有一种令人完全满意。一般情况下，可预期一 s ḏm n. f 形式，如第2及第8栏，此处 p ḥ. n 或当时 p ḥ. n. n 之讹。文本他处亦的确使用 s ḏm. f 作为过去时态（76～77 栏），此处或亦然。但用哪个及物动词的话，意思通常是过去（we reached "我们抵达了"）而非完成（we have reached "我们已经到达"）。这一语境排除格言式或现在时的含义（we reach "我们到"），因前面数联句描述远征军已然回到家。及物动词的旧式用法，（转下页注）

尽管已经平安返航，保住了性命，远征军看似也成功完成使命。长官
开始向国王禀告，水手则试着给他鼓劲。

12~13、你且①听我言说，长官

我，言语得体者也②

13~15③、你先洗濯，洒水在你的手指上④

以便你能应答，在被提问的时候⑤

15~17、你陈词于王者，心中有主张⑥

你会对答如流⑦

17~19、因男人的唇舌会服务于他

因他的陈说，会送张假面给听者脸上⑧

（接上页注⑪）表达主动态的完成时态，是可能的。

① s ḏm r. k—命令式，字面含义"听！关乎你自己"。按：英文 with respect to yourself，中文翻译为"你且"如何如何。

② jnk šw ḥ3w—AB 型名词句，字义为"我，自由于夸大其词者也"。šw ḥ3w 乃 nfr ḥr（按：意即"美，脸庞"）结构。通常情况下，其表达为 šw m "自由于……"（即"从……释放""使……摆脱"），有介词 m；当抄者有誊抄第 12 栏底到第 13 栏顶部时，介词可能被忽略了。ḥ3w 指言辞之"过量"，意即言过其实。

③ 该联指，埃及人在任何正式场合都要洗手的习惯，此语境下官员即将来至的听众乃国王。

④ jꜥ tw jmj mw ḥr ḏbꜥ w. k—命令句或祈使句。按：第二人称阳性单数 tw "你，你本人"乃命令式 jꜥ "洗"的宾语，而名词 mw "水"是命令式 jmj "置"的宾语。

⑤ jh wšb. k wšd. t (w) . k—表达结果的结构。按，即小品词 jh "而，然后"加 s ḏm. f 结构。wšd. t (w) . k 为带被动词缀 tw 的 s ḏm. f 结构，用如伴随状况下的无标记状语从句。附属词缀 tw 被抄写于此，在限定符之前，仿佛是词语词干或词尾的一部分。

⑥ mdw. k n nswt jb. k m. ꜥ. k | wšb. k nn njtjt—mdw. k... wšb. k，此处的两个 s ḏm. f 结构表示将来含义。jb. k m. ꜥ. k 乃副词句用作无标记状语从句。其字面的意思是"你的心在你手中"。按，意即"你的思想在掌握中"，"你掌握着思想"。

⑦ nn njtjt—带不定式的否定状语从句。njtjt "口吃"明显是拟声词（可能 * ni' ft' it）。按，"不磕巴"，表达的是"言辞流利"。

⑧ jw r n z (j) n ḥm. f sw | jw mdw. f dj. f t3m n. f ḥr—联句的两行都是用小品词 jw，使这两个陈述和前面的联句相联系。可以汉语句首的"因为"一词迻译之。两行皆以 jw 后跟一主语 - s ḏm. f 结构，表达一般性的格言。dj. f t3m n. f ḥr 字面含义"他给张面纱于他脸上"（t3m 乃不定式）。该成语指的是，听众隐藏他的情绪。换言之，若长官在他的言说中富有鼓动性，他能使国王抑制对其远征失败的愤怒之情。

20~21①、你施展吧，按你心中所想的②

你会觉得倦怠，③ 若发言的话

二 水手的故事开始（21~32）

故事的开端包括水手描述船只及其船员，这一部分在89~101栏几乎一字不差地重复，彼时水手告知蛇他如何遭逢海难。

21~24、尽管如此，让我讲述④给你类似的故事⑤

发生在我身边，我亲身所经者⑥

我前往矿区，为了吾王⑦

---

① 此联，乃故事开端之最后部分。水手告诉长官去做任何他想要做的，因为他显然没有回应水手的建议。

② jr r. k（或 jrr. k）m ḥrt jb. k—前三个符号有两种理解。要么是一祈使句，带有自我指称的 r. k；要么是一叠音的 sḏm. f，作为强调句型的谓语。第一种方案在风格上是有意义的，因此处之运用 r. k 可作为从前面陈述而来的一个桥梁，如其在第12栏中之 sḏm r. k n. j。强调句型亦有意义，然因水手并未告诉官长去行动，而是告诉他去做他想做的，m ḥrt jb. k 则是述位（按，与谓语对应）。这最后一短语的字义是，"如你心中之所想"，ḥrt 派生自介词 ḥr，表达拥有的手段，意即"你所想要的"。

③ swrd pw ḏd n. k—带有两个不定式的 AB 句型。swrd 为 wrd "变得疲劳""显得倦怠"的使役动词，句子的含义并非"你言辞乏味"，因在此情况 n. k 乃承接 swrd 而非 ḏd。

④ s ḏd. j r. f—s ḏd 乃 ḏd 的使役动词，意思是"讲说""叙述"，而非"使说话"。r. f 表示相关性，其人称代词回指前面所叙述者。因为水手刚告知长官，"于你而言，说话会疲倦"，故此翻译为"尽管如此"较之"故此"含义更准确。

⑤ mjtt jrj—mjtt 是由介词 mj "如同"而来的孳乳词之阴性形式，此阴性形式用于指不确定的先行词。Jrj 为来自介词 jr 的副词形式。短语就其整体含义而言，意思是"彼处之类似者"。

⑥ ḫpr. (w) m ⸢. j ḏs. j—埃及语中，表达事情发生，常用"和"（m ⸢，意思是"在……手中"）某某，而非"对"某某。因 ḫpr 先行词 mjtt "类似的故事"乃一阴性词，故此 ḫpr 亦当为阴性。不过此处使用阳性形式，或许与 ḫt nbt "任何事物"现象相似，在 ḫt 不指任何特殊的某"物"的情形下常用 ḫt nb（意即，anything 不同于 anything）。用例表明，ḫpr. (w) 为第三人称阳性单数静态词，用为无标记的关系从句；mjtt 因此是一未加限定的"相似者"。

⑦ šm. kw r bj3 n jtj—静态动词用为过去时态。šm. kw 可视为独立陈述，也可视为一无标记状语从句。
词语 bj3，意思是"金属"，然限定符号 ⌒⌒ 意指金属开矿的（沙漠）地带（亦可能为孳乳字 bj3j）。多数场合下，指的是西奈，古埃及之绝大多数铜矿的来源地，主（转下页注）

24～27、我向着大海航行，在船中①

一二〇肘尺之长

四〇肘尺之宽②

27～28、一二〇名桨手在此船上③

皆埃及之出类拔萃者④

28～30⑤、无论仰观天象，还是俯察地理⑥

他们心思之机敏，都赛过狮子⑦

30～32⑧、他们能预见飓风，⑨ 于其未至

(接上页注⑦)要定点在色拉比特－艾尔－卡迪姆（Serabit el－Khadim），在西奈半岛下的路中，距海岸 26 千米之地，远征船队很可能从埃及在红海沿岸的港口出发到那里的（如下面数栏所说）。n jtj，90～91 栏重复了该行，水手的航行被说成是 wpwt jtj "王者的使命"。故介词 n 此处含义更可能是 "为了"，优于间接所有格 "属于王者"。

① ḥ3. kw r w3 ḏ－wr m dpt—亦静态词用如过去时态。w3 ḏ－wr 字面含义 "巨绿"，该词既用于红海，亦用于地中海。

② nt m m ḥ 120 m 3w. s l m ḥ 40 m sḥw. s—字面含义是，"120 肘尺，是其长；40 肘尺，是其宽"。量度相当于长 63 米、宽 21 米。3w 和 sḥw 分别源自 3wj "延长" 和 wsḥ "加宽" 的动名词，3－lit2－lit（有三个词根的 ABC 型动词），开首为 w 的话通常会在动名词中丢掉首音 w。

③ spdw 120 jm. s—副词句，独立结构；或者用如无标记状语从句。

④ m stp n kmt—stp 是源于 stp "选择" 的动名词。kmt，字义为 "黑土"，谓埃及。按，stp 相当于汉语中的 "选士"，谓精锐。

⑤ 联句反映出古代的航海实践，在能见到陆地的可能时间内；若出离陆地的视野，则地平线上唯天际可见。谐音修辞被有意使用，即第一行的动词 m33 "视" 和第二行的名词 m3w "狮" 相协。

⑥ m3. sn pt m3. sn t3－s ḏm. f 表示初始条件，字义接近于旧体的英文翻译 "Saw they sea，saw they land"。

⑦ mjk3 jb. sn r m3w—2013 年之 Graefe 乃最近一次探讨 mjk3 的含义。当指许多人的身体之某部位时，埃及人通常倾向于使用单数。故此，jb. sn "他们的心思" 优于 jbw. sn "他们的各个意识"。从句乃一比较形容词句。在此情况下，埃及人通常比较的是身体部位，而非其拥有者。故此，r m3w "胜过狮子" 优于 r jbw m3w "胜过狮心"。按：汉语中似乎亦有如此表达，比如心如蛇蝎，乃是将身体部位之 "心" 比拟为蛇蝎，而非将人之心与蛇蝎之心相比。

⑧ 除了红墨水书写之外，该行 97 栏重复，这一行属于此一情节，而非下一节。抄者将其标识为一新的部分，显然是受到ḏ' "飓风" 的影响，彼乃第三节的标题。

⑨ sr. sn ḏ' nj jjt—在圣书体中，动词 sr 常以长颈鹿符（E21 🦒）为限定符号，较之更靠近地面的动物，其长颈能够看到更远的距离。在祭司体中，长颈鹿通常被塞特动物取代（E20 🦁）。按，塞特乃风暴之神。通常 sr "预见" 以长颈鹿为意符，此处使用了塞特符，二者或通用。

和暴雨①，在其未来临时②

三　水手遇难（32~46）

这一情节包含两部分。第一部分描写海难，第二部分则是水手荒岛求生的前数日。就如情节二，当水手告诉大蛇他如何遭遇海难时，几乎一字不改地重复了第一部分。

32~34③、飓风起了④，我们在大海中⑤

在我们靠岸之前⑥

34~37、大风飞扬⑦，扬复扬兮⑧

浪涛在其中，八肘尺之高⑨

其桅杆乎！给我击碎，那船⑩

---

① nšnj—风暴被视为塞特神的表征，此处用为限定符号。

② nj jjt . . nj ḫprt. f—s ḏmt. f 的否定式，第一种情形下主语未标出，第 98 栏重复，作 nj jtt. f。

③ 此联第二行解释了何以船只会遭遇飓风，尽管水手们能预见之。

④ dʿ pr.（w）—主语 - 静态词结构用如过去时态，不及物动词。按：埃及人说"飓风出行"，等于汉语中的"大风起兮"。

⑤ jw. n m wȝ ḏ – wr—副词句，用如无标记状语从句。就使用介词 m 这一点而言，埃及语较之英语更专业，字面含义"在……（大海）之中"。

⑥ dp ʿ sȝ ḥ. n tȝ—s ḏm. f 以无标记名词从句的形式用如复合介词词组 dp ʿ（字义为"在胳膊上面"）的宾语。动词 sȝ ḥ 字面含义为"用足趾走路"（圣书体 D63 𓂾），此处含义是弃舟登岸。

⑦ fȝ. t（w）tȝw—带被动词缀的 s ḏm. f 结构，这可以被阐释为独立的过去时态，或者表伴随状况的无标记状语从句（"风被举起来"），依赖于前面的句子。至于动词的拼写，参前面 15 栏 wšd. t（w）. k 注释，胳膊符号乃第二式定符（关于 D40 𓂝，见 D36 𓂧）。

⑧ jr. f w ḥmyt—字义为"为之者再三"，表伴随状况的无标记状语从句，s ḏm. f 型。w ḥmyt 为来自 w ḥm"重复"的动名词。

⑨ nwyt jm. f nt m ḥ 8—副词句，或为独立句，或为无标记状语从句。nwyt"海涛汹涌"派生自 nwy（= waters"水域，海域"，属于海），与作为物质属性的 nw"水"不同。它显然指的是由风暴掀起的恶浪。其高度 8 肘尺折合为 4.2 米。

⑩ jn ḥt ḥ（w）ḥ（w）n. j s（j）—一分词陈述句。名词 ht"木、棍、树"可能指船的桅杆，讲英语的水手仍谓之"棍"（stick）。动词亦不甚确定（除了 105 栏的复述之外）然其第一个定符暗示其与动词 hwj"击打"相关，重叠形表示动作之繁复，而非"连续击打"（因此处水浪只击打桅杆一次），含义可能是"击为碎片"。该行明显是指，水浪掠过船只后，水手躲在桅杆之后或抱紧之。

37～39、遂尔，这船便死去了①

在船上的诸人，没一个活下②

39～41、尔后我被送到一个岛屿上③

随大海中的浪头

41～42④、我度过了三天，独自一个人⑤

我的心与我为伴

42～45、我安寝于幽林的密所中⑥

茕茕孑立形影相吊⑦

45～46、尔后我迈开双腿⑧

去了解我能以言辞表达的世界⑨

四　发现岛屿（47～56）

这一部分描写水手在岛上发现的自然物产。

47～48、我发现无花果和葡萄串，在那儿

---

① ꜥḥꜥ.n dpt m（w）t.（tj）—ꜥḥꜥ.n 之后承接主语 - 静态词，作为过去时态。第三人称阴性单数（tj）之所以未给出，乃因动词 mt 以 t 结尾，106 行重复该表达，m（w）t.t（j）。按：埃及人说船只"死去"，意思即"毁灭"。

② ntjw jm.s nj zp wꜥ 2ꜣ jm—字义为"那些在里面的，其中没有一个存活"。有标记的关系从句 ntjw jm.s 是最后的介词 jm 的逻辑宾语，将之置于前面而议题化；介词因而也就取副词形式。

③ ꜥḥꜥ.n j rdj.kw r jw—ꜥḥꜥ.n 后接主语 - 静态词，用为过去时态。字面含义，"尔后，我被给了个岛屿"。静态词表示被动态，带人称主语。

④ 41-45 行，此句包含一个主语，四个无标记状语从句。

⑤ wꜥ.kw...s dr.kw—第一人称单数静态词，表示伴随状态。字义为"我独自一人"和"我睡下"。

⑥ k3p n ḥt—字义，"树林中的私密所在"。

⑦ qnj.n.j šwty—状语从句，为一先决条件之 s dm.n.f 句型。按：所谓先决条件，谓从句的动作在主句动作之前已然完成。"我拥抱我的影子"意即"形影相伴"。

⑧ ꜥḥꜥ.n dwn.n.j rdwj.j—ꜥḥꜥ.n 后接 s dm.n.f，作为过去时态。

⑨ r rḫ djt.j m r.j—rḫ，介词 r 后接不定式表示目的，rḫ 通常翻译为"知道"，然其具体含义是"经历""体验""了解"某事。djt.j 为 s dm.f 关系从句，充当 rḫ 的宾语。按：含义是"去认识我能用我的嘴说出的"，意即"了解能以言辞表达的"。

以及各色上佳的蔬菜①

49～50、那儿，有青涩的或成熟的西克莫果②

以及瓜果，仿佛人工所栽培③

50～52、那儿有各种鱼儿和各样鸟儿

无物不有，在此岛中④

52～54、尔后，我饱餐一顿⑤

放到地上⑥，因双臂太多故⑦

54～56⑧、我取一支火把，生起火来⑨

---

① j3qt nbt špst—špst，纸草卷限定符写于本栏最后一个 t 的旁边，以免将该词分抄于两栏之中。按，此词用于人，谓之"高贵的"；可译为《易经·师》之"丈人"，郑玄注："丈之言长，能以法度长于人，是以丈人为位尊者之称。"用于水果，为"上佳的"。随文赋义。

② k3w···nq（ʕ）wt—这两词皆用于西克莫（sycamore）无花果。k3w 用于未成熟的果实，而 nq（ʕ）wt（通常拼写中带有 ayin 符号。按，ayin 即）则用于成熟的果实［曼尼彻（Manniche）1989，103］。

③ šzpt mj jr.t（w）.s—字义是"瓜果，仿若制造的一般"。jr.t（w）.s 结构中的人称词缀（按，即单数的 s）表明将前面的 šzpt 视为集合名词，为阴性单数形式。动词 jrj"制造"用于栽培植物。jr.t（w）.s 为带被动词缀的 s dm.f 形式，用为介词 mj 的宾语。

④ nn ntt nn st m ḥnw.s—为否定副词句。nn st m ḥnw.s 意思为"其物不在其中"，由 ntt = that which"彼物其"而构成间接关系从句，而这个关系从句又被句首的 nn 否定。整句意思是"那不在其中之物，是没有的"。按：这也就意味着此岛"无物不有"，犹如《山海经·大荒西经》之沃民"凡其所欲，其味尽存"，王母之山"此山万物尽有"。

⑤ rdj.n ss3.n（j）.wj-7ḥʕ.n 后接 s dm.n.f 结构，表过去时态。在第一人称单数 wj 之前，带未写出的主语 j（按：因后文有 wj 的提示，故动词后的 t 第一人称单数 j 未写出）。ss3j 乃 3ae-inf（ABj 或 ABw 型第三词根弱动词）s3j"显得餍足"的使役动词。按：ss3j 含义即"使吃饱"。

⑥ rdj.n.j r t3—rdj.n.j 的宾语未给出。按：由上下文推断，宾语当为蔬果之类。

⑦ n wr ḥrʕ wj.j—字义为"因我双臂上很多"，意即水手发现果实多得双手拿不走。按：这里主人公经历长久的饥饿后，表现出对食物的渴求和欲望，在某种意义上略显贪婪。如何攻破坚固的欲望，乃是古今哲学论证的主题。《论语·卫灵公》及《子罕》孔子两度感叹"吾未见好德如好色者也"，因此主张"克己"的功夫。佛云"人有其藏处……是诸藏中，欲藏最坚。依止涕唾、痰癊、脓血、筋骨、皮肉、心肝五藏、肠胃、屎尿"（《经律异相》卷二○"声闻学人僧部第九"之"选择遇佛善诱舍于爱欲得第三果"）。"欲藏"之累，埃及人尚未来得及思考。

⑧ 最后一联描写水手感谢神明的行动，因他死里逃生，并且获得丰厚的食物。

⑨ šdt.j dȝ—dȝ 乃"燧木"，即圣书体符号所描绘者，即两首持之而另一块木料上疾速摩擦的木料，摩擦则引发火种。两个限定符号皆书于词语左侧以便其与诸表音符号在同一栏中。动词 šdt 有些疑问。通常解释为"叙述性的不定式"（来于 šdj"取"，参 Berg，1990），然上下文语境与之不协。此处也并非 s dm.f 句式，因其不为 nj 和介词 r 或（转下页注）

我点燃那熊熊的诸神之火①

五 遇到大蛇（56~66）

56~59、尔后我就听到雷鸣般的②声音

我寻思：此波浪乎！于大海之中者！③

59~60、树木摧折

大地震动④

60~62⑤、我露出了脸⑥

发现⑦那是条蛇，他过来了⑧

（接上页注⑨）dr引导。关系从句 s dm. f 可能作为 AB 型名词句的第一部分，"我所取者，乃一燧木"，然中古埃及语中，此种模式的名词句主语通常恒定不变。既然此处 s dm. n. f 合乎常规（谓 šd. n. j），可能圣书字（上◯下▱）由抄者误读原本（上▱下〜〜〜）所致，前者▱为限定符号。按：推测此处可能因祭司体字形相似而误。现在的 šdt. j 中的 t 的来源，很可能是抄者误将原本的（上◯下〜〜〜，dn，故原本文字当读为 šd. n. j）误抄为（上◯下▱）（这两个部分祭司体极易混淆），而前者中从◯又是被视为限定符号（在这种情况下，只有一个◯，而形成今本的 šdt. j）。

① zj n s dt—字义，"火光四射""火光熊熊"。这一短语乃单一词语，故当有一个着重点而非两个。

② qrj—其基本字形为 qrr，通常用于描绘风暴云（关于塞特动物限定符，可参 32 行之 nšnj）。这一词形可能表示第二个 r 之失去。

③ jb. kw w3w pw n w3 d – wr—第一人称单数静态词，表过去时。剩余部分乃一 A pw 名词句，用为无标记名词从句，作 jb. kw 的宾语。

④ ḥtw ḥr gmgm t3 ḥr mnmn—两个虚假动词结构，描写正进行中的动作。按，gmgm，树木折断的拟声词。mnmn 似亦拟声。

⑤ 此联乃叙述风格的佳例。作者不必事先告知我们他蒙着脸（因为害怕），因这一行为可由句子"我露出脸来"暗示。

⑥ kf. n. j ḥr. j—按：参上面注释对叙述风格的解释。

⑦ kf. n. j . . . gm. n. j—首词为 3 – lit（三辅音动词）kf3，最末的辅音字母（按，即 kf3 之 3）在发音中被吞掉因此未标出。两个 s dm. n. f 结构描写的是前后相承的动作。它们可以被阐释为两个独立陈述句（我露出……我发现），或者强调句型，前一子句逻辑上从属于后一子句（我一露出……就发现）。按：前文并未说因害怕而捂住脸，此处突然出现，见行文之妙。

⑧ gm. n. j ḥf3w pw jw. f m jjt—ḥf3w pw 乃 A pw 型名词句，用如无标记名词从句（按，意思即"此物者，蛇也"），作 gm. n. j 的宾语。jw. f m jjt—带 m + 不定式的虚假动词结构，暗示蛇之到来迫在眉睫。它可被理解为无标记关系从句，修饰无限定词的先行词 ḥf3w "蛇"，也可被理解为独立陈述，"他就要来了"。

62～64、他身长三〇肘尺①

他的胡须修长，超过二肘尺②

64～66、他的四体装饰着黄金③

他的双眉乃纯正的青金石④

他屈曲向前⑤

六　蛇抓住水手（67～80）

67～68、他张开口，冲着我⑥

---

① n（j）－sw m ḥ30—字义为"他有三〇肘尺"，表属性的 AB 型名词句。30 肘尺折合 15.75 米。

② ḥbswt. f wr s（j）r m ḥ2—形容词句，主语议题化，代词 s（j）重复之。胡须将蛇等同于神明，其长度超过 1.05 米。按：ḥbswt. f wr "他的胡须，长"，后文 s（j）r m ḥ2 "其长超过二肘尺"之 s（j）即指前面之 ḥbswt. f。

③ ḥʿ w. f shr. w m nbw—主语－静态词句。ḥʿ w 乃 ʿ "肢"的复数形式，通常用如集合名词表"身体"。此处语境甚切，因蛇并无四肢。神明的肌肤被认为是金子，因为金子如诸神一样永恒不变。动词最初为 shr，由此抄者的方言 h 变为 ḥ。按：所说亦有可议，谓蛇无四肢乃仅据其生物特性，而未悟此处мы语怪叙事的语境。然检《亡灵书》等文献中的图版（如大英博物馆 EA 10002\2－3）给蛇绘有手足。《楚辞·天问》"女娲有体，孰制匠之?"《说文解字·骨部》"体"："总十二属也"；段玉裁注："十二属许未详言，今以人体及许书核之。首之属有三：曰顶，曰面，曰颐。身之属三：曰肩，曰脊，曰臀。手之属三：曰厷，曰臂，曰手。足之属三：曰股，曰胫，曰足。合《说文》全书求之，以十二者统之，皆此十二者所分属也。"则体乃人肢体的总称。故《论语·微子》有言"四体不勤，五谷不分"。女娲传为蛇身，而又有四肢等"体"，故屈原有疑而发问。由此言，蛇之有体，本神话叙事而已，不得以自然界之实际衡量之。黄金乃神明的象征，寓意永恒不变，这是观念与物质之间关联的一个例子。

④ jn ḥwj. fj m ḥsbd mɜ-ʿɛm—埃及文"眉毛"后通常有一𓀀符号，此处省略。双斜线通常在第三人称阳性单数人称词级之双数后，诸神的毛发通常被描写为蓝色（青金石）而非黑色。此处，其毛发乃真正的青金石。按：因前文之 jn ḥwj "双眉"乃双数（词后有双斜线），故后面的第三人称单数 fj 也用双数。

⑤ ʿrq sw r ḥnt—形容词句，被动分词作形容词谓语。r ḥnt 意思是"在前头"。此处意象属于眼镜蛇，向前伸头探触。按：被动分词ʿrq 谓词，意思是"屈身，披上（衣服）"。

⑥ jw wp. n. f r f—此处的 jw 的用法，和蛇张开口的动作有关，直接关涉下文（按：随即蛇就叼起水手），对应于简单地张嘴的过去式动作。按：jw 通常表示同时的真实动作，或者在特定语境下的真实。

我匍匐在他面前①

69～70、他问我说，"谁带你来的"②

小家伙！谁带你来的？谁带你来的？③

70～73、若你磨磨蹭蹭，方告诉我谁带你来这岛上④

我会叫你知道自己是一堆灰烬而已⑤

成为一个没人见过的谁何⑥

73～76、他对我说话，⑦ 而我却听不到他⑧

---

① jw. j ḥr ḥt. j m bꜣ ḥ. f—副词句，用如无标记状语从句。按：主语为人称代词的情况下，由 jw 引导。字面含义是"我在我的肚子上，在其面前"，意思即趴下、匍匐。六朝有词曰 "腹拍"（如《经律异相》卷一四"声闻无学第二僧部第三"之"舍利弗先佛涅槃"有 云"腹拍王前"），或以为此"匍匐"之联绵词，然《说文·手部》"拍"字右为"百"， 云"拊也"；又同部"拊，揗也"，段玉裁注："揗者，摩也。古作拊揗，今作抚揗，古 今字也。"然则腹拍，殆由以腹部有所拊揗之义，实音译兼有意译，非指联绵词而已。腹 拍二字，遂译该短语，含义贴合。

② dd. f n. j n – mj jn tw—dd. f 乃表伴随状况的无标记状语从句中的 s ḏm. f。n – mj jn tw—分词 陈述句。n – mj 是 jn mj 的"发音上的"拼写，作为一个单词（＊inīma）。

③ zp 2 n ḏs n – mj jn tw—zp 2 重复前面的问题。按：该词表示"两次""两倍"，相当于汉语 中的重文符号，代表重复的词语或短句。这里即下面的问话重复两次。此词亦可用于单 词中，用于重复其缩略部分。n ḏs—在中王国时期，该词用于没有政府职务的卑微民众 [弗兰克（Franke）1998]。其字义是"微物"，此处语境有讽刺的意味，相较于蛇之巨大 而言（按：意即水手无非是个"小家伙"而已）。

④ jw wdf. k m dd n. j jn tw r jw pn—该句乃带 s ḏm. f 式的条件句之前提句（按：前提与结论对 应）。字义是"若你延迟些告诉我"，jn"携带"乃主动态分词。

⑤ rdj. j rḫ k tw jw. k m zz—rdj. j rḫ k tw 乃 rdj s ḏm. f 结构，在此结构中，rdj. j 有将来的意味。 意思是"我会让你知道你自己"。按：rdj s ḏm. f 表使役，动词 rdj 可以以任何词形出现， 它所支配的 s ḏm. f 通常是非叠音词。s ḏm. f 表将来或虚拟语气，尤其是其置于句首的情 形下。jw. k m zz—副词句，作无标记状语从句。字义，"你，作为一堆灰"。这个从句暗 示，蛇将以其火之呼吸焚烧水手。按：蛇口中有火的设想，屡屡见于《冥书》《门户之 书》等典籍，兹不赘述。

⑥ ḫpr. t（j）m ntj nj mꜣ. t（w）. f—ḫpr. t（j）为无标记状语从句中的第二人称单数静态词。 ḫpr. m 意思为"卷入，进入……状态"。由 ntj"某人"引导的关系从句乃直接的（未标 出的先行词和关系从句的主语等同），然需要人称代词词缀，因其为否定的 s ḏm. f 的主 语。该从句 ntj nj mꜣ. t（w）. f 意思是"某个人（指水手），他没有见过者"。

⑦ jw mdw. [n. f] n. j—原文是 jw mdw. k "你说"，可以被阐释为蛇的部分言辞，作为蛇的虚拟提 问（"你在对我说话吗？"），然本联的第二行表明，蛇并非发言者。抄者显然将原初的紧凑的 祭司体（上〰〰下✐）误抄为〰（按，即将 n. f 误写为 k）。正如 67 栏 jw wp n. f，jw 和下文即将出现的陈述直接有关。按：半方括号 [ ] 为埃及学者约定的讹文符号。

⑧ nn wj ḥr s ḏm. ⸢j⸣ st—通常带 ḥr＋不定式的虚假动词结构之否定形式为 nj s ḏm n. f。（转下页注）

虽然我在他面前①，我却已人事不省③

76～78、尔后他放我到口中③

带我到了他的地盘④

78～80、他放下我⑤，没触碰我⑥

轻巧地，我毫发无伤⑦

(接上页注⑧)此处的独特用法或许表示正在进行的动作（I was not hearing it "我当时并没听见"。按：我没听，所以听不见）；而这 nj s d̠m n. f 并不特别暗示之。或者是，s d̠m 的多余的后缀表示，书吏此处所想到的是 nn + 不定式的结构（nn s d̠m. j st = without my hearing it "我没有听到"。按：我听了，并没有听到），又将这一结构转化为 nn wj h̠r s d̠m. st "without me（upon）hearing it" 以避免 nn s d̠m. j st 所常用的将来时态（I would not hear it），但却未去省略不定式的（原本的？）第一人称单数词缀。无论如何，此一从句乃是无标记状语从句。

① jw. j m b₃ h̠ [f]—无标记状语从句，带副词谓语。文本作 jw. j m b₃ h̠ k，恰如第一行之 jw mdw. k，可理解为蛇的部分言辞："你跟我说吗？我没有听到，尽管我在你面前。"然如此阐释，基于这一事实，即 h̠m n.（j）wj 仅能指水手（详下）。而且 m b₃ h̠ "在……面前" 的宾语通常更胜一筹，蛇不太可能将他自己描述为水手"面前"的存在物。按：m b₃ h̠ 类似于汉语和日语中的敬称用法，如《诗经·大雅·文王》"文王陟降，在帝左右"之"左右"。

② h̠m n.（j）wj—s d̠m n. f 结构，wj 前的第一人称单数词缀未曾写出，用如表示先决条件的无标记状语从句。动词 h̠m 意思是"不知，不解，未注意到"，从句意思是"我不知道我自己"，埃及语常用习语，即丧失意识。

③ ʕh̠ʕ. n rdj. f wj m r. f—s d̠m. f 的通常用法，表过去动作，用以替代 s d̠m n. f。

④ jt. f wj r jst. f nt sn d̠m—动词 jtj 方言文本中写作 jtj，该词的基本含义是"接受"或者"拥有"，而非"取走"某人于某地。这里的用法暗示，大蛇控制着水手。此处之 s d̠m. f，可以是无标记状语从句（"他带我走"）；然更可能是承接前面行文的 rdj. f 的过去时态。sn d̠ m—不定式。它是 n d̠m "变甜美，变容易" 的使役形式，然通常用于指人的居处，此处 sn d̠m 的用法相当于英语短语 take it easy。按：汉语所说的"安居"，或与之近似。

⑤ w₃ h̠. f wj—与前面诗节的 jt. f wj 相似，可能表示过去，而非当下情境。

⑥ nn dmjt. j—无标记状语从句，nn + 不定式结构。人称代词后缀更可能是不定式的宾语而非主语。dmj 是一个 3 - lit（三辅音）。其原本形式，甚至有些中王国时期的拼法，dmr）动词，故当用无 t 的不定式。书吏或错将原初的 ⟨⟩ 抄写为 ⌒。另外仅有的可能阐释在上下文中没有意义：被动态 nn dmj. t（w）. j 意思或是"我不会被触碰"，而 nn + s d̠m. f 关系句的意思是"没有我可以触摸之物"。既然蛇确实"触碰"了水手，则难免因文害意，如同"风暴永不会触碰我们"一样。

⑦ w d̠₃. kw nn jtt jm. j—无标记状语从句中的第一人称单数静态词。nn jtt jm. j—jtt 乃阴性被动分词作名词用法，字义是"没有从我身上拿走之物"。换言之，蛇不曾咬啮水手任何身体部位。

七　水手讲述他的故事（81~110）

　　这一部分主要重复第二、三情节，在新部分的开首，以 sr. sn ḏꜥ 为标记，招呼后的注释是对二、三情节中的补充（21~46 栏）。

81~82①、他张开口，冲着我

我匍匐在他面前

83~84②、他问我说，"谁带你来的？"

小家伙！谁带你来的？谁带你来的？

84~86、谁携你来至这个大海中的岛屿

——其两岸皆为水域者③

86~89、尔后我回答他的问题④

双臂屈曲，在他面前⑤

我回答他说：正是我⑥

89⑦~93、我下到矿区，受吾王之所遣

以一二〇肘尺之长的船只

四〇肘尺之宽⑧

---

① 重复第六情节开始的联句（67~68 栏）。

② 基本同于 69~70 栏，除了开始的从句 ꜥḥꜥ. n ḏd. n. f n. j。

③ ntj gs（wj）. fj m nwy——有标记的间接关系从句，副词谓语。人称代词词缀后的双斜线表明名词是双数，尽管其写作单数形式。双数暗示作者想到的是南北或者东西，虽然岛屿在定义上所有方向皆为水环绕。关于 nwy，参第 35 栏 nwyt 的注释，见上。

④ wšb. n. j f st——埃及语中，动词 wšb "回答"需要一直接宾语，其后 st 乃一中性代词，指代蛇的提问。

⑤ ꜥ wj. j ḥꜣm.（w）m bꜣ ḥ. f——主语－静态词是一无标记状语从句。"双臂弯曲"指的是埃及人表示崇拜或尊敬的动作，🐍。ꜥ wj. j 中的双芦苇叶为语音上的（＊ꜥ úwai）＊ꜥ úway）。

⑥ ḏd. j n. f jnk pw——表伴随状况的 s ḏm. f 无标记状语从句。字义为"我对他说"。jnk pw——A pw 名词句，回答蛇的问题。

⑦ 89~94 栏，三联句里那句重复水手开始的故事，在三联句中文字略有微调。

⑧ 按：此数栏重复 24~27 栏，略有差异。彼处为 šm. kw "我前往"，而此处是 ḥꜣ. kw "下去"，乃前文 ḥꜣ. kw r wꜣḏ wr "向大海而行"之橐括，因此处本在海中，故无需再出现"大海"的字样。彼处但云 n jtj "为国王"，而此处则是 wpwt jtj "王者所遣"，显然此处语境更为深切，因对面与言者乃大蛇，故强调来这乃受王命（而非个人），有托王命以自重从而增加谈话分量的意思。

93~94①、一二〇名桨手在此船上

皆埃及之出类拔萃者

95~97②、无论仰观天象还是俯察地理

他们心思之机敏，都赛过狮子

97~98、他们能预见飓风，于其未至

和暴雨，在其未来临时③

99~101④、其中每一位⑤，他的心思都很机敏

他的双臂强劲，胜过同行⑥

他们中间，没有愚氓⑦

101~103⑧、飓风起了，我们在大海之中

在我们靠岸之前

103~106⑨、大风飞扬，扬复扬

浪涛在其中，八肘尺之高

其桅杆乎！给我击碎，那船

106~108⑩、遂尔，这船便死去了⑪

在船上的诸人，没一个活下，除我幸免外⑫

---

① 与 27~28 栏相同。

② 与 28~30 栏相同。

③ 这一段与情节二（30~32 栏）不同，在首行的 s ḏmt. f 中使用人称代词词缀。按：略有差异者，此处行尾为 nj jjt. f, 彼处为 nj jjt, 省略了代词 f, 含义全同。

④ 这一三联句，铺陈对船员的描述。

⑤ wˁ jm nb—状语的 jm, 为能在形容词 nb 和其所修饰的名词之间使用的少数几个词之一，表明这一词组只有一个强调者。按：埃及语可在名词、名词词组及人称代词之前使用 wˁ 或 wˁt "一"。当表示"多个中的一个"时，使用介词 m, wˁm n ˁ3 "那些驴子中的一头"（《雄辩的农夫》B1 40）。wˁ jm nb "他们中的每个人"。

⑥ mjkꜣ jb. f | nh. ẟ7. f r snnw. f—一个句子，有两个形容词谓语，皆有比较含义。

⑦ nn wḫꜣ m ḥr（j）jb. sn—无动词的否定陈述句，ḥrj jb 派生自 ḥr jb "在心上"，表达"在中间""在其中"的意思。

⑧ 同 32~34 栏。

⑨ 同 34~37 栏。

⑩ 和情节三略有不同的叙述（37~39 栏），唯最后行扩展为一三联句。按：最后多出 ḥr ḥw. j "而我幸免于难"，字义为"在我的豁免之外"，乃承上启下的过渡句。

⑪ ˁḥ3. n dpt m（w）t. t（j）—此处写出了静态词词缀，与 38 栏不同。

⑫ ḥr ḥw. j—复合介词，字面含义是"于我之豁免"，ḥw 是源自 ḥwj "豁免，卫护"的动名词。

而我就在你的旁边①
109～110②、尔后我被冲到这个岛屿上③
随大海中的浪头

八　蛇的预言（111～123）

111～113、他于是对我说④：别怕，别怕⑤，小家伙
莫要脸色惨白⑥，你抵达我这儿⑦
113～114⑧、瞧，神明，他让你活命⑨

---

① mj. k wj r gs. k—由 m. k 引导的副词句。字义是"瞧，我在旁边"。按：gs. k 当指蛇所居住的岛上。

② 尽管以红笔标出，这最后联句仍为水手叙述的一部分，属于这一情节而非下一个。这与情节三的相应部分（39～41 栏）略有差别，在答复蛇的问题时，以 jn. kw 代替 rdj. kw。按：第一行，彼处为 rḥ. n j rdj. kw r jw，而此处为 rḥ. n (j) jn. kw r jw pn，除省略的代词 j 外，主要就是动词不同。彼处为 rdj. kw "我被给与"，而此处则是"我被带到"。彼处乃隔了较长时间段之后的追忆，故用词宽泛而抽象；此处则是身临其境，故用词更有动作感和临在感。另一处则是最末的 jw pn，彼处没有限定词，乃泛泛而论；此处强调是在此岛，为特指。

③ . n. ḥ. (j) jn. kw—鉴于第一人称单数静态词，rḥ. n 后通常接第一人称单数人称词缀。此种拼写，见 39（与此栏对应者）、131 及 155 栏。此种语境下，第一人称单数可能未写而不是省略（亦见 157、169、174 及 177 栏）。

④ ḏd. jn. f—s ḏm. jn. f，暗示蛇的言辞紧随水手的故事。按：ḏd. jn. f 和 wn. jn，都表明其动作紧随前面的动作之后，jn 大略相当于"然后就""于是就"。

⑤ m sn ḏ m zp2—否定命令式，重文符号重复 sn ḏ。

⑥ m 3tw ḥr. k—否定命令式，第三人称主语为否定补足语成分，字义是"不要让你的脸色发白"，3t"变白"乃碰到蛇时的惯常反应。

⑦ p ḥ. n. k wj—先决条件的 s ḏm. n. f 无标记状语从句，此处侧重于偶然性。

⑧ 此乃一带有述位的状语从句的强调句式，后半乃无标记的 s ḏm. f。前半从句（mj. k ntr rdj. n. f ꜥnḥ. k）为已知信息（水手和他的同伴有不同的命运），而新信息，亦即述位（按：谓表达新信息的句子成分），即状语从句，解释"他如何让你活下来"。按：所谓述位，指的是整个从句。由于从句之整体有状语功能，当然也可作述位。

⑨ rdj. n. f ꜥnḥ. k—所谓 rdj s ḏm. f 结构，s ḏm. n. f 主语为 ntr "神明"，议题化了。按：此处神明为单数。埃及本信仰多神，此处的单数用法如何解释，是个值得深思的问题。是送水手到岸上的风神，还是使其幸免于难的海神，还是相当于上帝或者耶和华的至上之神，此处语焉不详，难以遽断。

他送你来这缥缈之岛①

115～116②、无物不有，在这岛屿上

它充满着一切美好之物③

117～119、瞧，你将度过一月又一月

直到住满四个月④，在这岛屿之中⑤

119～121、就会有船只从你家乡驶来

船上的水手们你都认得⑥

122～123⑦、你返回家乡，与他们一起

你终老于城市里⑧

九 蛇的故事（124～136）

情节九故事乃是"故事中嵌套故事"（按：《五卷书》《天方夜谭》将此种叙事推到极致）。纸草卷在这一处，书吏在此改竖列为横写，原因不详。

---

① jw pn n kȝ—伽丁内尔（Gardiner，1908，65）阐释此处提及的 kȝ 之陈述，以为此岛并非真实存在，而是"幻象"。短句 rdj. n. f ʕnḫ. k "他让你活着"及其随后联句，指最初的"生命力"，这岛屿上有能够支撑生命的一切之物［凡德斯勒因（Vandersleyen），1990，1022］。

② 此联的首句乃第四节水手对该岛的评论（参 51～52 栏）。

③ jw. f mḥ.（w）ḥr nfrwt nbt—主语 - 静态词结构，表达状态。埃及语使用介词 ḥr "在下面"而非 m "和……一起"，因为这岛屿确在其拥有之物的"下面"。

④ r kmt. k jbd 4—r s ḏmt. f 结构。按：s ḏmt. f 极易辨别，因其在中古埃及语中只用于三种结构。nj s ḏmt. f "他还没听到"（通常翻译为"在他听到之前"），另外则用于介词 ḏr 或 r 之后。ḏr s ḏmt. f "在他听到前"（通常为现在时）。r s ḏmt. f "直到他听到"。

⑤ 此联乃蛇的预言之第一部分。该联和下联皆使用虚假动词主语 - r s ḏm 结构以表达非预料的将来。

⑥ sqdw jm. s ꜛḫ. n. k—sqdw jm. s 乃副词句用如无标记的状语从句。ꜛḫ. n. k 乃 s ḏm. n. f 用如无标记关系从句，在不定先行词之后。按 ꜛḫ. n. k 之 ꜛḫ 为静态词，表习得或经历之后的"知道"状态。

⑦ 此联中将来时以 s ḏm. f 表达，因其乃出于个人自愿（šm. k）且作为主语［m（w）t. k］。

⑧ m（w）t. k m njwt. k—因为要制作木乃伊，并且死后寻找一个合适的墓葬。埃及人倾向于不要死于异域。

124、幸甚至哉，讲述他所品尝过的①

当痛苦的事情已成为过往②

125、若这样，讲说给你，类似的故事③

发生在这个岛屿上的

126～127、我那时在岛上④，和同胞们一起

暨他们腹内的孩儿们⑤

127～129、总共七十五条蛇

算上我的后代和同胞⑥

我没对你提及⑦，我生的小女儿⑧，往事不堪回首⑨

129～130、尔后一个星星降下来⑩

---

① ršwj s ḏd dpt. n. f—形容词感叹句。主语为分词短语，主动分词支配关系从句 s ḏm. n. f 作为宾语。dpt. n. f，"彼其所品尝过的"，犹言"他所经历过的"。

② zn ḥt mr—s ḏm. f 无标记状语从句。阳性词 mr 修饰阴性名词 ḥt，参见前文 22 栏 ḥpr.（w）m ʕ j 注释。

③ 此联与水手开始讲述其故事者相似（情节二，21～23 栏）。ḥpr. w 中写出了第三人称阳性单数词缀。

④ wn. j jm. f—wnn 的 s ḏm. f 用法，将实质上的状语句改造为过去时。因为动词非叠音词（按：wn 并未使用其叠音形式 wnn），因此当更可能指某一特定时间点，而非持续的状态。

⑤ ḥrdw m q3b. sn—副词句，用为无标记状语从句。m q3b 是介词短语，字义"在腹内"。按：这里指的是蛇的同胞中的雌蛇。

⑥ m msw. j ḥnʕ snw. j—按：m 基本含义是"在……里"，常与人称代词一起使用，或副词用法 jm"在其中"。其具体含义，视用法而定，此处是"作为……"的意思。

⑦ nn sḥ 3. j n k—状语从句，nn + 不定式；也可理解为 nn + s ḏm. f 结构"我没对你提起"。动词 sḥ 3 意思是"引起注意"。

⑧ z3t ktt jnt. n. j—s ḏm. n. f 关系从句，阴性的结尾形式表明其限定者乃前面的 z3t ktt（按：jnt. n. j 结构中 jnt 的结尾 t 为阴性形式）。

⑨ m sš3—根据伽丁内尔的说法，这一介词短语和 jnt. n. f 放到一起理解，通常理解为伽丁内尔所谓"通过祈祷"，亦可理解为"通过知识、技能及预见"［德尔申-乌特尔（Derchain - Urtel），1974，97～99］。这一阐释涉及两个互不相干的词语，sš3"祈求"和 šš3（通常也写作 sš3）"经历"。限定符号纸草卷，如 139 行一样，显然更契合后者，而前者通常使用限定符号🗤。尽管该短语接续 jnt. n. j 之后，它可以理解为修饰 nn sḥ 3. j n. k，因宾格短语 z3t ktt jnt. n. j 语法上紧随 nn sḥ 3. j n. k 之后。该句的意思很明显：蛇懂得，从经验上说，提及其所生的小女儿乃痛苦的事情。按：此处的 m sš3 含义是"以经历说"，文中略有转译。

⑩ n ʕḏ j—w—s33. w—以之后主语-静态词用如过去时态。按：这里的 sb3"星星"犹如汉语所谓"灾星"，乃埃及天象学说的反映。

那种有火在其中者，散开来①

130～131、这事情发生时，我没在当场

他们焚尽了，我却不在其中②

131～132、尔后我为他们而死

当我发现他们已成为一堆尸体时③

132～133、若你存活下来④，你的心性强忍的话⑤

紧紧地拥抱你的孩子们⑥

133～134、亲吻你的妻子⑦，照看家园

---

① pr. n nꜣ m ḥt mʕ. f—按：s ḏm. n. f，无主语句。

② ḫpr. n r. s nn wj ḥnʕ | ꜣm. nj nn wj m ḥr（j）jb. sn—两行中的否定副词句皆作无标记状语从句。ḥnʕ为介词的副词形式。按：上联未写出主语，若无特定之某事物作为其主语的话，所谓无主语的 s ḏm. n. f 结构。按：第二行之 ꜣm. nj 为无主语的 s ḏm. n. f 的特殊形式，其中介词动词 nj 源自介词 n，由于介词副词可以单独写作𓈖，故所有的无主语 s ḏm. n. f 都将有同样的词缀形式，如上例 ḫpr. n（j）等。不过，应当注意无主语形式和未写出形式的差别，前者为 rdj. n（j），而后者为 rdj. n.（j）。

③ ʕḥʕ n. j m（w）t. kw n. sn | gm. n. j st m ẖꜣyt wʕt—蛇的故事意即“故事中的故事”到此结束。按：前联为 ʕḥʕ n 后接主语 - 静态词表过去时，后联无标记状语从句。gm. n. f 从句描述的事件，发生在主句之前（叙事者“发现”尸体在先，而因悲痛“死去”在后）。章节中的动词形式无从判断孰先孰后，唯有根据逻辑加以断定。《韩非子 · 说林上》或谓吴起：“夫死者，始死而血，已血而衄、已衄而灰，已灰而土”，此乃对死的观察和体验，其超脱之态，非大神所有。

④ jr qn. n. k—此乃一 s ḏm. n. f 条件句，表结果的子句。动词 qnj 基本意思是“坚持不懈，不要放弃”。通常勇气内涵源于战争的环境，谁在战场上“坚持不懈”谁就是“勇敢”。埃及战士展示此种品性，其回报是被王者赐予金蝇，因苍蝇在扰人方面总是持之以恒，即便被蝇拍连续拍击。按：在德拉阿布 - 那伽的底比斯墓葬，出土有三枚长达 19 厘米的大号的金苍蝇，乃战功勋章，其佩戴者为第十七王朝赛肯拉（Seqenra）的王后阿霍太普（Ahhotep）。

⑤ rw ḏ jb. k—s ḏm. f 用于状语从句，表示伴随状态。按：引申论之，这里点出了一个问题，即心性的问题和克己的功夫。“强忍”之心乃是困境中脱险的必要修行，儒家之所谓克己，佛家之所谓戒。“三界无怙，唯戒可恃”［（南朝梁）释宝唱《经律异相》卷三七“优婆塞部”：“优婆塞持戒鬼代取花”］。

⑥ m ḥk qnj. k m ẖrdw. k—此乃该条件句中的五个结论子句中的第一个，另外四个在接续的两联句子中。蛇提及的结果是拥抱，前提是他的孩子尽数丧生。注意最后一联的用词，并对比第 126 行蛇的言辞。按：mh k qnj. k 字义是“你充满你的拥抱”，译文做了转译。

⑦ sn. k ḥjmt. k—动词 sn 的基本意思是“嗅”（故其第一个定符𓂉），也用如“吻”。埃及人显然是用鼻子而非嘴唇“亲吻”。

这事情比其他一切事都美好①

135～136、你会抵达家乡，并在那里②

在同胞们中间

十　水手的回答（136－148）

136～138、这样，我便匍匐着伸开双臂③

我触摸他面前的地面④

138～140、我对他说②⑤，我会述说您的印象⑥，对吾王

让他留意于您的伟大⑦

140～142、我将让人给你奉上⑧鸦片和油膏

松香和肉桂⑨，庙宇旁侧⑩的熏香

---

① nft st r ḥt nbt—形容词句，有比较的意思。

② wn. k jm. f—wnn 的 s dm. n. f 用法，将本质上的状语句改造为将来时。按：此处和 126 行 wn. j jm. f 不同。

③ wn. k（w）r. f dm3. kw—两个第一人称单数静态词。第一个为该形式的古旧用法，作为陈述的过去时态度，以替代时兴的 s dm. f 形式（参 126 行）。在过去时用法该结构用于描述处于 dm3. kw"伸展"状态，经过一段时间之后。r. f 与前面的情节相联系。

④ dmj n. j z3tw—s dm. n. f 表达在无标记状语从句中的先决条件。按：z3tw 意思为"地板""地面"。表达敬意的姿态。

⑤ ② dd. j. r. f n.［f］—原文以红色标出，开始水手的言辞。原文中的第二人称阳性单数（按：即半方括号中的原词本为 k）可按照原文理解（"所以我来告诉你，我将讲述"）。然这样水手的言辞中便缺少了引入语。无标记状语从句中使用 s dm. f 伴随状态，上下文更有意义。

⑥ b3w. k—抽象名词，写如"虚假的复数"形式。按：即 b3w 看似单数的 b3"魅魂"之复数，然含义却是抽象的"印象"。

⑦ dj. j sš3. f—为 rdj s dm. f 结构。按：意思是"我让他留意"。

⑧ dj. j jn. t（w）—又一例 rdj s dm. f 结构，第二个 s dm. f 所接者为被动态后缀。按：字义"我让某物被奉上"，"我使某物被奉上"。

⑨ jbj ḥ knw jwdnb hz3yt—两种油，两种树脂或香木。hz3yt 可能是桂皮，产自于阿拉伯的樟属香料。jbj 乃 jbr 的一种形式，被勘定为鸦片，然证据微弱。hknw 在葬礼上使用，而桂皮用于涂抹的油料中。按：jwdnb 不详何物，然乃香料中一种，姑且翻译为松香。

⑩ gsw prw—字义为"庙宇的周边"，一个 gs pr 指的是 pr"庙宇"主轴任意一 gs"侧"的房间，其中储备有举行仪式之物。

有这些，每位神明乃能安宁①

142～143、我将讲述发生在我身上的事

以我所见者，你的印象②

143～144、城邦会感谢你③

在廷议上，与夫整片土地④

144～146、我将为你杀⑤牛以为燎牲⑥

我将为你拧折鸟颈⑦

146～147、我将为你带⑧船只来

满载着埃及的特产⑨

147～148、仿佛为民众所喜爱的神明所做的一般⑩

---

① s ḥ tpw ntr nb jm. f—字义为"那每位神为之而满意之物"，s ḥ tpw 或为关系从句 s ḏm. f 的阳性单数形式之被动语态，或者为特殊用法的被动分词。

② s ḏd. j r. f ḥprt ḥr. j l m mȝt. n j m bȝw. ［k］l dwȝ. tw n. k ntr—可以被视为带初始条件从句的强调句，如上所翻译；或者作为两个独立的陈述（我将讲述……你会被感谢）。

③ dwȝ. tw n. k ntr—参情节一（5－6栏）关于 dwȝ－ntr 的注释。

④ ḥft ḥr qnbt tȝ r ḏr. f—ḥft ḥr 为合成介词，字义为"对面，当面"。qnbt 为长官和耆旧议事判案的地方机构。tȝ r ḏr. f，该短语乃"每一位"的夸张表达。按：介词短语 r ḏr 意思是"达最大限度"，用于修饰名词，则通常置于名词之后，且常带有第三人称词缀，此词缀的性、数与其所修饰的名词保持一致，因此乃是 tȝ r ḏr. f "整片土地"。类似用法的介词词组尚有 r ȝw "依其长度"、mj qd "若其状貌"及 mj qj "如其质地"。

⑤ zft. j—该词用红墨水书写，原因不详。或许与动词的含义有关，"我会屠宰"。

⑥ zj n s ḏt—参情节五（56栏）对该短语的注释。

⑦ wšn. n. j—该词可依照原书来理解，可视作 s ḏm. f 的先决条件用法。然上下文语境中，似乎 s ḏm. f 结构更贴合［即 wšn. j "我将拧折（其）脖颈"］，很可能第二个 n 为羡文，乃受 wšn 之最末辅音影响而重出。该词指拧断脖子来杀鸟（此处作为祭品），汉语中似没有对应的表达。

⑧ dj. j jn. t（w）—参140行注释。按：字义"我讲让（船只）被带来"，译文略有调整。

⑨ ȝtp. w ḥr špss nb n kmt—ȝtp. w 乃第三人称复数静态词，充任不定先行词后的无标记关系从句。限定符号（🔺，臂弯中有木杖）和34栏以及103栏用于 fȝj "举"者乃同一个，特未持"杖"而已，相当于符号🔺。埃及人在言及 ȝtp"装载"时，字面上更倾向于用介词 ḥr "在下"，而不是 m "和……一起"。špss 是来自形容词 špsj "精美的、特殊的"的抽象名词。字组（左短竖¹ 右上⊗右下⌒）乃 kmt 的限定符，符号（左短竖¹ 右⌒）是多余的，因受到 njwt "城镇"的写法影响所致（参144行）。

⑩ mj jrrt n ntr mrr rmt—jrrt 为叠音被动分词，表达习惯性的行为，充当介词 mj 的宾语。按：mj jrrt n ntr "若被作于神明者然"，此处的 ntr "神明"乃单数形式，按照这里的语境，民众喜爱的神明可以是一位。然埃及人奉行多神。此种神明习用单数，合理的解释或许是，书吏知道一神教的存在。mrr rmt—亦是叠音动词。该结构既可以是 s ḏm. f 关（转下页注）

在民众所不知晓、遥远的土地上①

十一 蛇的回应（149～154）

149、尔后他朝我笑了②，以我适才所说③
据他看来是错的④
149～150、对我言道⑤：你有这许多没药？⑥
你是香料的主人吗？⑦

(接上页注⑩)系从句（按：意即"其人获尊崇于民者"），也可以是主动态分词（按：即
"爱民者"）。然前两行已经说过为神明所行的事情，这里的含义当系前者。按：习
俗为宗教之一大钤键，其形成过程源远流长。所谓"上以为政，下以为俗，为而不
已，操而不择……所谓便其习而义其俗者也"（《墨子·节葬下》），习俗引起久远而
成为自然的抉择（所谓"便其习"），因而也就被视为合宜的从而正当的（所谓"义
其俗"），然未经反省的习俗是否自然正当，仍旧是一个问题。此处以远方大蛇为神
明，且获得王者允诺，习俗从民间信仰（"下以为俗"）便飞跃为国家祭祀（"上以
为政"）。

① m t3 w3 nj rḫ sw rmt—w3 是动词 w3j "走得很远""所行遥远"的分词。该行与前文 ntr 关
联（"在遥远地方的一位神明"），胜于关联于 jrrt（"彼事之行于远方者"）。蛇生活在
"人民所不知道的远方之地"。nj rḫ sw rmt—带 s dm. f 否定形式的从句，用为不定先行词的
无标记关系从句。

② m nn sbt. n. f jm. j—ʕḥʕ n 后接 s dm n. f 作过去时态。sbt（初始形态为 zbt）既是"露齿
而笑"也是"大笑"，限定符号为牙齿，这两种笑法都会露出牙齿来。介词 m（jm 带人
称代词后缀）和下一段暗示出蛇发笑的原因。

③ m nn dd. n. j—sbt. n f nn 的第二个介词附属成分，为中性指示代词（按：指 nn）。dd. n. j
为限定先行词后的 s dm. n. f 关系从句（阳性，单数）。

④ m nf m jb. f—蛇发现水手允诺的异域礼物，令人惊讶。短语 m jb. f "在他的意识里"通常
意味着"据他看来"。按：m nf 意即"出于错误"。整句话意思是"出于错误，从他的观
点来说"，意即"在他看来是错的"。

⑤ dd. f—s dm. f 用如先决条件从句。

⑥ nj wr n. k ʕ ntjw—nj 后所接乃一形容词子句，字义为"没药足够多，于你而论"。既然此
类句子通常以 nn 否定之，符号 极有可能为小品词 jn，引入提问。此处以及下联的
词语 ʕ ntjw 有通常意义上的"芳香树脂"的意思，包含更专门的词 jwdnb、hz3yt 及水手所
许诺的 sntr 在内。

⑦ ḫpr. t（j）nb sntr—动词 ḫpr 通常和介词用于人或物之前 m 连用，表示主语"变成"（ḫpr
m X "变成某"）；而偶尔也径直接续宾语，如此例。动词为第二人称单数静态词，用于
无标记的状语从句，字义是"你变成为"。nb 暗示所有权，然此处很可能暗示控制权
（"香料之主"）。

151、因为我乃蓬特的主人①

152、香料，它属于我②

152、你说要带那个油膏来③

在这个岛屿上，那是个寻常之物④

153～154、你行将从这个地方离开⑤

不会再看到这个岛屿⑥

一旦它变成了水域⑦

十二　水手获救（155～160）

水手的故事跳到四个月之后，至情节八蛇所预言的船只之到来。

155、尔后那船便来了⑧

---

① 此联及下文说明蛇在听到水手许诺树脂（用于香料）和油料后，何以觉得好笑。jnk js nb pwnt—由小品词 js 支配的名词句。此处小品词连接 jnk nb pwnt 这一陈述和前面的句子（意即"即便我是蓬特的主人，你也是香料之主?"）。蓬特，通常被指认为索马里或者也门，乃香樟树木的产地，也是埃及远征军的通常目的地。

② ʕ ntjw n. j jm sw—ʕ ntjw 议题化，并且为从属代词 sw 重新点出。按：此为无动词句，表所属，作副词谓语。介词短语 n X jm（y）X's 置于所有者之前。sw 乃单数形式，故前文的ʕ ntjw 无妨视为集合名词。

③ 蛇在表明自己不需要香料之后，便按照水手的许诺赠予他香料和油膏。ḥ knw pf dd. n. k jn. t（w）. f—间接关系从句，其中关系句 s dm. n. f 支配带 s dm. f 的名词从句，字义"你说，它（那油膏）会被带来"。

④ bw wr pw n jw pn—A pw 名词句。bw 乃一泛指任何非特殊之"物"的术语。蛇的意思是ḥ knw 乃此岛的主要产品。

⑤ ḥ pr js jwd. k tw r jst tn—js"确实"（按：如汉语之转折词"信""允"）标志句子为第二个从属陈述（"即便我乃蓬特之主……尽管这般……你将不会再见到这岛屿"）。此乃一种复杂的强调句，即第一行在逻辑上从属于后一行。此一行中，jwd. k tw r jst tn 乃一 s dm. f 的无标记名词从句，充任动词ḥ pr 的主语，字义"你隔离你和此地（的情形）发生了"。动词 jwd 基本意思是"从土地上移开"，和直接宾语连用。介词 r 暗示所离开的地方是哪儿，字义是"你离开谈及的这个地方"。

⑥ nj zp m3. k jw pn—nj zp s dm. f 句型通常用于过去时态，然此处显系将来时。

⑦ ḥ pr.（w）m nwy—ḥ pr.（w）乃第三人称阳性单数形式的静态词（指岛屿），用如状语从句。"变成水域"可能意味着此岛将沉入大海，然更可能是说随着水手的远离，岛屿将隐没于地平线之中。

⑧ ʕ ḥ ʕ n dpt tf jj. t（j）—ʕ ḥ ʕ n 后接主语－静态词，作为过去时态。

如他先前所预言那般①

155～156、尔后我就起身

让自己在一棵高大的树上

我辨认出那些在船舱内的人们②

156、尔后我就走去通报此事③

发现他已然知晓之④

158～159、尔后他就对我说：再见⑤

再见，小家伙！回你的家去吧

你会见到你的孩儿们

159～160、给予我美名，在你的城邦

这是我所需要于你者⑥

---

① mj srt. n. f ḥnt—srt. n. f 为 s ḏm. n. f 关系句，阴性，作名词功能，充任介词 mj 的宾语。字义"正如他曾预言的"。ḥnt 为介词 ḥnt 的副词形式。按：副词正规拼写当作 ḥntw。介词 ḥnt 指在某物之前（位置），ḥmsj ḥnt ntrw"坐在神明之前"。它通常有某种优越感的意思，ḥnt ʕnḫ7 w ḥnʔ7 nḥ"在生命的前端"。ḥft 和 ḥnt 的差别在于位置，前者包括两个事物，它们相对；而后者指某物在行列之前或优先。用为副词时，指时间：ḥpr ḥntw"此前发生"。

② sj3. n. j ntjw m ḥnw. s—此实现蛇的预言的第二部分，"那在内的水手们，你认得"（121 栏）。ntjw m ḥnw. s 为直接关系从句。

③ ʕḥʕ n j m (w) t. kw n. sn l gm. n. j sw rḫ. (w) st—按：这是带 s ḏm. n. f 的无标记状语从句。从句所发生的事件，在主句之后（叙述者"去汇报此事"，才"发现他已然知晓"）。没有标志性词语表明时间关系，仅依据逻辑关系推断之。

④ gm. n. j sw rḫ. (w) st—第三人称阳性静态词，用如无标记状语从句，跟在 gmj 之后。字义"我发现，他已经知道此事"。这句话或许表明蛇的先知，也许表明他的高度。按：rḫ. (w) st，静态词用过去时态。中古埃及语中，不及物的静态使用其原初意义，即表示完成的动作状态，可对译为英语的完成时或过去完成时。至于及物动词，则使用被动结构。然唯一不在此规则之列的则是及物动词 rḫ，它带宾语然却以主动态 know"知道"翻译之。

⑤ snb. t (j)—第二人称单数静态词，用如命令式。字义"再会"（也是英语 farewell 的初始含义）。重文符号 zp 2 在第二行重复这一命令式（"保重"）。

⑥ hrt. j pw jm. k—hrt 派生于介词 hr"在下方"，既表达所有（在某人"下面"，表某人所有），也表达需求（要求也是某人"下方"之物）。第二层含义与此相关，蛇告诉水手，他的要求是给他说好话，而非他所许诺的物品。

十三 蛇的礼物（161～166）

这一部分包括开端联句：蛇赠予水手的十三种物品清单。这清单附着于故事的诗行还是作为散体插入，尚不清楚。然若其为诗行，则是一不寻常的六行诗节（六联句）。这一部分以一单行结束。

161、尔后我让自己匍匐

双臂屈曲，在他面前①

162～165、尔后他与我赠品②，没药和油

香料、肉桂③和香樟④

植物⑤、眼影粉⑥和长颈鹿尾⑦

大块的熏香⑧，象牙⑨

猎犬、猴子和猿⑩

一切上佳的特产

166、尔后我便载着它们到了那船上⑪

十四 离开岛屿（166～172）

166～167、彼事既然，我乃匍匐⑫

---

① 关于第二行，参考情节八（87～88栏）同一从句的注释。
② zbt—源自 zbj "派遣" 的动名词，意即 "被送到" 水手处的某物。
③ ʿntjw ḫknw jwdnb hzȝyt—这四宗乃情节十二水手所许诺给蛇的物品。按：参140－142行，彼之 jbj，此处作 ʿntjw。
④ tj - šps——一种芳香的木材。
⑤ šȝ ʿzḥ——一种未详的植物，该词显然非埃及语。 ＝ ḏfȝ ʿzḥ
⑥ msdmt—铅矿之类，埃及人用如黑色眼影粉。
⑦ sdw mw mjmj—长颈鹿的尾巴，埃及人用为苍蝇拂尘。
⑧ mryt ʿ ȝt nt sntr——mryt 为集合名词。
⑨ n ḏ ḥyt nt ȝbw——即象的长牙，n ḏ ḥyt 乃集合名词。
⑩ tzmw gwfw kyw——猎犬为逐猎之用，而猿和猴类作为宠物。
⑪ 尽管红色墨水，该行属于这一部分，书吏大概是为了另起下一行。
⑫ ḫpr. n. rdjt.（j）wj ḥr ḥt. j—rdjt.（j）为不定式，第一人称单数后缀未写出，作为 ḫpr. n 的主语，字义 "我之令我匍匐（的状况）发生了"。此乃对称句之半，另一半在下一行。

致以谢忱于他

167～168、遂尔他乃对我言道

注意，你将抵达家园①，在二月之内②

168～169、紧紧拥抱你的孩儿们

你将重获青春，于你的墓葬之中③

169～170、尔后我便下到沙滩上④

那船只的近旁

170～171、尔后我乃呼唤远征力量

那在船舱里的人们⑤

171～172、我致以赞颂，在沙滩上

于此岛屿的主人

那在船中的人，也照这般做了⑥

十五　水手返乡（172～176 及 177～179）

这一部分结束水手的故事，抄者在纸草之末改为竖列，原因不明。

172～173、我等所为之事⑦，但顺流而下而已⑧

---

① mj. k tw r spr r ẖnw—虚假动词结构，意涉非预料的将来。动词 spr "抵达"使用介词 r 以指示行动的目标，字义是"抵达内部"（关于 ẖnw，参情节一第 3 栏注释）。按：意即"返回家园"。

② n jbd 2—字义"在两个月之内"。按：介词 n 通常写作水波纹（亦作 nj ⌒，仅用于名词之前），其副词同作水波纹（或于其下加两短斜线，读 nj），意为"随之""因此"。介词 n 通常之处某事的目标，此处表示在范围之内。

③ mh. k …rnpy. k—s ḏm. f 包含自发的将来时态。第二行谓灵魂在坟墓中的更生，是情节九中蛇之许诺的另一种表达（123 行栏），m（w）t. k m njwt. k "你将终老于故园"。

④ hꜣ. n. j ḥr jꜣš—jꜣš 后所接虚假动词结构。jꜣš 为中王国时期之 ꜥš 的通常拼写，反映最初的〈ꜥ〉向声门闭锁音的转折（ꜥ š i š ', ꜥ iš）。

⑤ mšꜥ ntj m dpt tn—有标记的直接关系从句。关于 mšꜥ，参情节一（第 8 栏）注释。

⑥ ntjw jm. s r mjtt jrj—有标记的直接关系从句，用如名词。jm. s 的词缀指阴性名词 dpt "船只"。r mjtt jrj 的字义，"如上所说的那般"，取介词 r 的副词形。

⑦ n ꜥ t pw jr. n. n—s ḏm pw jr. n. f 结构。按：此乃 A pw B 名词句，其中 A 为不定式（s ḏm "听"）或者不定式短语，而 B 取动词形式 jr. n 加名词或作主语的人称词缀（比如 jr. n. f "他所做过者"）。s ḏm pw jr. n. f "听，乃其所曾作者"。这一结构的被动态，则将 jr. n. f 替换为 jry，"曾被做者"。这结构的主被动形式，看似在叙述中突然中断。

⑧ m ḥd—字义"顺流而下"，ḥd 是动名词。此处指的是朝北方航行，因为岛屿（转下页注）

以便抵达家乡，及王者①

173～174、我们在第二月就到达家乡②

一切都如他所说③

174～175、尔后我便进入王宫④

我进呈⑤于他这些贡物

那从岛屿上带来者⑥

176、尔后他向我致谢

在廷议和整片土地面前⑦

177～179、尔后他令我充任扈从⑧

并赐予我⑨二百名仆人⑩

(接上页注⑧)在红海（参情节二 23～28 栏对 bj3 的注释）。

① r ḥnw n jtj—可训诂为"到国王的家乡"，意即首都（孟菲斯或黎施特 lisht），然将 n 理解为介词，较之理解为间接所有格，于义为长。

② spr. n. n r hnw ḥr jpd 2—带述位介词短语的强调句。注意介词 ḥr "在……上"与情节十四（168 行）的介词 n "在……之内"相对。后者暗示这航程至少需要费时两个月，而前者表明事实确实如此。按：呼应 167 - 168 行蛇的预言，mj. k tw r spr r hnw n jpd 2，二者句式略相似，而语境不同。后者乃预言，针对听话者而言；而此处乃水手等亲历，本身就是讲述者。故此处 spr. n. n "我们已然抵达"乃陈述已然之事；而 mj. k tw r spr "你瞧，你们将会抵达"，乃未曾发生的事情。因此 jpd 2 前的介词便有所不同。

③ mj ḏdt. n. f nbt—参情节十四 155 行 mj srt. n. f ḥnt 注释。

④ ʿḥʿ. n. （j）ʿq. kw ḥr jtj—ʿḥʿ. n 后主语 - 静态词作过去时态。埃及语的表达中，进"入"（ʿq r）某地，却遇"上"（ḥr）某人。

⑤ mjz. n. j—动词为 mzj，两字母词语 mj（符号 D38 ，写作 D36 ）常用于 m 之后，以辅音作为开始的字母，可能代表音节 * ma。按：此处意思为"呈现""供奉"。

⑥ jnw pn jn. n. j—jnw 的基本意思是，从某处"取来的"（jnj）物品。通常用于远行所获得的货物，或者进呈给国王的贡品。jn. n. j 是用于限定先行词后的 s ḏm. n. f 阳性单数关系从句。

⑦ ḥft ḥr qnbt t3 r ḏr. f—注意，此处和水手对蛇的允诺使用的短语相同（情节十，144 行）。

⑧ ʿḥʿ. n （j）rdj. kw r šmsw—字面"尔后，我被给予扈从（的职务）"。此处静态词用于被动含义，有一人称代词主语。šmsw 在此指一"扈从"的队列（参见 1 栏注释，详上），而非一个人。按：关于此处介词 r 的含义，既然整个句子有状语功能，亦能作述位。r 有"朝……"等含义。

⑨ s3 ḥ. kw—ʿḥʿ. n 后接的第二个静态词。动词 s3 ḥ "用脚尖触及"（参情节三，第 34 栏），有时也用于对某人财产的赏赐。

⑩ dp 200—字义"二百人头"，dp "头"有时用于提及仆人，若汉语之"几百头牛"然。其数目出奇的多，符合故事的传奇特质。

十六　终章（179～186①）

在水手叙述的终结，故事本身以水手和官员的最后交谈结束。177～179栏顶端已残勒，有些符号亡佚（文中以括号标识）。当纸草卷起来时，纸草的这一部分紧紧卷在里面。

179～181、且看我②，在我触及大地之后③

在我见到我所品尝过的之后④

181～182、听我言说⑤，长官

看！美哉妙也，民众其听之⑥

183～184、尔后他便对我说道

做事不必责备求全⑦，老兄

184～186、给那鸟一点水，何意?⑧

地面初露曦光，它被宰杀时，于清晨⑨

---

① 故事的结尾，水手和长官轮流挑起话题。177–179栏栏首有些字符残勒，以括号标识之。

② m3 wj—命令式，含义是"看我是怎么出现的"。

③ r s3 s3 ḥ. j t3—r s3 乃介词复合短语，字义为"有关后面的"。至于 s3 ḥ. j t3，参情节三34栏注释。s3 ḥ. j 可视作和34栏（103栏）相同的 s ḏm. f 句式，然此处更可能是不定式。短语的意思是"从我的历险回转之后"。

④ r s3 m3. j dpt. n. j—m3. j 和 s3 ḥ. j 乃相同的句式。此短语回应情节九开头蛇的判断。关于 dpt. n. j，参124行注释。不定式，2ae – gem 动词 m33 在三词根和两词根之间变动，然其常用基本形式 m3，甚或不带词缀，这可能因为其叠音中的最后一个 3 并非作为辅音发声，因此拼写上也省略之。不定式有时也带 n，在人称代词之前，如 m3n. f "去见他"。

⑤ s ḏm—此处动词的含义不只是单纯的"听"，而是"注意"；mrr s ḏm pw jrr ḏdt "其人善听者也，其人为其所命之事"（普塔霍特普：554）。

⑥ nfr s ḏm n rmt—以不定式为主语的形容词句。句意可以是"倾听之于民众，乃善事也"，然智慧文学中，比如《普塔霍太普的教喻》，此词通常用于学生聆听老师的讲解。

⑦ m jr jqr—字面为"勿为难事"。

⑧ jn mj rdjt mw n 3pd—AB 名词句。疑问词 jn mj 为 A 部分，而不定式 rdjt 作为 B 部分。字义"给鸟一些水，何意?"

⑨ ḥḏ t3 n zft. f dw3—字义"当地面有光亮时，他的杀戮，于清晨"。ḥḏ t3 乃一 s ḏm. f 无标记状语从句，"大地光亮"乃"晨曦"的短语。zft. f 为带有代词后缀的不定式，宾语。dw3 "早晨"乃名词，用为状语。句意如翻译正文。转义为，长官认为国王会因其远征失败而惩处于他（尽管不一定处死），故而认为水手的建议——坚持在困难面前活下去——于他无用。此种悲观主义在"教喻"中并非常见，或许意在故事中第二种道德，指出不"听"之人的注定命运。

封底（186～189）①

文学纸草中常见，封底给出了抄写纸草的书吏之名，而非文本的作者。文献此部分乃散文，而非韵语。

如上所云②，自始至终③，若书中之所写就者④

于心灵手巧的书吏的抄写中⑤

阿蒙尼之子阿蒙那，健康、繁荣、长寿⑥

---

① 此处给出的乃抄写者的名字，而非作者之名。此部分更接近散文，而非韵文。

② jw. f pw—为 A pw 名词句，带 s d̠m. f 的无标记关系从句作 A，字义"就是这样"。

③ ḥȝt. f r p ḥ (wj) . fj，字义"自头至尾"。在第二个代词后缀后面的双斜线（fj）表明其前面名词亦当为双数 p ḥ (wj)，可参情节七第 85 栏 gs (wj). fj 处注释。名词 p ḥ "尾"通常使用双数，即便其"尾"只有一个。

④ mj gmyt m zh̠ȝ—gmyt 乃被动分词，这暗示这一纸草卷乃从其他誊写本誊写而来。

⑤ jqr n d̠b ʿ w. f—为 nfr ḥr 句式，后为间接所有格。字义"某灵巧于他的手指者"。

⑥ zȝ - jmny jmn - ʿ ȝ. （w）ʿnh - w d̠ȝ - snb—乃中王国常见文本样式，父亲的名字书写在前面，以示尊崇。儿子的名字乃一主语 - 静态词结构，意思是"阿蒙乃伟大者"。后文的ʿnh - w d̠ȝ - snb"生命、昌盛、健康"三联词常用于王室贵胄，也可用于平头百姓。按：水手的遭遇多奇特，乃托奇助教的典型叙事风格。《北山录·至化》："惟人心无恒，待境而迁。凡物理守常，则耳目不骇。故于滔滔之际，必假托奇行，方以助教，其犹风雨雷霆之变革于万物之情耳。"

高句丽"鸟"崇拜的神话起源与社会意识*

杨 璐 全 莹**

摘要: 鸟是自然界种类较多、分布较广的物种之一，很早就进入了人类的视野并成为人类所崇拜的对象。古代高句丽地跨中国东北和朝鲜半岛，在吸收与传播东亚文化的过程中形成了自己独具特色的文化与信仰体系，"鸟"崇拜是高句丽诸多信仰崇拜之一。高句丽的"鸟"崇拜包括动物鸟崇拜和鸟类周边意象的崇拜，符合神话崇拜发展序列的规律，体现在神话传说、史料记载和墓葬壁画等方面，反映着古代高句丽人的生命诉求和社会意识，表达了古代高句丽人对于宇宙万物和灵魂信仰的认知。

关键词: 高句丽 "鸟"崇拜 社会意识

　　中国、朝鲜、韩国和日本学者对高句丽墓葬壁画和神话民俗中"鸟"的研究由来已久，但是少有针对墓葬壁画中的"鸟"崇拜背后所蕴含的社会意识而进行的研究。这些研究要么将高句丽的"鸟"崇拜归属于整个东亚或者世界普遍存在的"鸟"崇拜中，要么立足点不在"鸟"崇拜，只是在研究墓葬壁画题材时稍微涉及壁画中的"鸟"图像，呈现出泛泛的特点。以《通过对"鸟"崇拜起源的研究来看韩国和日本对南方文化的认识》①为例，这篇文章关于韩国"鸟"崇拜起源的研究是

---

　*　基金项目：延边大学一流学科研究生科研创新项目"高句丽的朱蒙神话与生死观研究——以史料和墓葬壁画为中心"（项目编号：20190008）。

　**　杨璐，延边大学人文社会科学学院，历史学博士生，研究方向为古代中朝文化交流史；全莹，延边大学人文社会科学学院，历史系副教授，博士生导师，主要研究方向为古代中朝关系史。

　①　〔日〕Hideyuki Sekine：《通过对"鸟"崇拜起源的研究来看韩国和日本对南方文化的认识》，《东北亚文化研究》2012年第6期，第133页。

站在民俗学、人类学和考古学的角度上进行的，以青铜器等为研究对象，讨论朝鲜半岛文明与中国中原文明和其他地区文明的关系；将日本"鸟"崇拜观念起源与高句丽"鸟"崇拜起源进行了对比研究，并将"鸟"崇拜的起源分为北方起源论、南方起源论和本土起源论。此类文章虽强调了某类文化的传播和迁移，但较少涉及文化形成之后的内涵变化及其与社会意识之间的关系。

一　高句丽的神话起源与祖先崇拜

古代高句丽地跨中国东北部分地区和朝鲜半岛部分地区，所处地区地貌复杂，不仅有长白山这种大型山脉，也有许多中型山和丘陵，拥有丰富的森林和沼泽资源，也有一定的农耕区，并且有鸭绿江这种大型水系和诸多小型水系。这种综合的地理环境使得高句丽领土内动植物资源丰富，造就了古代高句丽人与这些动植物频繁接触的客观条件，其中鸟类便是高句丽人最为熟悉的动物之一。丰富广袤的水系和森林地区为鸟类提供了食物来源和栖身之所，雀、鹰、乌鸦等鸟类在山地和森林地区最为常见，沼泽地区则为鹤的繁衍提供了得天独厚的地理条件，沿海地区则成了海鸟的栖息地，故而古代高句丽鸟类资源是十分丰富的，这一点在高句丽的神话故事、史料记载和墓葬壁画中都有体现。

> 《魏书·高句丽传》："高句丽者，出于夫余，自言先祖朱蒙。朱蒙母河伯女，为夫余王闭于室中，为日所照，引身避之，日影又逐。既而有孕，生一卵，大如五升。夫余王弃之与犬，犬不食；弃之与豕，豕又不食；弃之于路，牛马避之；后弃之野，众鸟以毛茹之。夫余王割剖之，不能破，遂还其母。其母以物裹之，置于暖处，有一男破壳而出。及其长也，字之曰朱蒙。"[1]
>
> 《三国史记·高句丽传》："于是时，得女子于太白山南优渤水，问之，曰：我是河伯之女，名柳花。与诸弟游，时有一男子，自言天

---

[1]　（北齐）魏收：《魏书》列传第八十八高句丽，吉林人民出版社，1995，第1355页。

帝之子解慕漱，诱我于熊心山下，鸭绿边室中私之，即往不返……金娃异之，幽闭于室中。为日所照，引身避之，日影又逐。既而有孕，生一卵，大如五升许。"①

以上是关于高句丽始祖传说"朱蒙神话"的早期史料记载。后世朱蒙神话的内容发生了一些变化，当是出于政治目的的人为性更改，在此不做过多解释，本文仅以《魏书》和《三国史记》的版本为依据做出相应解析。在这个始祖传说中最重要的内容有两点，一是"为日所照，既而有孕""生一卵"，二是"河伯之女"，它们代表了朱蒙的父系与母系。朱蒙的母亲被太阳照射之后怀孕，可见"太阳"是朱蒙的父亲。《三国史记》中关于朱蒙出生的记载较之《魏书》更为丰富化，朱蒙的父亲有了明确身份和名字，即天神之子解慕漱。"私之"是一个关键词，可以理解为解慕漱与柳花发生了私情，而后让柳花怀孕的太阳则是解慕漱的化身。实际上，朱蒙父亲的名字"解慕漱"带有很强的暗示意味。解慕漱是天帝之子，从天而降以神性统领人间，他"朝则听事，暮则升天"②，呈现出太阳周期性升降的特点。"慕"，通"暮"，"解"可以理解为解除，所以"解慕"就是解除夜晚的意思，能够解除夜晚的东西当然就是太阳，"漱"通"洙"，是朝鲜语里男性常用的名字，没有过多实意，所以我们可以将"解慕漱"这个名字理解为"解除黑暗的男神"，即"太阳神"。所以朱蒙不仅是"天帝之孙"，也是"太阳神之子"，具有了双重身份，使得"朱蒙神话"带有太阳崇拜的特点。

那么太阳崇拜和"鸟"崇拜是如何发生联系的呢？在古代东亚神话中，太阳又被称作"日精"和"三足乌"，是一只鸟站在太阳中的形象，故而太阳崇拜和"鸟"崇拜在这个层面上得到了重合。关于"日精"和"三足乌"在墓葬壁画中的具体形象，下文会做具体讨论。朱蒙神话中多次涉及"鸟"的因素。首先是朱蒙的父亲解慕漱的出场方式十分特别，

① 〔朝鲜〕金富轼：《三国史记》，吉林文史出版社，2003，第174页。
② 〔朝鲜〕金富轼：《三国史记》，吉林文史出版社，2003，第174页。

"从天而下，乘五龙车，从者百余人，皆骑白鹄……首带乌羽毛之冠"①。白鹄成了众神的坐骑；其次是朱蒙的出生方式——卵生，鸟类繁衍下一代的方式是卵生，幼鸟破壳而出与朱蒙"破壳而出"是一致的，所以朱蒙神话的重要构成元素之一便是带有鸟类属性的"卵生神话"。关于朱蒙诞生神话中还有不可忽视的一点："后弃之野，众鸟以毛茹之"，鸟类在朱蒙被抛弃时扮演着保护者的角色，足见鸟类与朱蒙有天然的亲密感。综上所述，无论从何种角度来看，朱蒙神话中都有浓重的"鸟"和太阳因素，集合后世高句丽壁画中频繁出现的太阳和鸟类图像，可将"鸟"和"太阳"视为朱蒙父系部族的图腾象征。

在确定朱蒙的父亲是太阳神解慕漱之后，便应该研究朱蒙的母系。柳花是"河伯之女"，中国学者武家昌认为，"河伯是为中原黄河流域的产物，高句丽把河伯称为自己的外公，可见高句丽民族是受到了中原文化的影响，这当然只有颛顼高阳氏族团的后裔，才能把这种传说和习俗继承下来"②。如果这个假设成立，那就是将"河伯"视为颛顼，又该如何解释呢？《史记》中记载："颛顼高阳者，黄帝之孙而昌意之子也。"③《山海经》记载："东海之外大壑，少昊之国，少昊孺帝颛顼于此。"④ 从颛顼的生活轨迹来看，颛顼是黄帝之孙，本不是东夷人，但是他被黄帝送到东夷地区由少昊抚养长大，长大后辅佐少昊并最终成为少昊的继承人，颛顼也一跃成为东夷和华夏共同的首领。《山海经·大荒南经》曾言："又有成山，甘水穷焉。有季禺之国，颛顼之子，食黍。有羽民之国，其民皆生羽毛。有卵民之国，其民皆生卵。"⑤ 这里的"卵"和高句丽始祖朱蒙的"卵生神话"是极为相似的，"皆生羽毛"与高句丽壁画中普遍存在的"羽人"又有很大联系。颛顼东夷首领的身份使得他的后代形成了"鸟"崇拜，这一点在考古发现中也可以得到印证。红山文化、龙山文化、大汶口文化和良渚文化是东夷地区非常具有代表性的四种文化，在这四种

① 李奎报：《东国李相国集》卷三，成均馆大学大东文化研究院，1973，第33～37页，转引自〔韩〕徐大锡著《韩国神话研究》，刘志峰译，陕西师范大学出版社，2018，第32页。
② 武家昌：《集安两座高句丽墓上的石碑为"通天柱"说》，《北方文物》2005年第3期。
③ （西汉）司马迁：《史记》五帝本纪第一，中华书局，1982，第4页。
④ 袁珂：《山海经校注》，巴蜀书社，1996，第390页。
⑤ 袁珂：《山海经校注》，巴蜀书社，1996，第370页。

文化中都出土了大量鸟纹器物。这些鸟纹出现在石器、玉器和陶器之上，说明这种鸟纹已经成为东夷文化中最为重要的 "族徽"，具有明显的图腾崇拜性质。其中良渚文化中反复出现了 "太阳—鸟" 的组合图样，这些图样多出现在玉器上，有很强的宗教信仰意味。这样看来，颛顼很符合朱蒙外公 "河伯" 的身份，朱蒙建立的国家高句丽受到东夷 "太阳—鸟" 信仰的影响也在情理之中。而颛顼本身也是中华神话中的北方太阳神，这样从母系血统来说朱蒙也具有了太阳神身份。这样看来无论是从父系血统的解慕漱还是母系血统的颛顼一脉，朱蒙皆为具有 "鸟" 崇拜信仰的太阳神的后裔。

朱蒙神话用如此大的篇幅描述父系和母系来源，意在说明朱蒙之所以成为高句丽的缔造者是无可厚非的上天选择。强调始祖的出身与血统是为了强化统治者对于本民族的精神与政治统治，构建特权阶级的合理性，也是祖先崇拜的进阶需求。所以说 "朱蒙神话" 实际上是始祖神话、卵生神话、太阳崇拜、"鸟" 崇拜和祖先崇拜的综合体。

二 高句丽 "鸟" 崇拜在史料和墓葬壁画中的体现

"从神话发展序列上说，神最初的原型是动物，其次是幻化的动物，再次是人神杂糅的形象，最后才是完全人形化的神。"[①] 高句丽人对于鸟的崇拜也经历了从鸟这类现实中存在的动物到神鸟（朱雀、玄鸟）这类幻想而成的动物，再到羽人这种人神杂糅的形象，并最终定型为飞天的复杂过程。这说明随着原始人类抽象思维能力的提高，人们意识到自己不但能与神鸟并存甚至可以处于主导地位，原始的动物崇拜转向了对人类自身的崇拜，对自然神的信仰也转变为对人格神的信仰。

下面将《三国史记·高句丽本纪》中出现的神鸟和高句丽墓葬壁画中出现的鸟类周边意象神鸟（朱雀）、羽人、飞天进行统计，并分析这些形象出现的原因和背后所隐藏的信息，从而进一步讨论高句丽人关于 "鸟" 的崇拜。

---

① 王钟陵：《论中国神话特征》，《中国文学研究》1992 年第 3 期。

表1 《三国史记·高句丽本纪》中关于"神鸟"记载的统计

时间	事件
东明王六年（前32年）秋八月	神雀集于宫廷
冬十月	（王命乌伊、扶芬奴，伐太白山东南荇人国，取其地为城邑）
东明王十年（前28年）秋九月	鸾集于王台
冬十月	（王命扶尉狘伐北沃沮，灭之。以其地为城邑）
琉璃明王二年（前18年）冬十月	神雀集王庭
冬十月	（百济始祖温祚立）
秋九月	（西狩获白獐）
琉璃明王二十四年（4年）秋九月	王田于箕山之野，得异人，两腋有羽。登之朝，赐姓羽氏，俾尚王女
山上王二十年（220年）夏四月	异鸟集于王庭
西川王七年（276年）秋九月	神雀集于宫廷
秋八月	（王至新城）
长寿王二年（414年）秋八月	秋八月，异鸟集王宫
冬十月	（王畋于蛇川之原，获白鹿）
平原王三年（561年）夏四月	异鸟集宫廷
夏六月	（大水）

由表1可知在《三国史记·高句丽本纪》中共出现了7次"神雀（异鸟、鸾）集于宫庭（王台、王庭、王宫）"类的记载，1次发现"羽人"的记载。其中有5次是发生在农历秋季的八月或者九月，有2次发生在夏季的四月，1次出现在冬季的十月，呈现出时间非常集中的特点。根据现代中国东北地区和朝鲜半岛北部的生态环境推论可知，古代高句丽民族接触较多的鸟类当为雀、鹤、天鹅和鹰等，其中一些鸟类属于候鸟，具有迁徙的特性，这些鸟类"在一年中随着季节的变化，定期沿相对稳定的迁徙

路线在繁衍地和越冬地之间作远距离迁徙"①。并且这些候鸟中有很大一部分属于冬候鸟,"冬候鸟冬季在某一地区越冬,翌年春季飞回北方繁殖,到秋季又飞临这一地区越冬"②。由此可知这些鸟类通常一年迁移两次,即分别在农历春季四月前后和秋季九月前后,每次历时二十天左右,正是《三国史记·高句丽本纪》中所记载"神雀集于王庭"最集中的"夏四月"和"秋九月"时段。根据以上分析,史料记载中的"神雀"的"神性"虽然不能确定,但以"雀"为代表的鸟类则应当是真的在这两个时间段在宫廷之中出现过。

就常理而言,出现在高句丽宫廷中的非蓄养动物,应当不只有"雀"这一类,然而猫、鼠等小型哺乳动物的活动却几乎没有记载,其中原因耐人寻味。究其原因,笔者认为史书着重记录"神雀"的出现,说明雀神在高句丽人的意识中是非常重要的,有必要也必须被记载下来。另一个值得关注的现象是通常在神雀条目出现的前后两个月之内必定有其他重大事件发生,如与敌国作战胜利取得对方城池,或者在狩猎中猎获神兽,再或者是有灾异发生。由此可见,神雀的出现有三重含义:一是代表着国家太平稳定,二是预示征战胜利,三则是预警灾异。

除了异鸟,高句丽人还记载了异人。"异人,两腋有羽"很明显说的是"羽人",羽人是"鸟"进化的半人半鸟形式。"羽人"条目的记载重点在"俾尚王女","尚"字在古汉语里的意思是与地位比自己高的人婚配,也就是说高句丽国王把自己的公主许配给羽人。"王女下嫁"羽人,说明羽人在高句丽王看来是高贵的或者说是带有神性的特别存在,因为羽人的这种特殊身份,高句丽王才把自己的女儿嫁给他。其实"神雀"和"羽人"都从侧面说明"鸟"崇拜在高句丽人心中的重要地位,正是因为这种重要地位,才要在每次"神雀"和"羽人"出现的时候将其载入史册,流传于世。

不仅是史料中记载了"羽人",高句丽的墓葬壁画中也有大量羽人的图像。古代高句丽壁画中题材内容丰富,涵盖到社会生活的各个方面,其中就包括"鸟"崇拜。这里的"鸟"崇拜包括鸟和鸟类周边意象,即:神

---

① 张孚允:《中国鸟类迁徙研究》,中国林业出版社,1997,第4页。
② 张孚允:《中国鸟类迁徙研究》,中国林业出版社,1997,第5页。

鸟（朱雀、玄鸟、凤鸟、三足乌、日精）、羽人和飞天三类。实际上普通鸟类（如雀、鹰）在高句丽的狩猎图中也是广泛出现的，但是由于它们侧重于狩猎而非"崇拜"，故在此不做讨论。表2为高句丽墓葬壁画中关于神鸟、羽人和飞天图像的不完全统计。

表 2　高句丽墓葬壁画中关于神鸟、羽人和飞天图像的统计

壁画墓名称	年代	地点	生殖崇拜内容
伏狮里壁画古坟	公元4世纪前半期	（朝鲜）黄海南道 安岳郡 伏狮里	莲花、星座、朱雀
凫神冢	公元4世纪前半期	（朝鲜）南浦市 卧牛岛区域 新宁里	莲花、青龙、凤鸟
药水里壁画古坟	公元4世纪末5世纪初	（朝鲜）南浦市 江西区域 药水里	玄武、北斗七星、朱雀、白虎、青龙、
舞俑墓	公元4世纪末5世纪初	吉林省 集安市	奏乐羽人、麒麟、莲花、星座、朱雀
三室墓	公元4世纪末5世纪初	吉林省 集安市	青龙、白虎、朱雀、玄武、日、月、星宿
高山里第九号坟	公元4世纪末5世纪初	（朝鲜）平壤市 大圣区域 高山洞	神人、青龙、白虎、玄武、朱雀
莲花冢	公元5世纪初	（朝鲜）南浦市 江西区域 台城里	莲花纹、朱雀
德兴里壁画古坟	公元408年	（朝鲜）南浦市 江西区域 德兴洞	莲花纹、日、月、60余个星宿、仙人、玉女、飞鱼、阳燧、牵牛、织女、神兽、莲花池、莲花纹、神鸟
长川一号坟	公元5世纪中叶	吉林省 集安市	莲花纹、青龙、白虎、朱雀、玄武、佛、菩萨、莲花化生、伎乐天、三足乌、日、月、蟾蜍、玉兔、北斗七星
星冢	公元5世纪中叶	（朝鲜）南浦市 卧牛岛区域 新宁里	朱雀、莲花、日、月
天王地神冢	公元5世纪中叶	（朝鲜）平安南道 顺川市 北仓里	莲花纹、凤鸟、金乌、
双楹墓	公元5世纪末	（朝鲜）南浦市 龙岗郡 龙岗邑	龙、朱雀、青龙、白虎、莲花、佛教供养、月中蟾蜍、三足乌

续表

壁画墓名称	年代	地点	生殖崇拜内容
狩猎冢	公元 5 世纪末	（朝鲜）南浦市 卧牛岛区域 火岛里	青龙、太阳、朱雀、玄武
湖南里四神冢	公元 5 世纪末 6 世纪初	（朝鲜）平壤市 三石区域 圣文里	青龙、白虎、朱雀、玄武
德花里第一号坟	公元 6 世纪前半期	（朝鲜）平安南道 大同郡 德花里	青龙、白虎、朱雀、金乌、莲花
真坡里第四号坟	公元 6 世纪	（朝鲜）平壤市 力浦区域 龙山里	莲池、仙女、星座图、莲花纹、朱雀、玄武、青龙、白虎
铠马冢	公元 6 世纪	（朝鲜）平壤市 三石区域 鲁山里	月、蟾蜍、朱雀、玄武、青龙、白虎
真坡里第一号坟	公元 6 世纪	（朝鲜）平壤市 力浦区域 龙山里	青龙、玄武、朱雀、玄武
集安四神墓	公元 6 世纪	吉林省 集安市	青龙、白虎、朱雀、玄武、乘鹤仙人、伏羲、女娲、仓颉、燧神
集安五盔坟四号墓	公元 6 世纪	吉林省 集安市	青龙、白虎、朱雀、玄武、莲台仙人、莲台座仙人、伏羲、女娲、奏乐飞天、神农、燧神、乘龙仙人、乘鹤仙人、锻造仙人、月、蟾蜍、黄龙
集安五盔坟五号墓	公元 6 世纪	吉林省 集安市	青龙、白虎、朱雀、玄武、伏羲、女娲、乘龙仙人、乘麒麟仙人、吹箫羽人、奏角羽人
内里第一号坟	公元 6 世纪末 7 世纪初	（朝鲜）平壤市 三石区域 鲁山里	莲花纹、月、朱雀
江西中墓	公元 6 世纪末 7 世纪初	（朝鲜）南浦市 江西区域 三墓里	青龙、白虎、朱雀、玄武、莲花纹、太阳
江西大墓	公元 7 世纪	（朝鲜）南浦市 江西区域 三墓里	玄武、白虎、青龙、朱雀、乘龙仙人、乘鹤仙人、莲花纹、飞天

表 2 是根据《朝鲜境内的文化遗产和遗迹》① 和耿铁华的《高句丽古墓壁画研究》② 两本书的部分内容统计而得，选取了 24 座具有代表性且规

---

① 〔韩〕李基俊（音译）编纂《朝鲜境内的文化遗产和遗迹》，首尔大学出版社，2000。
② 耿铁华：《高句丽古墓壁画研究》，吉林大学出版社，2008。

模较大、壁画内容较多的高句丽壁画墓，一些墓葬的时间是存在争议的，在此不做过多讨论，仅供参考。由此可见鸟类图像在高句丽壁画中是非常常见的一种题材，在长达几个世纪的时间范围和跨越中国东北和朝鲜半岛的地理范围内持续出现，呈现出从神鸟向羽人、飞天发展的序列特点。神鸟在 24 座墓葬中均有出现，有时在同一墓葬中出现多次，这些神鸟以朱雀出现的频率最高，羽人出现 3 次、飞天出现 2 次。在这些壁画墓中，神鸟、羽人、飞天有各自的搭配特点，如朱雀经常与青龙、白虎、玄武和星座联合出现，这主要是因为当时的高句丽墓葬受到中国阴阳五行思想和道家学说等综合因素的影响，朱雀不再单单是孤立的形象，常以"四神"组合的形式出现，但"四神"组合完整出现并不是绝对的现象。也从侧面说明这一时期对神鸟的崇拜已经具体化，并且由早期的单一"鸟"崇拜丰富为各种思想交融的崇拜。

随着人类自主意识和掌握、改造自然能力的增强，人神开始代替动物神，于是高句丽人开始从崇敬神鸟转而崇敬羽人和飞天。就羽人和飞天二者而言，羽人的出现要早于飞天，这主要因为羽人是东亚本土的一种人鸟结合的神人形象，而飞天则是受到佛教造型艺术形象的影响才出现的，并有一个逐渐转变的过程，最终才演化为人们所熟知的飞天形象。《汉书》颜注云："此东北之夷，搏取鸟兽，食其肉而衣其皮也。一说，居在海曲，被服容止皆象鸟也。"① 可见在古代，东夷人对鸟便有着特殊的感情，兴盛着鸟羽服饰，这便是原始的不带神话色彩的原始"羽人"，《地理志》中所说的"东北之夷"很有可能是高句丽和东北地区其他民族的祖先。时间再往后发展，《拾遗记》中的羽人便不再是仅仅为了把羽毛当作衣物，羽人开始有了神力，"溟海之北，有勃鞮之国。人皆衣羽毛，无翼而飞，日中无影，寿千岁……中国气暄，羽毛之衣，稍稍自落"②。从《山海经》和《拾遗记》中的记载来看，羽人形象被具体化，有了可以追踪溯源的祖先，血统高贵。羽人自立国家，除了具有半人半鸟的形象以外，已经向人的形象迈进了很大一步，后面随着时间的推移逐渐发展为完全类人形象的羽人和飞天。

---

① （汉）班固：《汉书》卷二八《地理志上》，中华书局，2013，第 889 页。
② （东晋）王嘉：《拾遗记》，上海古籍出版社，2012，第 12 页。

早期羽人，准确地说是人首鸟身的半人半兽神，它依靠翅膀飞行，千岁不死。"先秦、秦汉时期羽人的演变轨迹为：从南方的长沙到北方的洛阳、长安，由肩、肘、膝部生有少量羽毛变为背部长有鸟一样的翅膀，再变为只在上衣的肩部、裙裾的底部缀上少许羽毛。"[①] 东汉时期佛教传入中国，等到魏晋时期，羽人所着服饰已经和当时魏晋人的衣服一样，具有衣袂飘飘的玄学气息，羽人腰束宽带，脚着软履，风姿绰约，在集安高句丽五盔坟四号墓、五盔坟五号墓等壁画上皆有体现。此时的羽人身着的服饰颇具魏晋风格，基本没有兽迹，兼具佛教和道教因素，开始向"飞天"转化。"飞天"萌芽于印度，发展于中亚、西域，成熟于中国，"印度的飞天主要是头顶圆光，身托云彩的形象……进入敦煌后，逐渐与羽人相结合，五世纪末转化为飞仙，条丰脸型、长眉细眼、头顶圆髻、上身半裸、肩披大巾、头无圆光、风姿潇洒、云气流动，这就是敦煌式中国飞天"[②]。这主要得益于隋代帝王对中国化飞天的喜爱，飞天形象在这一时期得到了快速发展，高句丽墓葬壁画中的飞天与同期中国飞天图像非常相似。到盛唐时期，传统的中国本土羽人最终与外来佛教的飞天融为一体，成为纤细柔美、富有浪漫气息的飞天形象。纵观后期高句丽壁画中的羽人和飞天形象，基本秉承着略晚于中国但基本同步的特点，绘画风格并没有太大差异。

三 "鸟"崇拜所体现的社会意识

随着人类社会的发展，人们开始有更高的追求，"他们不再像一般动物那样靠本能去进行满足自身需求的活动，而是自觉地进行适应所改造对象的规律的活动，同时也把自身内在的标准运用到原有对象上来制造"[③]。"鸟"崇拜也是经历了这一过程。虽然"鸟"崇拜反映了人类的许多祈愿，但就本文所研究的高句丽史料和壁画中的鸟类图像来看，高句丽"鸟"崇拜主要反映了三种人类的社会意识：一是"鸟"与"日"结合的氏族图腾

---

① 朱巍：《飞天图像流变考论》，《东南文化》2009 年第 2 期，第 123 页。
② 朱巍：《飞天图像流变考论》，《东南文化》2009 年第 2 期，第 123 页。
③ 吴豫娟：《中国古代小说史视野下的〈山海经〉研究》，苏州大学硕士学位论文，2011，第 13 页。

崇拜；二是人们祈求永生升仙的媒介；三是代表天赐王权、君权神授的阶级特权与统治秩序。

关于太阳崇拜和"鸟"崇拜的关系在文章第一部分已经做过表述，在此不做赘述。为何说"鸟"与"日"结合的图腾崇拜不仅仅是一种图样而是社会意识呢？是因为这种印刻在始祖传说中的图腾崇拜给生活在这个族群中的人一种社会归属感，使之成为区别于另一个族群的标志。正如中国人将自己视为"炎黄子孙"一样，韩国人将自己称为"太阳的后裔"，与此同时高句丽人也将"鸟"神圣化，像东夷族一样将"鸟"视为自己的"族徽"。"鸟"不仅是区分不同族群的标志，高句丽人还将它视为区分同一氏族内部各社会阶级的外在标识，《魏书》记载高句丽人"头著折风，其形如弁，旁插鸟羽，贵贱有差"①，《北史》记载"人皆头著折风，形如弁，士人加插二鸟羽。"② "弁"是高句丽人常戴的一种冠，弁旁是否有"鸟羽"则成了区分阶级身份的重要标志。选择鸟羽而不是其他任何一种动物的毛发，并且一定要将鸟羽佩戴在身上最为显要的头部位置，足见高句丽人对鸟的重视。这种皮弁后来发展为"折风"，在高句丽的早期壁画中多有体现，是世俗题材壁画中高句丽男子的主要冠饰。时至今日，折风这种元素在韩国和朝鲜描绘高句丽题材的影视和文学作品中仍广为流传，许多男性英雄都是以头戴折风的骁勇骑士形象出现的。

其次，"鸟"崇拜与祈求长生升仙思想之间的联系也是十分密切的。最常见的神鸟形象是朱雀和凤凰，"凤，神鸟也……见则天下大安宁"③，古代人认为适逢天下太平便会有凤鸟飞来。凤也是权力的象征，经常与龙一同使用。"凤"代表着与"阳"相对应的"阴"，尽管凤也分雌雄，但在一般情况下将凤看作雌性。贾谊在《楚辞·惜誓》中称："飞雀使先驱，驾太一之象舆，苍龙蚴虬于左骖兮，白虎骋而右。"王逸注曰："朱雀神鸟，为我先导。"④ 凤最显要的神迹是能够"浴火重生"，凤会死但也会以另一种方式复活。古代人耗费大量人力物力为死后做准备是因为人们相信

① （北齐）魏收：《魏书》列传八八高句丽，吉林人民出版社，1995，第 1360 页。
② （唐）李延寿：《北史》列传八二高句丽，中华书局，2000，第 2067 页。
③ （汉）许慎：《说文解字》卷十一·龙部，中华书局，2013，第 34 页。
④ （汉）王逸：《楚辞章句补注》，吉林人民出版社，2005，第 234 页。

人死亡后肉体虽会腐朽，但是灵魂不灭，然而人类要想跳出生死轮回，单凭一己之力是很难做到的，于是凤凰成了非常重要的神兽媒介。在重生概念中凤凰作为使者出现，负责引导墓主人得道升天、轮回转世，于是凤凰成了永生的代名词被人们刻画在墓葬中。高句丽墓葬壁画中的神鸟、凤凰、朱雀和羽人、飞天，基本扮演的都是引导死者去往极乐世界的使者和保护神角色，变成社会公认的崇拜对象。这种群体性信仰一方面可以减少人们对于死亡的恐惧，另一方面也缓和了现实矛盾，营造出一种即使现世疾苦，死后有神鸟指引依旧可以幸福快乐的假象，可以在很大程度上缓解民众对于统治阶级的反抗情绪，有利于社会稳定。

统治者希望的不仅仅是民众对于来世的向往，更需要的是民众现时对于君主的崇拜。高句丽统治者通过对 "鸟" 崇拜的强化与宣传，将鸟的神性等同于君主的神性，要求民众将对于神鸟的崇拜转移到对于君主本人的崇拜上来。从高句丽始祖朱蒙的诞生神话来看，他是太阳神解慕漱的儿子、天帝的孙子，可谓出身高贵、血统纯正。在他的神话传说中始终有鸟的出现，鸟作为上天的使者对朱蒙有保护和追随的意味，暗示朱蒙成为君主的合理性。综合这几点说明，只有上天选定的君主才能够得到神鸟的青睐和庇护，强调了 "君权神授" 和 "天赋王权"。这种观念在高句丽 "神鸟集于王庭" 的现象中也可以得到佐证，只有君主贤明、有好事发生或者有灾难降临的时候神鸟才会出现，这种预兆可以被解读为上天对国王的认可和照顾。在古代人类对科学认识不够充分的情况下，神话传说和宗教信仰可以起到稳定民众的作用。高句丽君主身上的种种神异现象实际上是为了加强君主的权威，一旦民众相信君主的神圣性，并对国王产生了类似于对神灵的崇拜感的时候，民众便不敢打破已有的社会秩序。当高句丽王权被神化的时候，它便是维持社会等级秩序的一面旗帜。所以说，"鸟" 崇拜与王权神圣化的结合起到了稳固阶级和社会秩序的作用。

实际上，高句丽的 "鸟" 崇拜所体现的社会意识是糅合了道家神仙思想、儒家三纲五常思想和佛教 "轮回" "化生" 等思想的综合体，贯穿了高句丽人 "生" 与 "死" 的始终。看似为精神世界服务，实则服务于现实生活，兼具思想性和政治性。

结　语

　　古代高句丽人对于鸟类的崇拜，受自然因素和人为因素的双重影响，与高句丽人的神话起源密切相关，影响着高句丽人的社会意识。这种崇拜的形式和内容沿着神话序列的方向不断发展变化，呈现出复合多元的特点。古代高句丽人将这种深刻的信仰以文字和图像的方式记录在史料和墓葬壁画之中，虽然建造墓葬绘制壁画的初衷是为服务古代王公贵族死后永生成仙的愿望，却在客观上记录与还原了高句丽人对于"鸟"崇拜的态度，保留了人类共同的文化遗产和精神财富。高句丽的"鸟"崇拜是人类信仰与社会发展的活化石，体现着古代高句丽人的精神世界和社会意识。它虽然是一种信仰崇拜，却在许多层面上深刻地与历史和文化相交融，具有一定的学术价值。

场域生态媒介中的神话叙事传输与节日庆典演绎*

——基于扎根理论的研究方法

颜 亮**

摘要：以身体为主体媒介，运用扎根理论进入云南三江流域，进行神话叙事传输与节日庆典演绎的考察研究。自然生态系统、社会生态系统、媒介生态系统三者构建的场域生态环境中，动植物及无生命物都展示出神话述行与节日蕴含互为表里的辩证关联；而乡土空间中，外在化的建筑景观实存都以蕴含的丰富神话素材，被群体意识/无意识通过神话述行的身体化实践、刻写、编码、解读、转换为一种"习性"，成为不断建构中的节日庆典文化的结构，这一结构的公共环境和私人空间，让神话叙事传输与节日庆典演绎产生了显性与隐性的关联共振，成为两者之间交互融合的文化现象。

关键词：扎根理论 场域生态 叙事传输 神话 节日

民族地区田野中，自然生态系统、社会生态系统、媒介生态系统三者构建了一个多元、立体的异质性同构场域，而作为能动性主体的"人（身体）"成为场域结构中重要的媒介与生态场域产生关联。研究者（人/身体）主动进入时空田野进行多维、动态、交互的"人的延伸"，处理"人—媒介—社会—自然系统"①、社会系统相互关系中文化层面意义上的上、中、下三层文化所包含的民俗事象和地方性知识，实现对田野时空信

　＊　本论文为 2019 年度西藏大学校级项目"于阗起源神话研究——基于汉、藏文献"（项目号：ZDCZJH19－12）阶段性成果。

＊＊　颜亮，西藏大学文学院副教授，研究方向为文学人类学、少数民族文献与文化。

①　邵培仁：《媒介生态学——媒介作为绿色生态的研究》，中国传媒大学出版社，2008，第 5～6 页。

息、人物关系、情感因素、神话叙事、节日演绎等敞视化状态下的潜隐性信息挖掘、静态文化符号到动像的衔接以及综合性能量信息之间的交换。于是，基于文化学、哲学、人类学、神话学等学科的神话与节日的研究实现了民族田野生态场域中的"人文转向"，这种转向拓展了新的价值观和认知论，这种古老而清新的审美观念表现出以下几点。其一，田野生态空间场域上的人/物平衡，在笔者看来，神话叙事传播的潜在/显性过程为主体的子系统中，大量的神异性符号与信息相互交错，在文化资源与物质能量交换的基础原则上，与自然生态、人口现状、生产关系以及意识形态保持着普遍联系并相互作用。不管差异性的系统对人类的影响有何种区别，其共同点就是都会为人类造成一种全面的、开放式的叙事传输影响，这种影响构建出了场域生态中的"制衡"与和谐，也形成了人与田野生态场域之间的"自-他式传播"模式。其二，在空间生态场域中，一个族群在时间、空间上的位置（生态位）与相关影响族群元素存在关系，不仅包括自身置于复杂生命系统点位与自身高相似度的种群复合体（族群来源的神话相似、演绎相似性的庆典节日），而且包括与田野族群存在功能化的全部物理因素的复合体（产生神话与节日及二者关联的根源）。其三，研究者以身体媒介进入田野生态场域，在一定时空中，多元存在的媒介生存条件总是相对恒定的，因此所有媒介信息要获得持续性的生机，必须是媒介种群从媒介生态系统中取得的生存资源。这种资源在混杂、嵌套、互换更新中，身体媒介、自然环境、社会系统一切外部实存等"建基于生物的或媒介的生态系统都随着其构造成分的演化而演化，也就是在彼此的互动中共同演化"① 进行神话叙事传输与节日庆典演绎范畴的建设。

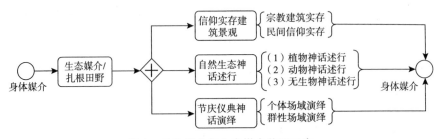

图1 身体媒介与生态媒介关系示意

---

① 〔加〕洛根：《理解新媒介——延伸麦克卢汉》，何道宽译，复旦大学出版社，2012，第31页。

一 扎根田野：神话叙事传输与节日庆典的多向度路径与收集

（一）扎根理论与研究方法

"扎根理论是基于系统收集和分析的资料发展理论的一般方法论"①，其形象化的研究表明"进入你的资料（在资料收集和分析过程中），'在那儿生活'或'在那儿闲逛一会儿'，然后基于资料发展出对现象的理解"②。由地方性知识构建而成的生态场域，作为研究主体的人，以身体为媒介进入田野点，进行神话、节日资料的收集、整理、分析就成为民族文化研究和发现神话、节日文本认知的第一步。这其中蕴藏在族群与地域时空的神话是"远古人类的一种非自觉艺术创作，人们以当时有限的生活经验为基础，借助想象和幻想，把自然力和客观世界以一种因果解释或者说故事的方式组合起来"③ 构建出的隐喻、象征到修辞的特殊情势④与神性述行⑤；而节日作为一种文化事象，"它被用于庆祝、纪念、重演、预演某些重大事件——农业的、宗教的或社会文化的，并赋予个人及其所属宗教的、政治的或社会经济的集团以凝聚力与存在的意义。节日是常态生活的中断，它将连续不断的时间之流分割为神圣与世俗两种相互对立、辅助的状态，使人们的生活丰富多彩"。⑥ 在一个全景敞视的田野时空中神话、节日以显性/潜隐的形态嵌套在人与自然的媒介生态中，通过个体/群体编

---

① 〔美〕伯克·约翰逊、〔美〕拉里·克里斯滕森：《教育研究定量、定性和混合方法》，马健生等译，重庆大学出版社，2014，第371页。
② 〔美〕伯克·约翰逊、〔美〕拉里·克里斯滕森：《教育研究定量、定性和混合方法》，马健生等译，重庆大学出版社，2014，第372页。
③ 包蕾萍：《独生子女神话、习俗、制度和集体心理》，上海人民出版社，2012，第7页。
④ 情势：法国阿兰·巴丢核心概念，情势为显性结构存在特征，包含两个多元性质：断裂的多元和连续多元。
⑤ 述行：语言学概念，此处包含语言和实践两个层面，涵盖了人类大部分交往活动中的时间、空间、参与者等述行性言说和社会学逻辑意义，其功能是人与物、人与组织、人与实践技术的相互作用语言行为模式。
⑥ 张金平、昝风华：《中国传统文化十六讲》，山东人民出版社，2015，第229页。

码、输出神话叙述语义块（syntagme）① 的信息，并在田野空间场域传播形成差异性的信息流布。扎根理论与研究方法作为田野神话、节日建设、搜集、理解上的技术帮助，一般通过系统地收集和分析资料来发展进行，具有清晰表达、控制阐释以及普适性的实质性理论分析特点，其具体的操作利用迭代方法论，进行文献分析、参与式观察和体验、开放性访谈等进行资料搜集；同步使用恒定比较、归纳、演绎、验证的方法进行数据分析，"研究者选取核心现象，设计一条故事线，提出一个条件矩阵具体描述社会和历史条件以及影响这一现象的后果"。②

（二）扎根田野与实践研究

"在研究过程中，常常会面临实地调研成果的在地性问题。在地性具有地方性和区域性等特点，受地域、时间、社会、文化等因素的影响和制约。关于某一特殊群体、区域的研究结论，需要将其置于一个特定的地域空间、社会文化背景、历史背景之下理解。"③ 而扎根田野作为普适性的研究方法，有利于田野数据的搜集、整理和归纳；具有独特的方法要素、研究程序和评判标准，其方法要素涵盖阅读使用文献、自然呈现以及现实实存的细节化探知。来自细节行为模式、实存事件等的田野资料具体来源依赖身体媒介的直接经历和间接经验，直接经历包括参与式观察、访谈、文本分析；间接经验包括历史信息、文献、民族志。

为了全面深入从扎根田野地生态媒介、地方性知识中掘藏神话叙事传输和节日庆典仪式，笔者在云南金沙江、澜沧江、怒江三江流域，以迪庆藏族自治州德钦县燕门乡拖拉村为核心田野点，适度辐射向德钦西当村、奔子栏镇、香格里拉建塘镇等地进行考察，通过从点到线、由线到面，再由面到体的阶梯性采集、整理、归纳，针对性地进行了长达五年（2013 年 8 月至 2018 年 8 月）的阶段性观察和 4 个月（2017 年 10 月至 2018 年 2 月）的深

---

① 〔法〕格雷马斯：《论意义：符号学论文集》，吴泓缈、冯学俊译，百花文艺出版社，2011，第 198 页。

② 〔美〕詹姆斯·H. 麦克米伦、萨利·舒马赫：《教育研究——基于实证的探究》，曾天山组织翻译，教育科学出版社，2013，第 30 页。

③ 尹小俊、张春华、杨红娟：《质性社会学的探索：理论·方法·应用》，社会科学文献出版社，2012，第 131 页。

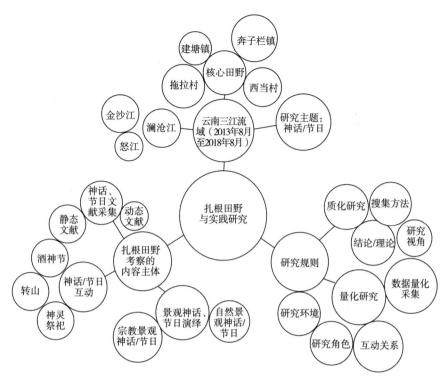

图2 扎根田野与实践研究关系示意

入、集中田野，获取积累了大量一手资料。其间，（1）依据神话叙事传输的轨迹在民众中寻找神话的本源、层累及异延；（2）根据地理空间分布在神话发源地采集神话实存要素，为节日庆典仪式储备预设景观；（3）参与地方性活动，在现实界域和敝视演绎场域中，熟悉少数民族自制神话人物及故事节日的仪式编排、展示、传播过程。

二 禁忌与仪式：自然生态媒介中的神话 述行与节日蕴含

云南迪庆三江流域自然环境包括地理位置、地势、地质、地貌、水系、气候、植被以及土地等诸多与当地人生存息息相关的自然要素，这些自然元素构建出的三江流域生态场域，当地藏族人赋予生态场域中动植物媒介诸多意识形态的观念，并且以其文化适应性，孕育出藏族人崇拜和敬畏自然的心理，而且其敬畏、禁忌观念与宗教息息相关，其中涉及植物、神灵、灵魂三位一体的神性观念，"这种宇宙自然观将高原地理自然环境、生物体系与人文环境巧妙地结合为一个统一体。这个统一体可以包括整个青藏高原藏区，也可分解为基本单元……具有其生物属性和社会属性的一种完备的生命体系"。①

（一）植物

在藏族古老的神话传说《格萨尔王传·贵德分章本》《霍岭大战》《脏姑娘的奇遇》《六兄弟》等文本中，有大量记述植物神话的故事，这些故事作为民族节日的宝贵资源，使得"藏族传统文化在传播延续中常常以一种象征符号来表达其内涵，从而使文化个性更加鲜明、生动，更易于记忆。象征符号是一种文化的浓缩了的表达方式，通过某一特定的具体形象以表现与之相似或相近的概念、思想和感情"。② 笔者 2015 ～ 2017 年在云南迪庆进行田野考察，在卡瓦格博转经路、雨崩村等地都见到了寄居有魂喇（bla）的大树，朝圣的藏人经过之时都要小心翼翼予以祭拜、煨桑，充满禁忌。在澜沧江江畔的西当村田野点，一处拉则旁有一四面封闭的方形小屋，据当地村民③讲，此处寄放了过世人的骨灰擦擦，其人因为冲撞树神而得病死亡，找活佛打卦，活佛令其在拉则、白塔旁安葬骨灰，以求禳解家族之祸。这样，通过植物，整合人与区域生物为命运共同体，带有明显的神性拟化思想。以求赞魔宽恕的故事文本，古代神话叙述传输带来的说服机制在藏族现实生活中产生效果，并不断异延新的现实依托的新文本出现，村民们定期举行仪式，约定俗成形成了一种禳解为功能的节日聚会。在澜沧江江畔的拖拉村田野点半山白塔处，挂满经幡的一棵大树被当地人视作神灵，据当地人讲由于修路冲撞了大树，使得拖拉村几年农业生产、村民发展受阻，演绎出了很多神奇的故事，充满神话色彩，本人田野

---

① 南文渊：《藏族传统文化与青藏高原环境保护和社会发展》，中国藏学出版社，2008，第65页。
② 南文渊：《藏族传统文化与青藏高原环境保护和社会发展》，中国藏学出版社，2008，第297页。
③ 报道人：小余，男，46岁，西当村人，报道地点：西当村曲吉尼玛活佛家，访谈时间：2017年3月。

期间恰好遇到村民们集体性祭祀树神，挂经幡、煨桑的禳解仪式。在当地原始信仰中，"自然界一切生物都是宇宙间不可缺少的部分。一切动物、植物都有生存的地域和权利，它们都有自己的保护神"。① 因为在藏族人生态伦理中植物也是其生命形态有机整体的一部分，"万物齐一"的认知促发了当地生态空间不断生产出具有形象化、象征化以及富有文学性的植物媒介神话资源，并且依据神话资源在现实界域进行节日化的定期仪式。

图3　迪庆州拖拉村"树神"信仰实物

（二）动物

迪庆所处的横断山区历来被中外生物学家称为"动植物王国"，所知现有哺乳动物26科69属97种，常见两栖类5种，爬行类18种，鸟类40

---

① 南文渊：《藏族传统文化与青藏高原环境保护和社会发展》，中国藏学出版社，2008，第81页。

科 170 种，鱼类 75 种。其中属国家级重点珍稀濒危保护动物的有 57 种，占全国重点保护动物总数的 23.2%。

表 1　横断山区动植物统计（根据迪庆州志资料编制）

动物类型	种类数量	动物举例
国家级一类保护动物	17 种	滇金丝猴、黑颈鹤、雪豹、金钱豹、云豹等
国家级二类保护动物	40 种	猕猴、穿山甲、小熊猫（火狐）、马熊（棕熊）等
省级一类动物	2 种	石貂、小云猫
省级二类动物	4 种	狼、毛冠鹿、灰雁、斑头雁
家畜品种	11 种	牦牛、犏牛、黄牛、马骡、驴、羊、猪、兔、狗等
地方品种	约 10 种	中甸牦牛、中甸犏牛、迪庆高原黄牛、维西黄牛、中甸马、迪庆绵羊、德钦山羊、迪庆藏猪、施坝庆福山羊、迪庆藏獒等
家禽品种	近 10 种	鸡、鸭、鹅、鸽，地方品种有尼西鸡、江边鸡、维西鸡等
鱼类	16 科	高原湖泊短须裂腹鱼、属都裂腹鱼、中甸重唇鱼、麦穗鱼、泥鳅等

图 4　云南迪庆州动物信仰祭祀节庆

在藏族人心中，"动物具有神性，许多特殊的动物是一种神，它们统领着本类动物，也影响着人类生活"①。这种人－动物－神的思想，既表现在藏族人独有的天、地、人时空观中，又展现在族群神话传说中，成为神性的存在，"以饲养畜群（尤其是牦牛与马匹）为基础的牧民拥有自己特殊的万神殿。其中心就是'七兄弟畜群座'，即马神、野牛神、驯养牦牛神、母犏牛（牦牛与黄牛的杂交品种）神、黄牛神、绵羊神、山羊神等。当马匹患病时，为了赎马命而必须使用一种适用于大凶神的仪轨"②。苯教《符言释难》记载："穆叶十八神即为马神红，公牦牛神猛，奶牛神逊，绵羊神敏，山羊神凶。"与藏族人生活习性相融合的动物，被藏族人赋予了拟人化、双向度的可能，例如"虎神、豹神、棕熊神、人熊神、豺神、狼神、猞猁神、狐狸神等"③，这些存在于藏族周围生态环境的动物，被幻化成神，却可能给生灵带来幸福或者灾难，这就从另一方面促使藏族人演绎出繁复的节日仪式，动物再一次成为主角。笔者在迪庆调查期间，藏族家中以及各类宗教仪式中动物造型的神像、供品、垛玛等，随处可见。掺杂着苯教思想的仓巴教和顿巴教，沿袭了苯教宇宙观，认为宇宙分为天、地、人三界，"牦牛与羊在地界上跑，大鹏在天上飞，青龙在空中，马在地下，狮子在雪山之巅。这里天界一级是大鹏与青龙，中界一级是狮子，地界是牦牛、羊与马"④。

（三）无生物

赋予无生物神性及叙事传输，在云南藏族人思维中具有强化作用、稳定性高，包括现实界域中的山石湖水，也包括日常生活中的人造实物，体现了古代藏族人认知感觉的抽象化过程，"在这个过程中，知觉通过一般范畴的外形再现个别的事实。这样，抽象就在一种最基本的认识水平上开始，即以感性材料的获得来开始"⑤。将外在直感媒介材料和自身媒介等

---

① 南文渊：《藏族生态伦理》，民族出版社，2007，第68页。
② 〔意〕图齐、〔西德〕海西希：《西藏和蒙古的宗教》，天津古籍出版社，耿昇泽，王尧校订，1989，第255页。
③ 恰白·次旦平措：《论藏族的焚香祭神习俗》，《中国藏学》1989年第4期。
④ 〔挪威〕帕·克瓦尔耐：《西藏苯教徒的丧葬仪式》，褚俊杰译，《国外藏学研究译文集》第5辑，西藏人民出版社，1989，第146页。
⑤ 〔德〕阿恩海姆：《艺术与视知觉》，滕守尧等译，四川人民出版社，1998，第556~557页。

同，进行异质同构，不同的媒质生命与非生命、物质与非物质，在结构上用一种生命元素嫁接、附着甚至杂糅在另一种非生命体元素上，从而双向度地强化了神性特性，也产生和赋予了无生命物新的内涵和寓意。

1. 山神信仰是云南藏族以"栖居视角"和"彻底解释"理解地势与民族之间"相互关联成分和地志性成分间的相互依赖"①，使得"地势还是人事和地理形势的混融"。② 从栖居视角看，以藏族为主体的迪庆地区，其独特的地势是藏族"处于异质世界栖息地组织内部，而不是从中分离出来"③，也就是地势与藏族"个人与非人类有机物根本就是二合一的东西，并进而推论出文化/自然，主体/客体间的互相混融"④。而且在青藏高原的东部延伸横断山脉栖居活动的藏族族群，其有机个体/群体在地势环境中的沉浸是一种不可避免的先决条件，地势构建的外在场域持续地进入藏族居民的周身，"世界的许多构成通过人们统合进其生命活动的规则性模式而具有意义"⑤。这种意义的彻底理解在于，藏族人强调"身即认识主体，还强调运动和体验过程"⑥，也就是藏族人对地势的理解是他们自身在地势中体验、移动的栖居生活获得的一种关于地势场所的知识，他们在日常生活中"描述栖居与场所创建的深刻关系"⑦，这种关系来自"环境、物或客体的理性，或者说是一种自然本身的呈现"⑧。这种呈现融入当地人的认知，是当地人理论性观念的约定真值，也成为造塑神话资源的内在意识之"元"。笔者在田野走访中发现以卡瓦格博为主神，各个村落山神为辅神，古老的认知构建起了山神叙事谱系和神话万神殿。

---

① 朱晓阳：《地势、民族志和"本体论转向"的人类学》，《思想战线》2015年第5期。
② 〔德〕尼克拉斯·卢曼：《权力》，瞿铁鹏译，上海世纪出版集团，2005，第112页。
③ 〔英〕凯·安德森、史蒂夫·派尔、奈杰尔·思里夫特：《文化地理学手册》，李蕾蕾、张景秋译，商务印书馆，2009，第215页。
④ Bruno Latour, *We Have Never been Modern*, Catherine Porter（trans.），New York：Routledge，2003，p.3.
⑤ Tim, *In Gold The Perception of the Environment：Essays on Livelihood Dwelling and Skill*, New York：Routledge，2003，p.154.
⑥ 朱晓阳：《地势、民族志和"本体论转向"的人类学》，《思想战线》2015年第5期。
⑦ John Gray, *The Anthropology of Space and Place：Locating Culture*, Oxford：Blackwell Publishing，2003，p.223.
⑧ Gibson指出，呈现是指环境中的事物的价值和意义能够被直接感知到，更进一步说，呈现试图说明价值和意义是外在于感知者的。

图 5　云南迪庆州无生命物祭祀仪式图示

2. "水知识是在某个特定流域内的族群所拥有的、和水资源相关的信仰和实践的总称，这些知识使得这个族群能从当地水资源中获得最大收益"①，德钦县拖拉村藏族人将水称作"且"，水成为地方性族群生命之源和日常生活之本，围绕水形成的祭祀节日和庆典仪式很多。首先表现为民间信仰中的水，包括江河湖泊，拖拉后山的拖拉湖就是拖拉村人视若神灵的保护神，在村民意识中拖拉湖是掌管着农耕生产、生活所需的神系，神湖的水是最圣洁的神物，笔者在很多村民家中看到调大（佛龛）中都有盛放神湖、江河之水，佛龛中都进行用水的水供仪式（佛教中的七供水或者八供水），绕山转湖、求雨仪式、祭祀水神成为当地藏族人的风俗习惯，演绎出复杂多样的祭祀仪式，也蕴含着不同内容的神话叙事。根据访谈采集的神话，澜沧江两岸的两排松树，是卡瓦格博迎娶缅茨姆时，派出迎接的侍卫幻化而成。怒江是独龙江、金沙江和澜沧江的母亲，老大独龙江性格暴虐，给人民带来灾难，卡瓦格博神山扬鞭将其打向西流；老二金沙江性格豪爽，给人民带来财富和金子，卡瓦格博神山因其骄傲，将其一鞭打

---

① 吴於松：《澜沧江流域可持续发展研究论文集》，云南大学出版社，2010，第145页。

向东流；老三澜沧江性格温和宁静，带来食物与祥和，于是留在了德钦。由此可见，水成为地方性神话的重要神话素之一，"这些神话素经过不同的组合可以形成不同的结构。结构不同使神话的形式有了变化，但它们的含义可能是相同的或相似的"①，都指向与当地族群息息相关的江河水系，由此当地不同村落以空间依附的水资源，形成了固定时间集体性的祭祀水神节日。

3. 迪庆藏族自治州土壤构成垂直分布明显，地带性土壤与区域性土壤同时发育，呈"阶梯状"排列分布。当地村民为求生存与发展，在土地资源上所进行的一切活动亦是凝聚成富有自身特色的文化。依附于土地的农耕文化起源与村落的形成关系密切，村落基本沿着金沙江、澜沧江依江而建，分布在两岸平地或者高山平坝之中，耕种土地基本上与村落比邻。村落土地信仰节日文化和丰富的神话内容播散其间，考察中诸多村落都保留着祭祀土地神的仪式，澜沧江边的西当村几乎所有田埂边上都竖起高大的土地祭祀经幡，每年新年前都要举行盛大的土地祭祀仪式。在当地村民看来，土地神"管理着地上生长的一切植物，包括花草、树木等，而且又掌管地下金银珠宝等财富"②。搜集的文本《十万鲁经》记载着土主住在须弥山顶的五宝莲花垫，是大地之主，管理地上一切宝藏和生长的万物。"土地上有土主和可怕的恶鬼，这是一种和吸血鬼一样的动物，专喜欢吃小孩子"③，其对土主恐怖属性的描述异延出繁复的禁忌，笔者调研中发现村民在驱魔仪式中不会将魔鬼象征物（垛玛）放置在任何一处田地上，而是绕过田地置于荒野，只会将火供的干净食物在天地中进行焚烧。在村民口述中土地神（Sa—bdag）"只是一种精怪的统称，掌管某一地方"④，并且在《五部遗教》中记载了南方土地神将军（gTsang kun）、西方土地神黄幡（Hang phan）、北方土地神替琼（The khyim）、东方土地神白虎、南方土地神青龙王、西方土地神朱雀、北方土地神玄龟的神话故事。

---

① 朱立元：《美学大辞典》，上海辞书出版社，2014，第 423 页。

② 谢热：《村落·信仰·仪式：河湟流域藏族民间信仰文化研究》，社会科学文献出版社，2010，第 72 页。

③ 〔德〕霍夫曼：《西藏的宗教》，李有义译，中国科学院民族研究所，1965，第 97 页。

④ 谢继胜：《藏族土地神的变迁与方位神的形成》，《青海社会科学》1989 年第 1 期。

图 6 云南迪庆州山神、水神、土地神信仰图示

三 信仰与实存：建筑景观中的神话蕴藏与 地方性节庆日常

云南三江流域藏族所展现出的民间乡土文化"本质上是一个积极追求人界（身体、社会）、灵界（鬼、神、祖先）、自然界（时空）三维均衡和谐的立体的文化系统"①，这一文化系统不管是以德勒兹所谓的游牧方式边缘化浮游在民间社会，还是与核心历史文化有所间性、差异的弥散、构建、生发出异质性、神秘性、隐匿性，复杂性的多元化神性表达，这一表达本身就是基于神话一般的知识系谱和乡土网系之中的。以大地、雪山、草场、神山身体为载体的拖拉信仰社会刻录系统本身，就是一个内容庞杂的谱系，崔榕认为在这一谱系之中，居位于核心的"民间信仰有着重要的文化价值，是文化生态不可或缺的组成部分，并具有传承传统文化的作用和文化功能，包括文化教化、社会控制、民族认同等，对保证社会秩序的正常运行具有十分重要的意义"。②

---

① 李亦园：《从民间文化看文化中国》，上海教育出版社，2002，第 232 页。

② 崔榕：《民间信仰的文化解读——人类学的视野》，《湖北民族学院学报》2006 年第 5 期。

表 2　云南三江流域藏族文化空间示意（根据迪庆州田野实践绘制）

家庭与个体神性空间	乡村神性空间	公共宗教神性空间	标志性神性空间
家庭佛龛（调大）活佛家中顶楼佛堂	山地神性场：拉则、嘛呢堆、佛塔、驱魔处（垛玛）	规模寺院、教堂、清真寺（多为市镇中心、古城）	圣地：神山、神湖、修道场、隐修场
家门门头神位	河谷神性场：佛塔、祭祀台	地方公共场所（村公所、开阔地）	
主屋神柱	村庄神性场：门当、嘛呢康、白塔、嘛呢堆、村神庙	交通要道	圣迹：灵塔、灵异处、圣泉
屋顶神垒、白石		神台：丧葬祭祀台、神山祭祀神台、寺院神台	
院内煨桑台	田地神性场：经幡柱		活佛故居、家庙

（一）依附寺院举行的神话与节日

云南迪庆三江流域大小寺院近百座，分属不同教派，成为本土主体信仰之源。田野考察中较为出名的有香格里拉市的大宝寺、百鸡寺、松赞林寺；金沙江流域的角玛寺、水边寺、东竹林寺；澜沧江流域的拖拉寺、英主顶寺、崩贡寺；怒江流域的普化寺，每个村落都有关于所属寺院的神话叙事传输和以固定法会为核心的节日庆典。以拖拉村拖拉寺访谈为例，历史上对拖拉寺建寺年代记述不一，如"1821 年""明、清时期""明朝修建""距今 200 年前"等。根据笔者实地田野中对拖拉寺旺杰大喇嘛，拖拉寺寺管会主任格玛具米，喇嘛达瓦次里、扎西江初、安吾格茸的走访获知，拖拉寺传承比文献记载的历史更为久远，其改宗宁玛派之前，为噶玛噶举派在云南十八大噶玛噶举派寺院之一①，目前拖拉寺经堂主殿中依然供奉米拉日巴、冈波巴佛像，与宁玛派祖师莲花生大士佛像一同受僧俗敬仰。所以拖拉寺僧人普遍承认的建寺传法时间远超于历史文献中记载的年代，僧人们普遍认为阿甘喇嘛为拖拉寺的开创者。阿甘喇嘛的传承来自宁玛派母寺噶陀寺，阿甘喇嘛接受了二世木玛久颂大士，也是木王十三尊者之一修行者的灌顶传法，遂将此派密法传给降德谢洛乌追大士，修行验证

---

① 报道人：扎西江初，32 岁，拖拉寺喇嘛。报道地点：拖拉村下村。访谈时间：2017 年 3 月。

之后，又将密法传给了则吉尼玛江措大士。则吉尼玛江措大士不仅跟随上师修法，而且四处游学，寻得母寺噶陀寺的上师，得其指示，并在梦境中梦到莲花生大士拈花指向拖拉一个叫作"主"（牧场）的地方，示意其建寺传法修行。这就是拖拉老寺（尼玛木）圣地之所。于是吉尼玛江措大士四处诵经募捐，起初在"主"地，修建了经堂与僧舍，引来跟从自己修行的喇嘛，而自己时常躲在"主"地旁的石洞中闭关修炼，日久天长，大士打坐之地，竟然出现了一个藏文的啊字。回到西南之地，弘扬佛法的噶举派第五世孙诺活佛定若江措，一日行至拖拉之地，见其山中升起彩虹祥瑞，恰逢活佛在其上师处起誓，愿意修建101座寺院作为师恩之礼。于是拖拉寺再得修建。由于各种原因，拖拉寺的修建十分艰难，直到第十四世孙诺活佛玖玛广盖曲坚时期，恰逢活佛圆寂之日完工。寺院喇嘛依据活佛遗愿将活佛法身全身供养给佛祖，供奉于拖拉寺大殿之中。"文革"期间，拖拉寺及其活佛法身尽毁，只有用金汁写成的少量经文得以保留，后来在党和政府的关切下，拖拉寺复建。后又经政府批准与经济支持，在拖拉村僧众的共同努力下，将拖拉寺从偏僻、交通不便的"主"地（牧场）迁至拖拉半山腰山路旁，目前有大经堂、僧人办公二层小楼各一幢，白塔八座，僧舍三所，在籍僧人约有40人。就目前而言，拖拉寺几乎每个月都有不同规模的法会举行，比较典型的为每年三月到四月举行的普巴法会，拖拉村及周边村落村民盛装出行，参加普巴盛会，普巴法会也成为一年一度较为盛大的当地节日庆典。

（二）围绕神圣建筑的神话与节日

神迹或言神迹现象意指特异奇怪、引人注意的事物，神迹现象表现出日常生活无法解释的超自然特征，"指神所行的事迹，这事迹是神正在控制世事的标记，并且是神显明与其子民同在的明证"。[①] 笔者走访的云南三江流域神迹现象多与藏传佛教信仰有关，表现为修行者遗留的手印、脚印、修行处所以及自然形成的宗教符号等。这些神迹遗存被当地村民赋予神话特色，通过神性叙事广为流传在地域空间。位于德钦县升平镇巨水办

①　邱业祥：《圣经关键词研究》，宗教文化出版社，2009，第269页。

图7 迪庆州拖拉寺法会

事处宗顶村的"曲登阁"，是朝拜卡瓦格博神山的必经之路，也是六道轮回的生命起点。最开始自然形成的石柱，因为被赋意为莲花生大师化现的天然水晶塔而成为神迹。当地村民在石柱上浇注石灰形成高耸的白色石灰石柱，并认为浇注石灰可将儿女魂魄寄存佛处，得到佑护。随着时间的推移，寄魂柱两边修建起佛殿，曲登阁由自然神迹发展成一个典型的信仰场所，并且造塑、延伸出以文学叙述、口承传播为功能的神话传说，又联动式地造就了以朝拜、祭祀为主的"寄魂柱"节。

（1）印度神话元素：印度殊胜神通的莲花生大师，在世界上的十万个地方修建十万座佛塔，释迦牟尼令其将幻化而成的十万座佛塔只留下三座，其余均移至天界。莲花生大师在每座佛塔四角用铁链加以固定才把此三座佛塔留住，其中一座便是"曲登阁"水晶塔的来源。

（2）汉藏神话元素：传说汉地佛塔西该让寻飞临藏地，它首先变化成一只白鸽子，到卡瓦格博雪山附近时，歇落在贡小村的一处土丘上，又变化成一块雪白色的石头。在一个吉祥日子的黎明时刻，出现了地动山摇、电闪雷鸣的奇异兆象，西该让寻由雪白色的石头变化成一只苍鹰，飞到今曲登阁后恢复真身，当地野贡巴土司头人觉得兆象奇特，于是修建佛堂进行供奉。据说清康熙年间，皇帝听闻此奇异佛塔，派大臣前往朝拜，亲见转塔无头之人长出了新的脑袋，顿感此佛塔功德无量，具有殊胜神力。于是铺纸提笔，写下祈福之词，并将此祈福之词刻碑立于佛塔边。再后来神话持续衍伸，有一位空行母来朝拜曲登阁时，在距曲登阁50米的地方，她亲手掘出一股神水，神水能治百病，人们称它为"福运神水"。

图 8　云南迪庆曲登阁寄魂柱信仰

四　情势与神灵：场域"势"空间中的神话演绎与节日共振

"空间"（Space）一词源于拉丁文"Spatium"。作为一个哲学概念，它与时间一起构成了运动着的物质存在的两种基本形式。作为人们认识世界的基本框架，地理学意义上的空间指某种标示种群生存和发展的活动场域①。在笔者考察的云南三江流域独特的异质地型及核心地理中包含着生

---

①　宫承波、刘逸帆主编《电视新闻频道发展研究——兼论新媒体时代电视新闻的生存空间》，中国广播影视出版社，2016，第275页。

态场域中生存空间赋予群性/个体新的意义，这个意义展现出民族地方性知识、日常生活知识、群体信仰认同、集体记忆、社会性别形象等诸多内涵。"时间和空间作为人类存在的基本形式，是一个不可分割的统一整体。人类在思考时，或侧重时间，或侧重空间，由此会形成不同的思维方式及理论观点……以现实景观世界为对象，以思想情感为内容，以再现、表现、想象、虚构、隐喻、象征等为手段，生产符号化的表征空间"[1]，同时也通过群体/个体的剧场化神话演绎来直接或间接展示当地村民特有的内心思想精神、形象空间，或神话演绎场域中观者的情感动因而形成的空间形象，正如"媒介环境学派的先驱、社会学者戈夫曼将人类社会生活的空间与戏剧空间类比，将特定情境中的特定主体行为和角色划分为前台区域（角色扮演）和后台区域（自我状态）"[2]，通过场域空间前后台神话演绎产生多向度的空间剧场叙事功能。

（一）群体节日仪式的神话演绎

三江流域的藏族通过公共仪式空间诸多具有象征意味的演绎构建出一种信仰权力，媒介本身正在成为一种仪式，或更具体一些，成为一种"通过仪式"（rites de passage）[3]——它使人们从原有的社会结构中暂时脱离出来，进入并经历一系列的仪式活动，然后重新聚合到社会结构中。经历这一仪式的主体，无论是个体还是群体，都将获得"明确定义'结构性'类型的权利和义务"[4]，以及稳定的或反复性的文化认同。而这种反复性质的仪式权力"其本质特征既不在于它对某种超自然现象的绝对崇拜，也不在于它是某种神性人格的具体存在，其本质在于它属于社会事实的再现，是一种基于仪式沟通过程的神圣事务与凡俗事务的统一体。在这里，仪式的功能在于激发人们的宗教情感，搭建神圣事务与凡俗事务的意义关联——这类似于象征人类学所指出的仪式阈限（liminality）阶段意味着觉悟

---

① 李碧芳著《劳伦斯与贾平凹比较研究——身体·性爱·空间》，厦门大学出版社，2014，第166页。

② 林克勤、严功军：《认知传播学论丛》，四川大学出版社，2016，第213页。

③ 石义彬：《传播研究国际视野与中国实践》，社会科学文献出版社，2014，第190页。

④ 〔英〕维克多·特纳：《仪式过程：结构与反结构》，黄剑波、柳博赟译，中国人民大学出版社，2006，第65页。

的状态"①。"不仅仅指的是知识的觉知，而且同时还包括情感及伦理道德的认知。"② 2017 年 4 月到 5 月，笔者在田野地拖拉村参加一年一度的普巴法会，法会需进行金刚法舞、火供、供灯、超度等仪式，最具神话演绎色彩的要数普巴金刚法舞。普巴金刚，意为金刚孺童，藏名，汉音译作多杰训务。"普巴金刚身黑蓝色，具有三头，每头各有三目，六臂四足。"③ "普巴"二字藏音，其义为橛。"藏传佛教认为，他是金刚萨埵的化身，呈显忿怒形象。"④ 关于普巴金刚神话传说十分丰富，相传往昔尸陀林中，住有一大力鬼神，名叫麻当鲁扎，具三头六臂四足，其背后有一对翅膀，常危害三界有情。其时，金刚萨埵忿怒身噶玛黑鲁嘎，为了降伏此大力鬼神，乃化为普巴金刚，示现与此大力鬼神同样威猛的身形，具无比大威神力，才将此大力鬼神及一切魔敌摧伏。宁玛派尊奉普巴与其教宗莲花生关系密切，在诸多莲花生降伏藏界神灵的故事传说中，手握普巴的形象最为密集。而莲花生"有关的大量故事中，有两类对普巴的研究很重要：一类是有关他通过仪轨降伏妖魔的能力，另一类谈到他变换身形的能力"。⑤ 在宁玛派的宗教理论中普巴成为一种信仰力量"象征资本"而存在，与之依附的隐喻、故事交织，贯穿运行在宁玛派的道场场域中，宁玛派的世系祖师中均以掌握普巴降魔法术改造藏地信仰力量为核心叙述，这一情势的造塑与传播，既是对苯教"自然界人格化活跃力量的征服"⑥ 又是关乎"西藏及藏族生活的物质和精神的每一个方面"⑦ 的存在。2017 年 4 月 21 日在拖拉村拖拉寺大殿进行以普巴驱逐魔障为故事主线的金刚法舞表演，其装扮外形狰狞，动作幅度大，刚劲有力，在敞视环境中以蕴含象征的体态进行表演，并引用经典进行诵经旁白，成为集音乐、舞蹈、语言、叙事等为一体的可视化事象。

---

① 袁年兴：《族群的共生属性及其逻辑结构：一项超越二元对立的族群人类学研究》，社会科学文献出版社，2015，第 138 页。

② 赵旭东：《文化的表达——人类学的视野》，中国人民大学出版社，2009，第 198 ~ 199 页。

③ 吉布：《藏密图文百科 1000 问》，陕西师范大学出版社，2010，第 361 页。

④ 阿罗·仁青杰博、马吉祥：《藏传佛教圣像解说》，青海民族出版社，2013，第 266 页。

⑤ 陈庆英等编《国外藏学研究译文集第十三辑》，西藏人民出版社，1997，第 349 页。

⑥ 陈庆英等编《国外藏学研究译文集第十三辑》，西藏人民出版社，1997，第 350 页。

⑦ 陈庆英等编《国外藏学研究译文集第十三辑》，西藏人民出版社，1997，第 350 页。

图 9　云南迪庆拖拉寺法会现场

（二）　个体节庆的神话演绎

"欧文·戈夫曼的理论首先是一种拟剧理论，关注人们在日常生活中如何运用符号预先设计或展示在别人面前的形象，即利用符号进行表演，并尽量使表演取得良好的效果。其研究又是基于符号互动研究的社会学（其重点在于透视人际互动）"。[①]笔者在 2017 年拖拉春节期间，参与了一祭祀狮子三兄弟（酒神）的斗酒节。村中分组进行，以女性参加为主，并扮演酒神、山神进行传承神话演绎，傍晚时分开始持续到凌晨，在敬神之后，村民开始以饮酒、欢唱、跳舞的世俗性行为参与到与神同乐的庆祝中。

---

① 濮波：《社会剧场化：全球化时代社会、空间、表演、人的状态》，东南大学出版社，2015，第 39 页。

表3　斗酒节神话演绎空间剧场叙事图示（根据酒神节田野绘制）

前台：轮流在村民私宅：营造集体表象的个体空间，具体包括生活化舞台设置、酒神外表装扮以及举止的一致性	后台：酒神神话演绎者较为隐秘的表演思维以及演绎设置	剧班：共同维护酒神神话演绎场域中的他者存在，其功能性表现为饮酒参与下与个体表演者产生共鸣	框架：特定的私人家宅、个体为主角、规定情景空间场域
神话形象管理：通过酒精、装扮、故事演绎引导、调控他者对个体神性扮演形成印象	观众：以特定的酒神扮演者为中心和参照，在饮酒共性行为中做出其他表演的个体	节庆场域依赖酒精产生共性气氛，产生神话—神话人物—他者共在及共感	神话人物扮演者心理认知自我角色，隐藏世俗性特征，充分展示神性表演，并与他者进行有利沟通
自律：一种自我演绎过程中的控制，包括意识、思维、理性的表演	仪式和象征符号：神话人物的表演具有普适性，增加了归属感和传承性	表演场域的人为设置和自然存在都是神话演绎谱系的一部分	酒、食物以及一切生活日常用品成为表演的元素

图10　云南迪庆州拖拉村酒神节现场图示

结　论

　　以身体为媒介，通过扎根理论与方法，对云南三江流域进行考察与研究，在这样一个全景敞视的田野时空中，神话、节日以显性/潜隐的形态嵌套在人与自然的媒介生态中，通过个体/群体编码、输出神话叙述语义块（syntagme）① 的信息，并在田野空间场域传播形成差异性的信息流布，一类"倾向把叙事展示为一系列前后发生的事件，事件中的主角是活动的生物，支配或被支配的生物"②，超拔族群、颠覆处境成为拟人化的过渡媒介，如三江流域自然界中的动物、植物、无生命物所蕴含的神话传输，都被人为塑造为可以进行庆典及节日演绎的重要储备素材，并现实化地成为地方节日知识的重要组成；另一类如同建筑景观、神圣景观、信仰景观、日常生活中的神话与节日，则依据神话叙述相对应的人与自然相互关系，建立族群特有的"行为人—词素、事件—词素的拟人属性……叙述经济中占中心地位"③，或建立演绎神话并将其约定俗成的认知模式，从而进行神性述行与传输，构建起节日演绎的丰富场域化资源。

---

① 〔法〕格雷马斯：《论意义：符号学论文集》，吴泓缈、冯学俊译，百花文艺出版社，2011，第198页。
② 〔法〕格雷马斯：《论意义：符号学论文集》，吴泓缈、冯学俊译，百花文艺出版社，2011，第196页。
③ 〔法〕格雷马斯：《论意义：符号学论文集》，吴泓缈、冯学俊译，百花文艺出版社，2011，第197页。

文学人类学前沿

20 世纪下半叶以来欧美
"文学人类学"研究状况

摘要："文学人类学"领域实际上涵盖了两个研究维度。首先是探索文学在社会生活和个人经历中所起的作用，特别是社会、文化和历史背景。其次，文学人类学是对人类学本身的文学性写作的本质研究。因此，文学人类学一直是人类学关注的焦点，因为它关注人类社会状况的整个复杂性，同时也应该成为透过文学作品来研究人类社会、历史、文化的最好媒介和实践。

关键词：文学人类学　跨学科　民族志　写文化

自 1957 年加拿大文艺理论家诺斯诺普·弗莱在其《批评的解剖》一书中提出"文学人类学"并以此方法进行世界文学的跨学科研究以来，已经有六十多年了。六十多年的发展历程中，在欧美，文学人类学引起的关注及其研究成果并不是很多。但是，对欧美以"文学人类学"为关键词进行文学人类学研究的梳理、总结和归纳也许有利于中国文学人类学的发展。

一　加拿大的文学人类学研究

加拿大的文学人类学立足于从语言、符号、文学写作与阅读教学的角度展开研究。

20 世纪 80 年代，加拿大出版了费尔纳多·波亚托斯（Fernando Poya-

＊　王菊，西南民族大学彝学学院教授，中国少数民族语言文学博士生导师，研究方向为民族文学、文学人类学。

tos）（新布伦瑞克大学，University of New Brunswick）编辑的一本《文学人类学：人、符号和文学的跨学科新方法》①。该书分为四部分：符号，文化与文学：文学人类学理论；国家叙事与族群叙事；乡村世界的文学人类学；文学人类学的两种流派方法。一共收录了13篇论文。

第一部分：收录费尔纳多·波亚托斯的《文学人类学：走向新的跨学科领域》、托马斯·温纳（Thomas G. Winner）的《将文学作为人类学研究的资源：以雅洛斯拉夫·哈谢克（Jaroslav Hasek）的〈好兵帅克〉（The Good Soldier Svejk）为例》和斯蒂芬·萨卡尼（Stephane Sarkany）的《文化理论与文学研究：诗歌与文学人类学》。

第二部分：收录露西·杰恩·博茨沙洛（Lucy Jayne Botscharow）的《戴维·克罗基特（Davy Crockett）和麦克·芬克（Mike Fink）：对文化连续性和变化的解释》、文森特·埃里克森（Vincent O. Erickson）的《〈布登布鲁克斯〉，托马斯·曼和德国北部的社会阶层：文学人类学的应用》、艾瑞·珀蒂斯·威纳（Irene Portis Winner）的《作为叙述的民族文化文本》，里贾纳·齐尔伯曼（Regina Zilberman）的《神话与巴西文学》、凯蒂·特朗普纳（Katie Trumpener）和詹姆斯·奈斯（James M. Nyce）的《回收的碎片：伊迪丝·沃顿（Edith Wharton）〈纯真年代〉中的考古学和人类学观点》。

第三部分：收录安娜马里亚·拉梅尔（Annamaria Lammel）和伊恩·纳吉（Illona Nagy）的《〈圣经〉和匈牙利农民的传统》、维尔纳·恩宁格（Werner Enninger）的《旧秩序的阿米什人书面和口头文本中过去、现在和未来的社会建构：一种社会信仰的民族符号学方法》、久拉·大卫（Gyula David）的《特兰西瓦尼亚人和特兰西瓦尼亚文学：塔玛西·阿隆，帕维尔·丹和艾文·维特斯托克短篇小说的文学人类学分析尝试》。

第四部分：收录威廉·博尔豪威尔（William Boelhower）的《前卫自传：解构现代主义人居环境》、弗朗切斯科·洛里乔（Francesco Loriggio）的《小说中的人类学：关于航海的小说》。

---

① Fernando Poyatos, *Literary Anthropology*: *A New Interdisciplinary Approach to People*, *Signs and Literature*, Amsterdam/Philadelphia: John Benjiamins Publishing Company, 1988.

　　该书所收录的这些论文，其作者不约而同地把文学作为人类学、历史学、民族学、文化学解读的文献资源。

　　作为编者的费尔纳多·波亚托斯认为，文学人类学从三个方面激起了他的兴趣：文学、符号学和历史学。文学文本中的非语言交流（nonverbal systems）系统地分析提供了许多研究可能性，可以说非语言交流系统构成了文学人类学的基础，因为文学可以展示那些可被感知到普遍文化模式的行为。费尔纳多·波亚托斯似乎更热衷于叙事文学。文学人类学的跨学科研究领域基于不同人类学导向的叙事文学文本，借助这些文学作品可以对人类的思想和行为展开共时和历时的研究，因此文学文本的人类学研究可以分成两个系统展开：可感触系统（sensible systems）和可理解系统（intelligible systems）。前者包括口头语言，副语言（语音修饰和有意义的独立声音），特定文化的体态语（手势、举止、姿势），空间的概念化和处理，时间的概念化和处理以及对象和环境系统（从营养和副营养产品到衣服，工具和家具，再到建筑、园林绿化和植物区系），包括每种文化塑造的人与动物的互动。后者包括宗教思想、仪式和庆祝活动、通过人际关系体现出的道德价值观、家庭活动等的社会模式、政治、民俗、大众信仰、游戏和艺术等，更偏重社会文化（sociocultural）方面。叙事文学的纪录性和历史性方面展示了文学人类学的潜在价值，这是一种时空性或历时性的方法，必须从历史和发展的角度观察文化习惯。通过在不同时间和空间里对

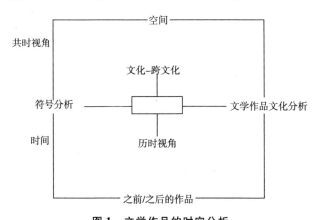

图 1　文学作品的时空分析

（取自《文学人类学：人、符号和文学的跨学科新方法》，第 14 页）

文学和人类学的物质文化和精神文化的研究，在人类学和文学共同努力的前提下，文学人类学能提出很多迄今为止尚未被开发的观点和成果。

费尔纳多·波亚托斯似乎试图从叙事文学作品中进行语言人类学、行为人类学、历史人类学、文化人类学的解读。但是，非常可惜的是，费尔纳多·波亚托斯此后并没有沿着他畅想的这条道路走下去，没见到他实在的一些研究成果；同时，他的这些主张似乎也并没有产生很大的影响。

此外，加拿大阿尔伯塔大学（University of Alberta）的丹尼斯·苏马拉（Dennis J. Sumara）在 2002 年《读写研究杂志》（*Journal of Literacy Research*）第 2 期上写过一篇文章《创造解释的共同点：文学人类学与读写教育研究》①。这篇文章试图运用德国接受美学学者沃尔夫冈·伊瑟尔的"文学人类学"概念来认知旨在历史、记忆、语言和地理等经历之间建立明确关系的文本理解方法。在文章中，丹尼斯借助加拿大诗人安妮·迈克尔斯（Anne Michaels）的小说《逃亡手记》（*Fugitive Pieces*）（该小说屡次获得各种大奖）来展开研究，并试图解释祖先的关系，尤其是父母的祖父母从第二次世界大战以来的事件。在解释的过程中，将相关历史的、哲学的和理论的文学并置，力求解释历史、记忆、文化、地理、语言和身份之间的关系。同时作者结合自己和自己母亲的物品来分析人类身份是如何被文化物品组织起来的，在理解相关的文化知识中如何产生出了新的意义。作者认为，文学人类学的研究基于以下信念：文学文本可以成为继续文化解释和对文化历史性评估的有趣场所。

此文分为四部分，第一部分是"文学人类学作为研究方法"，回顾从海德格尔、伽达默尔开始的文学阐释学到接受美学和读者反应理论，再到伊瑟尔的文学人类学理论，之后作者认为文学人类学不同于其他文学批评形式，在于通过强调对文学批评的兴趣来进一步解释文学，而不是强调解释本身。文学人类学的方法不仅仅可以用于印刷的小说研究，还可以用于对记忆、理论文本、电影、电视剧等的研究。第二部分是"历史与记忆"，引用安妮·迈克尔斯的小说《逃亡手记》片段展开对历史、记忆、身份之

---

① Dennis J. Sumara, "Creating Commonplaces for Interpretation: Literary Anthropology and Literacy Education Research", *Journal of Literacy Research*, 2002, Vol. 34, No. 2.

间关系的解释。第三部分是 "语言与地理"，将小说《逃亡手记》片段同时结合作者自己的经历以及父母的经历、历史、物品展开语言、地理、记忆、历史、身份的解释。第四部分是 "文学人类学与读写教育研究"，作者总结了自己的文学解释方法：文学文本的阅读、标记、重读和重新标记，与非文学文本、其他收集的研究数据（自传、传记、人种学）并列，为解释工作创建框架。这种融合了读者和他人的经历和感知的文学解释是文学人类学。文学人类学不仅是一种研究实践也是一种教学实践，文学人类学为理解读写实践和人类身份发展变化之间的复杂关系创造了有趣的可能性。

总之，丹尼斯循着阐释学与接受美学中，读者参与理解和解释的路径来认识和运用文学人类学的方法，而且主张文学人类学可以将文学文本、自传、个人传记、历史记忆、语言、物品、地理等结合起来实现对文学文本进行阅读和解释，同时也有利于将读者阅读的各种感受和体验作为写作的来源。这种文学人类学立体交叉的方法不仅适用于文学研究，同时也适用于教授有关读、写的教学实践活动。

综合以上两位加拿大学者的论文，一位试图从符号学的角度，另一位从读者反应理论的角度，对文学展开人类学的研究，力求从文学文本的研究、阅读和教学实践中凸显出文学人类学在历史、社会、仪式、民俗、人与动植物、文化、记忆、地理、语言、身份等的多维性和指导现实的文学文本阅读和写作的实践性特点。

二　英国的文学人类学研究

英国斯特林大学（University of Stirling）的女学者艾伦·威尔斯（Ellen Wiles）在 2018 年 3 月 28 日发表了一篇论文《文学人类学的三个分支：来源、风格和主题问题》[①]。作者建议将文学人类学概念分解为三个分支：第一个是使用文学文本作为民族志原材料，特别是对历史人类学家而言；第二个是民族志写作的文学模式的使用，范围从隐喻语言与传统民族志结

---

① Ellen Wiles, "Three Branches of Literary Anthropology: Sources, Styles, Subject Matter," *Ethnography*, March 2018.

构的合作到像民族志一样的小说生产；第三个是对文学文化与生产实践的
人类学审视。

该文简单明了地围绕题目中的三个方面展开论述。第一分支：小说作
为源文。以玛丽恩·科恩（Marilyn Cohen）编的《人类学新方法：对文学
人类学的贡献》（*Novel Approaches to Anthropology: Contributions to Literary
Anthropology*, 2014）为分析对象，认为文学文本可以成为人类学研究的媒
介并激发人类学家的研究，同样人类学家也可以进行文学创作。同时，提
倡跨学科的文学研究是打破学科界限的有力尝试。第二分支：文学的风
格。文学的风格进入了人类学领域，引发对双方存在的威胁。分析了海伦
娜·伍尔芙（Helena Wulff）编的《人类学家作为作家：21 世纪的文类和
语境》（*The Anthropologist as Writer: Genres and Contexts in the Twenty – First
Century*, 2016）中人类学家的民族志写作具有文学风格的倾向，具有文学
人类学写作特点，如美国人类学家玛格丽特·米德（Margaret Mead）和露
丝·本尼迪克特（Ruth Benedict）也进行诗歌的创作。有些人类学家不仅
写小说，而且把小说作为民族志的一种形式。美国人类学家保罗·斯托勒
（Paul Stoller）就是这样既进行小说创作，又写民族志。作者自己最近出版
的小说《隐形人群》（*The Invisible Crowd*）也是一次兼有人类学和文学特
性的大胆尝试。同时，文学家兼人类学家的创作会使用民族志的资料和文
学的想象来完成。当然，同时也有一些人反对人类学家陷入创造性写作技
巧当中，反对实验性的、如小说的、反身性的民族志进入人类学。作者指
出：无论是小说创作还是民族志书写，都依赖于语境、重点、目标、作者
标签、解释和质量，而不是被分配给哪一门学科专属。文本的质量和文本
的阐释才是最重要的，而不是简单地二元对立。第三分支：主题问题。文
学的文化实践研究可以追溯到主要集中在传统的或口头文学文化这些交叉
于人类学或民俗学的表演研究。作者结合自己对缅甸文学创作与政治审
查、社会生活的研究，激发了对英国当下生动的文学主题的研究兴趣，作
者认为这就是文学人类学的研究。同时，作者分析了海伦娜·伍尔芙的最
新著作《写作的韵律：爱尔兰文学的人类学》（*Rhythms of Writing: An An-
thropology of Irish Literature*, 2017），认为该书是民族志观察、深度访谈与
文学文本分析的结合。作者认为这本书的标题就已经暗示了文学的、民族

志的文本的制作和发展方式，随着时间的流逝，作家在独自的与公共事件之间、成功与失败之间、创作与商业化之间的转换，可以更有助于文学风格和实质之间更广泛的相互文化关系得到展现。

结论部分，作者展望文学人类学的未来方向：小说的民族志、民族志小说、叙事民族志、创造性的非小说、回忆录、自体民族志等均是在文学与民族志写作之间穿行，主题应包括：社会生活中的文学作为生产的作用，作为过程和形式的写作，阅读和阅读的历史以及人类学学科内外的认识论问题引起的文学的民族志方法。文学人类学可以与其他学科对话，产生更丰富、更多样化的出版物，并进行新的研究，进一步研究文学来源、风格和主题，并探索将这三者结合起来的成果。文学人类学的创造性方法可能是富有成果的方式，以解决人文界早已陷入困境的"危机"。

此外，海伦娜·伍尔芙在《写作的韵律：爱尔兰文学的人类学》中指出，人类学家与文学有复杂的关系，人类学家总是能从文学中获得灵感，如马林诺斯基（Malinowski）就很感激约瑟夫·康拉德（Joseph Conrad）。伍尔芙对爱尔兰当代职业作家的文本和他们的世界展开了探究，认为爱尔兰强大的故事讲述传统保证了爱尔兰伟大作品的产出。伍尔芙认为写作既是一种手艺，又是一种职业（写作是可以教和习得的），力求探索作者及他们的作品中的社会世界；伍尔芙对爱尔兰文学、写作和文学理论的人类学进行了介绍，并对深入理解爱尔兰文学中的爱尔兰国家文化和历史展开了论述。

总之，一位英国学者从宏观角度来审视文学与人类学的关系，一位从地方性的爱尔兰文学的创作及文学文本中解读爱尔兰历史文化的人类学倾向。他们从两个方面展开了对具体人类学家及文学文本的研究和分析。

三 美国的文学人类学研究

作为感官人类学家和研究非洲松海专家的美国西切斯特大学（West Chester University）保罗·斯托勒（Paul Stoller）写过一篇短文《什么是文学人类学？》（What is Literary Anthropology?）① 发表在《当代人类学》

---

① Paul Stoller, "What is Literary Anthropology?", *Current Anthropology*, 2015, Vol. 56, No. 1.

（*Current Anthropology*）2015 年 2 月第 1 期上，全文分为八段。作者认为，长久以来，文学、民族志和人类学之间有着多种多样的联系。19 世纪的现实主义作家，如狄更斯、奥斯丁和陀思妥耶夫斯基的小说中具有很多民族志的特征。实际上，社会科学学者可以通过对文学作品的阅读、思考、写作和教学的过程获利，同时也可以发现哲学在关于人类状况的见解和社会科学话语表达中具有一定的不足。米兰·昆德拉（Milan Kundera）就曾经认为弗朗茨·卡夫卡的小说《城堡》中对 20 世纪社会现实的反映比任何哲学学说或社会学理论都更有力。恩格斯也认为巴尔扎克的小说提供的法国社会现实的信息远远超过历史学家、经济学家、统计学家的合计。还有，马克·吐温小说中对美国社会现实的描述。这或许能给社会科学家一些启示，鼓励自己的学生从人类学的角度去阅读小说、分析电影和思考戏剧。

玛丽莲·科恩（Marliyn Cohen）编的《人类学新方法：对文学人类学的贡献》（*Novel Approaches to Anthropology：Contributions to Literary Anthropology*）① 2014 年出版。书中收录了 8 篇论文：玛丽莲·科恩的《介绍：小说的人类学方方面面》《"一个真正的维多利亚时代怪人"：哈里特·马丁考的小说》，雷·麦克德莫特的《弗兰肯"民族志的行为"的夏丁描述》，玛丽-伊丽莎白·里夫的《阅读笛福：18 世纪的故事大师》，大卫·萨里的《马克·吐温的大规模杀伤武器："人类种族只有一个真正有效的武器，那就是笑"》，约翰·普里斯的《克里奥尔人说话：〈宽阔的萨尔加索海〉中的丹尼尔、桑迪和其他》，海伦娜·伍尔芙的《当代爱尔兰文学中的种族移植与现实》，沃德·基勒的《让学生接触小说、回忆录和电影》。其中，玛丽莲·科恩的《介绍：小说的人类学方方面面》一文是总括全书的绪论性文章，其中指出：小说与所有其他艺术形式一样，都植根于历史与文化的特定语境之中。小说可以提供有关社会的丰富信息资源，这些信息可以通过传统的民族志方法进行调查。因为文学的规范功能，文学既是社会的产物又是社会的再生产，特别是作为社会化和社会控制的媒介。小

---

① Marliyn Cohen, *Novel Approaches to Anthropology：Contributions to Literary Anthropology*, Lexington Books, 2014.

说，试图通过现实和想象中的事件，人物和评论来描述和解释社会生活与行为，从而阐明无数的社会理论、社会主题和问题。与真理的相似使小说家摆脱了对事实的严格依附，并解放了他们以想象为基础来描绘经验，以历史的真理超越历史。人类学家传统上挖掘的文学（民间文学、神话、故事、传说）既是口头的又是戏剧性的，将故事与文化综合体的其他元素联系起来，并通过仪式将社会群体与其精神和环境联系起来。而小说，记录并存储了社会过程和社会过程本质中不可或缺的社会策略和价值观的资料。从 20 世纪开始，社会学家和人类学家开始从文学中挖掘丰富的关于社会生活的证据。如：琼·罗克维尔（Joan Lockwell）对乔治·卢卡奇的研究；布拉德·埃文斯（Brad Evans）对 1865～1920 年美国文学中的人种志想象的研究；露丝·本尼迪克特（Ruth Benedict）认为，自传、回忆录、生活史实际上是人种志报告，因为它们反映了在历史和特定文化背景下如何建构观念文化；理查德·汉德勒（Richard Handler）和丹尼尔·赛加尔（Daniel Segal）对奥斯丁小说的人种志写作的研究……此外，民族志小说的创作跨越了人类学与文学的界限，迅速崛起，出现了很多这样的作品，如卡米拉·吉布（Camilla Gibb）的《腹中的甜蜜》、埃拉·德洛里亚（Ella Deloria）的《睡莲》……

纽约出版了美国马里斯特学院（Marist College）副教授露丝·德·安吉丽斯（Rose De Angelis）主编的《在人类学与文学之间：跨学科话语》①一书。该书认为，文学既是人类学的文化创造者，又是人类学的观察者、阅读者、解释者。文学的双重作用和人类学的重新定位为阅读、写作和解释真实或想象的人、地方和观点提供了多种可能性。文学与人类学这两个核心学科不是静态的、有界的实体，而是文化潮流和学术兴趣的流动场所，其各自领域的批判性讨论并非源自一个中心，而是有各种来源，并且在各个不同的点相交。这两个学科的起源、渊源和交集不断地被修改、重新构想或替换，他们突破了边界，并没有引起混乱，而是导致了创造力以及理解和阐释文本的新的更多的可能性。

综上，美国学者认为文学人类学就是从文学中挖掘人类学研究的对象

---

① Rose De Angelis, *Between Anthropology and Literature: Interdisciplinary Discourse*, Routledge, 2002.

和素材，同时文学人类学也是人类学者的文学创作。此外还有人类学者与文学家的合作创作或人类学者独创的民族志小说，兼具有文学的想象和表述及人类学民族志的详细考察资料基础，民族志小说成为"写文化"的体现。文学与人类学之间的跨学科表述和阐释是具有广阔空间的。

另外，波兰学者多罗塔·赫克（Dorota Heck）于 2010 年出版了一本专著《四个困境：文学人类学入门的理论、批评、历史、信仰概况》①，其中指出了文学人类学的四个困境，分别如下：困境一：理论概念与作者意图之间；困境二：礼貌与争辩；困境三：陌生与熟悉之间；困境四：学术研究与信仰之间。该书的观点更多的是关于文学与政治、文学与信仰之间的关联和矛盾，而没有从理论的角度对文学人类学进行阐释。

总而言之，欧美的文学人类学热衷于从民间文学文本和各种现实主义文学文本中发现和研究人类的方方面面，从而把文学作为研究原材料；同时，人类学者也试图践行文学写作，即民族志小说的创作，以自己的人类学考察资料作为基础展开文学性想象和表述，完成具有民族志性的文学创作。不论是从文学到人类学的挖掘，还是从人类学到文学的表达，都是欧美学者的大胆尝试和实践，为文学人类学的研究路径提供很多可资借鉴的经验。

---

① Dorota Heck, *Four Dilemmas: Theory, Criticism, History, Faith Sketches on the Threshold of Literary Anthropology*, 2010, www. akademicka. pl.

意象－象符－无声直言："道"的语象中心主义形上性秩序与阐释性言路

张宏辉[*]

摘要：以某个或某些终极形而上观念（概念）为核心，在"意"（思想意义）、"言"（口语言说）、"书"（文字书写）三者之间形成一种有上下、先后之别的形上性等级关系和中心主义秩序，是一种人类文化通象。汉语中国文化中，作为终极形而上观念的"道"，决定了心灵之"意"在内在运思及言述表达自身时，以"象"作为核心支点，把"象"的内涵边界、地位功能无限放大，从而决定了一种从"语象"到"意象"，用"语象"生成和运作"意象"，"意象"则统辖"语象"并在"语象"中生生不已的运思表达机制。由此，以象形、表意为核心特征的汉语言文字体系（即"书"）成为一种能直接触摸乃至融入道之"意"的超级象符，成为言说表达心灵之"意"的众妙之门，因而成为第一性的能指而居于"言"（口语表达）之上，从而形成了具有汉语中国特质的"意象－象符－无声直言"模式的形上性等级秩序及其阐释性言路，即"道"的语象中心主义。"言不尽意，得意忘言，书不尽言，意在言外"，其实正反映了在这种模式的文化形上性秩序影响下的言意活动的隐秘特征与别有意味。

关键词：道 象 意 形上性秩序 阐释性言路

一 "意"－"言"－"书"：架构文化体系的三个核心要素

人类文化，无论中西，在思想精神方面有种共同、共通的内核，那就

---

* 张宏辉，文学博士，四川大学党委宣传部。

是总有某种源自对生命、对世界终极关怀、终极追问的形而上超越性本体冲动，正是这种形而上超越性本体冲动造就了文化心灵生命（即作为智慧生命的人）对真理的追索、对意义的思考、对思想的体验，也就构织了作为文化最内核的文化的思想精神层面。而文化心灵生命（即作为智慧生命的人）对真理的追索，对意义的思考、对思想的体验，总要凭借一定的语言形式或符号体系明确下来、表达出来、传播开去，并通过这种表达性的确定，而普泛性地固置、渗透在文化社会的各个领域、各个面相、各个习俗中。在这样一种表达、确定、传播、普泛性渗透的过程中，作为口语说话的表达和作为文字书写的表达，两者之间存在一种彼此影响、互动关联的内在结构关系。

从总体上看，对真理、思想、意义，即对"意"的言说，总是被想说、要说的真理、思想、意义，即"意"所内在规定与规导，而在这种规导下的对"意"的言说中，作为口语表达的"言"（包含语音、语象等）则常常决定着、规导着作为文字书面表达的"书"（即文字等各类书写），因为"书"一般而言总是对"言"的一种文字性记录与传示。因此，"意"（真理、思想、意义、意象、精神等）、"言"（口语表达，包含语音、语象等）、"书"（文字等各类书写），三者之间实际上存在着一种内在的秩序关系，也就是一种有上下之别、先后之分的等级制关系。而这种等级制式的秩序关系正体现在文化的形而上概念化中，正如张隆溪认为："按照德里达的说法，形而上的概念化总是依靠等级制进行的；在古典哲学那里，我们涉及的并不是面对面的和平共处，而毋宁是一种粗暴的等级制。两个术语中，一个统辖着另一个（价值上统辖，逻辑上统辖），一个对另一个占据上风。因而，形上等级制建立在意义统辖言说、言说统辖文字的时候。"①

每种文化体系实质上都是一种言说体系，因此，"意""言""书"三者，其实是每种文化体系得以架构的三个核心要素。正是对思想、对意义言说的冲动，正是从口头表达到书面写作的各种言说的开展，正是各个领域言说所造就的效能及成果，构成了文化的生长、发展及繁荣。"思想意

---

① 〔美〕张隆溪：《道与逻各斯》，冯川译，四川人民出版社，1998，第76页。

义"（"意"）、"口头言说"（"言"）、"文字书写"（"书"）三者之间所存在着的这种有上下、先后之别的形上性等级制关系，具有很强的文化结构性意义，它渗透在整个文化言说体系中，不仅造成了形而上哲学领域中概念术语"一个统辖着另一个（价值上统辖，逻辑上统辖），一个对另一个占据上风"①的粗暴等级制现象，而且决定着文化思想的任何一种言说（包括文学、哲学、历史、伦理、艺术等领域），实际上都是基于这种言说等级关系而进行的，这样便形成了文化思想言说体系本身所具有的形上性等级秩序。在这方面，无论中西，其理攸同，可以说是人类文化的通象。

中国传统文化中的"道"，与欧美西方文化传统中的"逻各斯"，作为两个重要的形而上学概念，正如张隆溪在《道与逻各斯》中指出的，两者类似，不仅都体现了各自最重要、最核心的哲学思想，而且都包含了内在思想与言说表达的二重性，兼有道理与说话二义，概念自身便涉及了思想与语言之间的复杂关系，②可以说都很完整地涵摄了文化体系架构中的"意""言""书"三个核心要素。因而，将"道"与"逻各斯"放在一起进行比对，分别作为中西文化思想及心灵生命的终极据点，并以此为入口深入洞察辨析分别以"道"、以"逻各斯"为终极核心的中西文化思想言说体系及其所具有的形上性等级秩序，是无可非议的，也是很有价值的。

"道"与"逻各斯"，一中一西，分别依托、滋生于不同的民族文化体系，相互之间本身有着内涵上的深刻差异，而且其各自附着、背靠的语言文字体系也有极大的差异——"道"所依存的中国汉语言文字是一种象形、表意文字体系，"逻各斯"所依存的欧美西方语言文字是一种拼音文字体系。思想总是栖居于语言文字中，语言文字绝不仅仅是对思想给以表达、给以传示的一种外在手段或一种外在工具，而更是一种极大地作用于甚至决定着思想的滋生、思想的架构、思想的发展、思想的体验运行、思想的诠释开悟的本质性土壤，对于思想而言，具有结构性的作用和本体论的意义。因此，中西语言文字体系之间本身存在的巨大异质，会极大地作用于并渗透在汉语中国文化心灵生命与欧美西方文化心灵生命各自对思

① 〔美〕张隆溪：《道与逻各斯》，冯川译，四川人民出版社，1998，第76页。
② 〔美〕张隆溪：《道与逻各斯》，冯川译，四川人民出版社，1998，第72~79页。

想、意义、真理的追寻中，也就会内化为各自对"道"、对"逻各斯"的不同的体验与诠释，这也就会进而强化以"道"为终极核心的汉语中国文化思想及诠释言说体系，与以"逻各斯"为终极核心的欧美西方文化思想及诠释言说体系之间的深刻差异。也就是说，"道"与"逻各斯"不仅所内含的"思想"有巨大差异，而且所内含的"言说"也不能轻易等同，所内含的"思想"与"言说"之间的复杂关系更是各有玄奥与意味，这都决定着分别以"道"、以"逻各斯"为终极核心的中西文化思想言说体系及其所具有的形上性等级秩序，有着很大的不同。

张隆溪的《道与逻各斯》对分别以"道"、以"逻各斯"为终极核心的中西文化思想言说体系中所存在的这种形上性等级秩序做了跨文化性、具有互鉴意义的阐述。在《道与逻各斯》中，张隆溪通过对叔本华、乌尔曼、伽达默尔、老子、钱钟书等古今、中西思想大家有关"道"与"逻各斯"的思想论述的阐释，特别是通过对来自黑格尔、莱布尼茨、费诺罗萨、庞德、马拉美的"东西文化对立观""西方的中国偏见""意象派诗学""无言（空白）诗学"，尤其是对在后现代及解构主义背景中以德里达为代表的"逻各斯中心主义批判观"的反思性解读和批判性解析，认为东西方文化之间并不是对立的，东方中国与西方欧美普遍存在着"意－言－书"（即"思想－言说－文字"）这种自上而下逐级统辖的形上性秩序，从这种形上性秩序本身的角度来看，"逻各斯中心主义"并非仅仅主宰着西方的思维方式，而是构成了思维方式本身[1]，也就是说具有文化普遍性意义，因而西方思想的形而上学与东方思想的形而上学有同一之处。按照张隆溪的这种理解，可以认为，东方中国以"道"为终极核心的形上性等级秩序（即"道"中心主义）与西方欧美以"逻各斯"为终极核心的形上性等级秩序（即"逻各斯"中心主义），两者之间有相同相通之处。

但同时，张隆溪也一再申明所谓中西文化的"同一"是有别于"等同"的，是那种"以差异的方式把不同的东西聚集起来"[2]，并指出作为非拼音文字的中国文字，有着类似（但又有别于甚至更胜于）西方解构主义

---

① 〔美〕张隆溪：《道与逻各斯》，冯川译，四川人民出版社，1998，第77页。
② 海德格尔语，引自〔美〕张隆溪《道与逻各斯》，冯川译，四川人民出版社，1998，第26页。

那样的解构功能，"可以更容易也更有效地颠覆形上等级制"①。然而，在《道与逻各斯》中，张隆溪对中西文化形上性等级秩序"同一"中的这种"差异"没有作具体的论述，对中国文字为什么能够更容易也更有效地颠覆"意－言－书"（即"思想－言说－文字"）这种形上等级制，对这种颠覆的"饶有意味"之处，② 也没有作专门的学理分析。

二 "意象－象符－无声直言"：汉语 中国文化形上性秩序

人类社会普遍存在着"意－言－书"（即"思想－言说－文字"）这种自上而下逐级统辖的形上性等级秩序，普遍存在着以某个或某些终极形而上观念（概念）为核心的中心主义思维模式，这种思维模式对文化心灵具有根本的主宰性作用。然而，在东方中国与欧美西方之间，这种形上性等级秩序及中心主义思维是有很大不同的，而且相对于欧美西方的"逻各斯"中心主义（"逻各斯"形上性等级秩序）而言，东方中国的"道"中心主义（"道"形上性等级秩序），具有先天的残缺性、松散性和内在的自我分解、自我颠覆的特质。这种情况是由"道"自身的内涵实质以及它所寄生、附着、背靠的中国汉语言文字体系的本体特性所造成的。

"道"的内涵包含"道"作为"思想"与"道理"（即道之"意"、道之"思"），以及"道"作为"言说"与"说话"（即道之"言"、道之"说"）这两大方面，而其中作为"思想"与"道理"的方面是决定"道"的内涵实质的最根本性方面。

老子有言："有物混成，先天地生，寂兮寥兮，独立而不改，周行而不殆，可以为天下母，吾不知其名，字之曰道，强为之名曰大。"③又言："人法地，地法天，天法道，道法自然。"④ "道"，隐含着中国人心灵生命所体悟到的有关宇宙、自然、社会及个体存在等方面的根本玄机，系中华

① 〔美〕张隆溪：《道与逻各斯》，冯川译，四川人民出版社，1998，第80页。
② 〔美〕张隆溪：《道与逻各斯》，冯川译，四川人民出版社，1998，第80~81页。
③ 老子语，见（魏）王弼注，楼宇烈校释《老子道德经注》，中华书局，2011，第65页。
④ 老子语，见（魏）王弼注，楼宇烈校释《老子道德经注》，中华书局，2011，第66页。

儒道多家思想的终极渊薮所在，乃中华心灵所信守的"天之母"、天下之"本根"、天下之"究竟规律"、天下之"所以然"和"所以生之理"，乃天下万有之所循据点与所通途程，① 就像它给人的原初意象——"道路"一样，意味着田野大地对万事万物的某种汇聚与通达，决定着田野大地的某种方向性。

老子曰："道之为物，惟恍惟惚。惚兮恍兮，其中有象；恍兮惚兮，其中有物"；"道可道，非常道；名可名，非常名"。② 也就是说，"道"是混沌的。根据张岱年的论述，"道"即中国文化心灵中宇宙"本根"的代名，有着宇宙"本根"所具有的四大根本特征："不生或无待""不化或常住""不偏或无滞""无形或形而上"。③也就是说，"道"具有自我否定性。可以说，混沌性（模糊性）与自反性（否定性），是"道"的两大核心特质。那么，具有混沌性（模糊性）与自反性（否定性）的"道"是什么？从基本内涵上讲，"道"之所指正是万有众象实在之先始，是天下所"有"之先的"无"，乃宇宙初始的一团混沌元气，世间万物明晰散殊之上的"混沌""寂寥"；倘若是"一"，乃迷漫、混沌、团成之"一"，即"太一"，而非欧美西方文化心灵生命所体悟到的逻各斯之"一"——一种清晰逼真、拨云见日的"一"，即"实一"，为天下所"有"所"无"之中共同的"极有"（"真有"），世间万物散杂混茫之后的"明勘"。

"道"作为"太一""混沌""无"，既具有极度的形而上超验性，又十足的经验化，所以具有一种经验化超验、形下化形上、"有""无"二重的特性，这便决定了老子所言的"道生一，一生二，二生三，三生万物"④，即"道"所具有的能创生万物的本原生命性特质。⑤ 也就是说，"道"能超出自己作为本根主宰的形上神性，在周行不殆的运动变化中化育万有万物之生命，这种化育是不带差别的，是众生同等的，其所化育的

① 张岱年：《中国哲学大纲》，中国社会科学出版社，1982，第 20～21 页。
② 老子语，见（魏）王弼注，楼宇烈校释《老子道德经注》，中华书局，2011，第 55 页、第 2 页。
③ 张岱年：《中国哲学大纲》，中国社会科学出版社，1982，第 8～12 页。
④ 老子语，见（魏）王弼注，楼宇烈校释《老子道德经注》，中华书局，2011，第 120 页。
⑤ 龚群：《道：本原与生命》，载成中英主编《本体与诠释》，生活·读书·新知三联书店，2000，第 213 页。

生命是一种整体浩然、亲和有序、相依相待，弥合了现象与本质、幻体与实体、自然与终极、形下器物与形上意义之分割的原初自然生命全体。不过，也正是在这种对万有万物生命的化育过程中，"道"的超验化认信、终极性意义构形等形而上方面，因为其与形下自然、宇宙万有万物的整体亲和，而遭遇到了实际性的衰减与弱化。

综合"道"之基本内涵和其创生万物的本原生命性特质，可以认为，"道"，实质指涉的是宇宙本原性生命存在中的一种整体秩序，这种整体秩序讲究亲和、中庸、相依相待，讲究不偏执不滞塞，讲究超逸并统摄在世自由－经验化欲望个体。整体，乃秩序中的整体，秩序，乃整体中的秩序——这便是"道"。它因其指向某种原初、终极化的"无"、"太一"与"混沌"，故抽象而形上，又因自身并非某种隐身于万物众象背后的所谓本质实体，而直接就体现为万有万物的化育创生，直接就暴露在万物众象、万有器物之浩然整体当中，故又具体而形下。作为宇宙本原性生命存在中的一种整体秩序，"道"统摄着在世生命个体及其自由化欲望性经验，乃世间万有散殊的"究竟所待"与"返本归源"，对生命个体与内我心灵欲望具有高度的规范性。这种高度规范性落实到在世生存个体的人格上，实则上就是一种生有"小我""个我"，而又超逸于"小我""个我"的那个"大我"，即一种天人合一式的人格。这便从根本上决定了中国文化心灵所崇尚的生存之"道"：调适、遏制乃至忘弃"小我""个我"及内在欲望心灵，而返回（或趋同）到"太一之根"、"元气之道"与"混沌之无"，即直接冥望、勘定和共融于"大我"之中；而这个"太一之根""元气之道""混沌之无"，或者说"大我"，又绝非隐身于万物众象、万有器物之背后，使得人必历经一番从形下到形上的抽象冥辨、精神苦思或超自然、超验化的宗教认信，方能习得或化入，而是直接就是井然明晰的全个运行着的农耕宇宙与宗法宇宙——这在道家那里便是"天地自然"，在儒家那里便是"礼仁天命"。

语言言说终究是对某些意义思想的一种讲述、一种传播，实际上也正是意义思想运思达成过程的一种内在承担者、运转者。"道"作为"言说"与"说话"，正是由"道"作为"思想"与"道理"所根本性决定着的。"道"如何去说？语言如何去言说"道"？这实质上取决于"道"指涉的是怎样一种内在"思想"与"道理"，这种内在"思想"与"道理"又需要怎样一种内在的"语言"（即道之"言"、道之"说"），而这种内在的"语言"（即道之"言"、道之"说"）对具体运转承担、讲述传播这种"思想"与"道理"的人之言说，又有着怎样的内在要求。既然作为"思想"与"道理"的"道"，实质指涉的是宇宙本原性生命存在中的一种整体秩序，这种整体秩序作为世间万有散殊的"究竟所待"与"返本归源"，对在世生命个体及其自由化欲望性经验具有高度的统摄性与规范性，那么它所内在需要的语言，即道之"说"、道之"言"，自然便要求很大程度地摒弃当下在世个体的个我化、自由化言说，也就造成了对人之言说中自由喧杂之声音的遮蔽、压制乃至排斥。人言之"声"的被遮蔽、压制乃至排斥，实际上导致了道之"说"、道之"言"的被悬空，于是，道之"说"、道之"言"的具体运转与讲述传播，不得已地便从语言运思中找到了一个独特的内在支撑者，那就是"象"。道之"说"、道之"言"内在地求助于"象"，实际上是将所要表达的"意"之义理与表达中的"言"之声音同时剥离或抽空。于是，被剥离或抽空了义理的道之"意"，残缺剩下的主要是模糊"意象"，被剥离或抽空了声音的道之"言"，残缺剩下的主要是具体"语象"，用具体的"语象"去生成、承担、运作模糊的"意象"，并让"意象"在"语象"中生生不已，便成为"道"得以有效运思、言说、传播的不二法门。而"道"所滋生其中并所依存、背靠的中国汉语言文字由于是一种象形文字、表意文字体系，其以写形、画意为核心的本体特性，则内在地响应了"道"的这种形而上要求，为"道"的这种以"象"为内在支点、从"语象"到"意象"的言说讲述提供了根本性的语言条件。所以，一方面由"道"作为"思想"与"道理"的内涵实质提出某种决定性的形而上要求，另一方面由"道"所滋生其中并所依存、背靠的中国汉语言文字提供某种根本性的语言条件，"道"作为"言说"与"说话"，正是如此被这两方面所双重规定。

在以写形、画意为核心特征的中国汉语言体系中，文字书写（即"书"）自然比口语言说（即"言"）更具象，实际上成为语言之写形、画意特质及功能的最独特、最丰富、最活跃、最有生命力的承载及表达形式。可以说，在中国汉语言体系中，语言"语象"实质上是活跃在文字书写（即"书"）中的。因此，道之"说"、道之"言"内在地求助于"象"，就必然导致了对文字书写（即"书"）而不是口语言说（即"言"）的极度器重，以及以文字书写（即"书"）而不是口语言说（即"言"）为支撑和重心的语言运思表达及传播机制。文字书写（即"书"）因其葆有的丰富、活跃的写形、画意特征及功能，因其具有的以"象"的类化及比附作为核心的构造生成机制，而成为一种象符体系，一种能直达形上意义的超级符咒，从而成为"道"得以运思表达、言述传播的核心依托与众妙之门。

　　"道"如何去说？语言如何去言说"道"？老子曰："道可道，非常道；名可名，非常名。"[①] 也就是说，形而上的道之"意"、道之"思"，为了言说与命名自身内在的那不可言说性、不可命名性，采取了一种非常的、决绝的路径，也决定了一种独特的运思表达机制，即它很大程度地轻蔑、压制乃至排斥源自当下在世个我自由言说的俗常喧杂的口语人声，而将自己的内在运思及表达根本性地托附、依靠于"象"，从而道之"意"被混沌为本质在于体现宇宙本原性生命存在整体秩序的道之"意象"，而"意义"不足，道之"言"也在对这种道之"意象"的俯首听命和寻踪觅迹中被阉割成一种"语象"，而"声音"不足。"语言"被阉割成"语象"，语言之声的被遮蔽，使得作为声音机体的口语言说（即"言"）被贬低和轻忽，反之是语言之象的被极端凸显，从而文字书写（即"书"）则得到了极端的尊奉和信托。本来，鲜活的日常言说表达交流，是文字符号书写记录的产生之母、发展之源，然而在"道"的秩序统摄及非常化言说要求下，口语言说（即"言"）及声音的被贬低和轻忽，使得当下在世个体的个我化、自由化表达遭到了很大程度的被压制、被排挤乃至被放逐，个体性表达遭遇失声失语，而文字书写（即"书"）却因此反而实现地位上的僭越，它作为"语象"最活跃的生命体，大大逾越了口语言说（即"言"）对于它原本所具有的本源性或上游性位置，而位居口语言说（即"言"）之上，甚至疏离、独立于口语言说（即"言"）之外，不仅成

---

　　① 老子语，见（魏）王弼注，楼宇烈校释《老子道德经注》，中华书局，2011，第 55 页、第 2 页。

为一种能对万有自然"物象"的直接模仿，而且成为对意义思想内核、对道之"意象"的一种直接摹写与传示，从而成为一种超级"象符"。关于这一点，张隆溪也曾指出："在关于中国文字起源的传说中，这种文字从未被视为口语的记录，而是被视为独立地发生于言说之外，文字模仿着鸟兽和一般自然现象在大地上留下的痕迹模式。"[1]

总之，正是源于"道"的秩序统摄及非常化的内在言说这一形而上要求，决定了心灵之"意"在内在运思及言述表达自身时，以"象"作为核心支点，"象"的内涵特质、地位作用、功能边界被无限放大，使得道之"意"实则残缺地成为一种本质在于体现宇宙本原性生命存在整体秩序的模糊"意象"，道之"言"也实则残缺地成为一种具体"语象"，因此汉语中国以"道"这个终极形而上观念（概念）为核心，并从"意"到"言"自上而下逐级统辖的形上性秩序或形上等级制，始终都离不开"象"这个运思中心——从"语象"到"意象"，用"语象"生成、承担、运作"意象"，"意象"则统辖"语象"并在"语象"中生生不已。进而，也正是因为"象"对"道"之语言运思及言述表达的内在支撑作用，汉语中国以写形、画意为核心特征，以"象"的类化及比附作为核心构造生成机制的文字书写（即"书"），凭借其作为语言"语象"的最活跃生命体、作为万有自然"物象"的直接模仿、作为道之"意象"的直接摹写，而成为一种超级"象符"，它僭越了口语言说（即"言"）的上游位置，从而正如张隆溪所言，更容易也更有效地颠覆了"意－言－书"（即"意义思想－口语言说－文字书写"）这种自上而下逐级统辖的形上等级制，也就是使得"意－言－书"（即"意义思想－口语言说－文字书写"）这种等级秩序，被改塑、调适成了具有汉语中国特质的"意－书－言"（即"意义思想－文字书写－口语言说"）模式。在这种模式中，"意"即道之"意象"，"书"即文字"象符"，"言"即人言之"声"遭到遮蔽、压制、排挤乃至放逐后的"无声直言"。"意象—象符—无声直言"：这就是汉语中国文化心灵以"道"这个终极形而上观念（概念）为思想核心，且以"象"为运思中心及内在支点，也即以道之"象"为中心，在"意"、

---

[1] 〔美〕张隆溪：《道与逻各斯》，冯川译，四川人民出版社，1998，第80页。

"书"与"言"三者之间所形成的文化形上性等级秩序，即"道"的语象中心主义。这种"道"的形上性等级秩序或"道"的语象中心主义，由于把"象"作为运思言说中心，而造成了自身的先天残缺性、松散性，同时由于把文字作为超级"象符"而赋予文字特有的僭越功能，从而造成了自我的调适、改塑与颠覆，这是欧美西方的"逻各斯"语音中心主义或"逻各斯"形上等级制所不具有的一个重要特质。

三 "言不尽意"与"书不尽言"：阐释性言路的内在隐秘与别有意味

"道"的形上性等级秩序决定了"道"的阐释性言路。道的形上性秩序，是以道的本根本体之"意"（或"思"）为核心，着重指述和反映的是：作为宇宙生命终极本原的"道"在向着形而下生命个体的在世流荡、生生化育之途程中，其生成展开、影响转化的过程以及这种运动过程中的复杂关系；侧重于道之"意"（或"思"）对形而下生命个体之在世言说的具有本根或本源性意义的秩序性圈定和先验性召唤。道的阐释性言路，则是以道之"说"、道之"言"为核心，着重指述和反映的是：作为本根本源的"道"在其生生化育的"道说"过程中，与中国汉语语言文字系统（涵盖口语之"言"与文字之"书"两方面）发生本体性关联互动，并因此而遭遇一种在世个体"语言性事件"，即置身于汉语本体性结构中的在世生命个体，作为汉语语言文字活动的在体化承担者，基于个我的生存语言性体验，对道的本根本体之"意"（或"思"）作出带有个我特质、个我意义的理解诠释、表达揭示，而这样的理解诠释、表达揭示正涉及"道说"的各种文化形式对"道"的生成展开、影响转化的微妙意义；它侧重于形而下生命个体之在世言说，对作为终极形而上本根本源的道之"意"（或"思"）的生存性激活与言路性开新。

道的形上性秩序与道的阐释性言路，仿佛手心与手背，实质上是对"道"从宇宙生命终极本根本源出发，为了在世流荡、生生化育，而向形而下生命个体所开展出的"道说"事件，同时也是"道"之生成展开、影响转化事件——这个事件体现为汉语中国文化心灵以"道"为思想核心的言意活动（涉及"意 – 言 – 书"三者之间的微妙关系），给以的本体论与诠释学这两个不同方向或面相上的厘定与呈现。如果说，道的形上性秩序是将原初本根性的道之"意"（或"思"）作为后发的当下在世个体"语言性事件"之原点、规导及归宿，体现的根本是一种本体论角度，带有一种在场形而上的必然性和幽闭性；那么，道的阐释性言路则是把后发的当下在世个体"语言性事件"作为原初本根性的道之"意"（或"思"）得以生成展开、影响转化、创造显明、活力开新的场所或途程，体现的根本是一种诠释学角度，带有一种悬置或延搁形而上在场的可能性和开放性。关于"道"的本体与诠释的关系，成中英先生讲过："道作为诠释不在把握所有的真理或常道，而在体现道的本体的活力与创造性，在以有限提示无限，以有言提示无言，以已知提示未知，同时促进了道的理解和体会。因之，诠释可以是对本体之道的诠释，也可以是自本体的理解中进行诠释。无论对本体或自本体的诠释都可说是在本体之中。'对本体'与'自本体'基于'在本体'形成了一个'本体诠释圆环'。诠释是语言的'道'的活动，因而'本体诠释学'也可看成是'道的语言学'或'道的道说学'。"① 这里实际上是基于诠释角度，讲明了"道说"与"道思"两者的本质关系。也就是说，道之"说"（体现为口语之"言"和文字之"书"两方面）实质上就是道之诠释，它是基于道之"意"这个本体的一个诠释圆环，体现了"道"之本体与"道"之诠释的相互涵摄、融为一体，"道思"与"道说"其实只是一体两面而已。总之，我们可以认为，道的形上性秩序，作为本体，它是为道的诠释及语言活动所开放的，是涵括和渗透着道的阐释性言路的；而道的阐释性言路，作为诠释，它则是生长、活动在道的形上性秩序这个本体之中的。

古人讲：言不尽意，得意忘言，书不尽言，意在言外。② 这其实正是以道之"象"为中心的，"意象 – 象符 – 无声直言"这种形上性秩序影响下，汉语中国文化阐释性言路所造就的一种特质现象，它反映的是：汉语中国文化的言意活动（涵盖"意 – 言 – 书"三者）基于以"象"为运思

① 成中英主编《本体与诠释》，生活·读书·新知三联书店，2000，第6~7页。
② 周振甫译注《周易译注》，中华书局，1991，第249页；陈鼓应注译《庄子今注今译》，中华书局，2010，第725页。

中心及内在支点，所隐含的一种异样特征，而这涉及"言"与"意"、"书"与"言"、"书"与"意"三者之间别有意味的三角关系。具体说来，对汉语中国文化中的"言不尽意，得意忘言，书不尽言，意在言外"这种现象，我们可以这样理解："言"之所以"不尽意"，"得意"之所以"忘言"，正是由于以"象"作为语言运思中心及内在支点，这使得道之"意"成为理义被剥离、抽空、流失了的。这种现象的本质在于体现宇宙本原性生命存在整体秩序的混沌"意象"，而"言"作为口语讲述和语言之声的机体，因有俗常喧杂的当下在世个我人声之牵绊而成为一种形而下干扰，不能完全表达与传释这种"意象"，故而被"道说"很大程度地压制、排挤、放逐了，而成了"无声直言"。"书"之所以"不尽言"，"意"之所以"在言外"，也是由于这个作为语言运思中心及内在支点的"象"的存在，使得"书"作为以写形、画意为核心特征的文字符号和语言之象最活跃的生命体，虽然不能尽善尽美地完全呈现在世生命个体的口头言说之声及个性化意绪（例如各地的方言现象），但由于它已在很大程度上僭越了口语言说（即"言"）对于它原本所具有的本源性或上游性位置，而位居于口语言说（即"言"）之上，甚至疏离、独立于口语言说（即"言"）之外，所以它本身也就不尽是、不只是对"言"、对口语讲述的记录，而更重要的是成为对万有自然"物象"的直接模仿，成为对意义思想内核、对道之"意象"的直接摹写与传示，从而成为一种超级"象符"；所以意"在言外"实际上就意味着：意"在语言之声外"，但一定程度上却"在语言之象里""在书（文字）里"。

张隆溪在《道与逻各斯》中认为："书面文字都比口头语言更值得怀疑和更不足以传达作为内在言说的思想"，因为"书面文字是第二性的能指；它们比言说更加远离心灵中内在发生的事情；它们构造出一个空洞、僵死的外壳，那里面却没有活生生的声音"。[①] 按照他的意见，我们很轻易地便能推断出这种从"意"到"言"再到"书"的阐释性言路，是中西共同的普遍现象。然而实际上，这种阐释性言路特征主要是存在于欧美西方的"逻各斯"语音中心主义中，而在汉语中国的"道"语象中心主义里

① 〔美〕张隆溪：《道与逻各斯》，冯川译，四川人民出版社，1998，第75、76页。

显得并不充分。因为在汉语中国，由于"道"所具有的高度统摄性和规范性，在世生存个体的个我性、自由性、欲望性遭到很大程度的轻忽与压制，这使得个体生命世界中并不存在多少"心灵中内在发生的事情"和"作为内在言说的思想"，饱含理义、充分自由自觉的"意义"之思不足，而更多存在的是一种先验自然的、本质在于体现宇宙本原性生命存在整体秩序的道之"意象"；就与此种"意"、即道之"意象"的本体阐释性关系来说，反倒是有着俗常喧杂人声之牵绊和干扰的口头言说，比起有着丰富语象、天生有着排除离弃俗常喧杂人声干扰的"书面文字"更值得怀疑，被降为"第二性的能指"。汉语言文字通过借助字中"语象"，以及对万有自然"物象"的直接模仿，获得了对道之"意象"——道之"意"的近距离亲和，逾越了口语言说而直接触摸乃至融入道之"意"，比口语言说更容易消泯"道说"（即对道之"意象"的表达与传释）过程中所指与能指之间的缝隙，更能有效表达与传释道之"意"，因此在对道之"意"的本体性阐释中便实质性地升到了"第一性的能指"的地位。

总之，正是在"象"和"文字"的双重作用下，汉语中国文化心灵的阐释性言路，就不是从"意"到"言"再到"书"那样的先后次序，而是从"意"到"书"再到"言"这样的次序，"书"是第一性的能指而居于"言"之上，"言"是第二性的能指而居于"书"之下。从"意"到"言"再到"书"那样的阐释性言路，根本反映的是言意活动以"语音"为中心，典型体现在欧美西方的"逻各斯"中心主义中；而从"意"到"书"再到"言"这样的阐释性言路，根本反映的是言意活动以"语象"为中心，典型体现在汉语中国的"道"中心主义中。这也正是张隆溪曾指出的"贬低文字那种形而上学的等级秩序的偏见，在中国或许就没有像在西方那样稳固"[①] 这一现象的原因。

从"意"（意象）到"书"（象符）再到"言"（无声直言），这种阐释性言路通过对"象"的内涵边界、地位功能的无限放大，重视以具象化的"文字书写（即"书"）去传示、固置言意活动中的语象情境，而隐

---

① 〔美〕张隆溪：《文化对立批判：论德里达及其影响》，载哈佛燕京学社、三联书店主编《公共理性与现代学术》，生活·读书·新知三联书店，2000，第302页。

退、压制、排斥俗常喧杂的口头言说（即"言"）及声音，贬低口头言说（即"言"）及声音在表达与传释道之"意"、道之"思"方面的合法性与有效性，一方面将道之"意"概略化、模糊化为一种"意象"，用"意象"统摄笼络下的先天先验、自然自足式秩序规范，置换掉"意义"逼视推动下的个我内在生命的自觉自由、超越式心灵找寻，另一方面将文字书写（即"书"）作为一种超级"象符"，疏离、逾越于口头言说（即"言"）及声音之外，利用字中"语象"和所模仿的万有"物象"去直接触摸乃至融入道之"意象"，极力消泯"道说"过程中所指与能指之间的缝隙，从而严重地限制了个我生命对存在"意义"的自由体认及构形诠释，极大缩减甚至幽闭了"意义"在在世生命个体中生成的无限可能性。或许正是这些来自"象"、来自"文字"的原因，造成了汉语中国的"道"语象中心主义或"道"的形上性等级秩序及其阐释性言路相较于欧美西方的"逻各斯"语音中心主义或"逻各斯"形上性等级秩序及其阐释性言路而言，显得不完整、不严格、不牢固，有着先天残缺性、松散性，并具有"饶有意味"①的自我颠覆性和自我调适性。这种不完整性、不牢固性与自我颠覆性的"饶有意味"之处，主要有以下两个方面。

　　一方面是就"道"的内在意义思想（即作为宇宙生命本体、本根的道之"思"、道之"意"）对个我生命的影响而言。由于作为宇宙本原性生命存在整体秩序、具有高度统摄性和规范性的"道"，很大程度地压制、排斥了个我内在的自由性"意义"体认及构形，"意"实质上主要是作为一种体现先天先验、自然自足式秩序规范之象的"意"，即主要是"意象"，而这种"意象"又总是与象形化、写意化汉字中浓重而活跃的"语象"、所直接模仿的万有"物象"，以及其所固置下来的言说时的具体在场情境交融在一起，因此这便强化了形而上思想对形而下内容的整体亲和、接纳、包容与充塞，也就强化了道之"思"或道之"意"的杂混性、悖谬性特质，即既形而上又形而下、既终极化又散碎化、既本源化又当世化、既超验向上又经验平面的双面特性，这样的终极本体、超验认信及其衍生的形上性等级秩序实际很大程度上已经自我衰减与弱化、散荡与破碎，难

――――――――――

① 〔美〕张隆溪：《道与逻各斯》，冯川译，四川人民出版社，1998，第80～81页。

以逼出在世个体尽可能自由、深刻的意义超越，个我生命更多地被幽闭于"道"的形而上整体性、秩序性和规范性中。

另一方面是就"道"的内在言说（即道之"说"、道之"言"）在当下个我在体言说活动中的具体展开，也就是生存个体对"道"的具体表达与传释（包括口语之"言"与文字之"书"）而言。由于"道"的内在言说很大程度地轻蔑、压制、排斥活生生的、俗常喧杂的口头言说（即"言"）及其声音，而是重在让作为超级"象符"书写的文字（即"书"）疏离、逾越于口头言说（即"言"）及其声音之外，借助字中"语象"和所模仿的万有"物象"去直接触摸乃至融入道之"意"（即"意象"），极力消泯"道说"（即对道之"意象"的表达与传释）过程中所指与能指之间的缝隙，因而便使得其对道之"思"、道之"意"的表达与传释已经在很大程度上放逐、摒弃了在世个体生命的自由化言说，缺失了个我言说这一在体性支撑，从而既关闭了意义生成、拓进的无限可能性，也限制、遮蔽了作为诠释主体的个我生命对形而上终极之"真"与"美"的尽可能自由、精准而确切的言意追求，此样的诠释已非本真的诠释，而只是"照""本"宣科，于其中，开放的语言诗性、体验诗性及其多种意义可能性皆遭到了很大程度的瓦解沦丧。

一言以蔽之，基于"道思""道意"的形而上本体本根及其衍生的形上性等级秩序已衰弱与破碎，基于"道言""道说"的阐释性言路又被幽闭于这衰弱性、破碎性的形而上本体中，从而与本体一同衰弱与破碎；一端是形而上终极意义的生成、拓进的无限可能性被关闭，另一端是个我生命自身被幽闭于"道"的形而上整体性、秩序性和规范性中。这就是汉语中国的"道"语象中心主义或"道"的形上性等级秩序及其阐释性言路，不完整、不牢固而自我颠覆的基本内涵。

"术""道"并置：中国文学人类学学科建设研究概况（1988—2019）

——基于中国知网（CNKI）数据库文献的实证分析[*]

秦崇文[**]

摘要： 文学人类学学科是一项正在建构中的系统性工程。"术"，是文学人类学研究的方法论；"道"，是文学人类学研究的价值论。"术""道"并置，是中国文学人类学学科发展的基本进路。本文以中国知网（CNKI）期刊数据库的527篇文学人类学学科建设主题的期刊文献为研究样本，通过对文献内容划分、文献的类型、作者及研究机构、基金项目、所载期刊、文学人类学关键词、分布地域、图书出版等学科建设方面的统计分析，用量化和可视化方法展现学者们对中国文学人类学学科建设若干问题的研究现状，以期对未来的文学人类学学科建设提供一些合理化的建议。在知识全球化与本土文化自觉的学术大背景下，文学人类学学科的知识生产与创新推动文学人类学学科自身的知识体系的生产、创新和发展，对学科重建和中国学术走向世界起着重要作用。

关键词： 文学人类学　学科建设　实证分析　计量分析

中国文学人类学是由以著名学者叶舒宪教授为核心成员的研究者提出并系统阐述的一种文学研究的理论和方法，在国内外产生了广泛影响，成为中国学术"走出去"和争取国际学术话语权的成功范例，如今逐渐发展为一门新兴的交叉学科。

在中国，自1986年出现文学人类学的相关提法，1996年成立文学人

---

[*] 中央高校基本科研业务专项资金资助项目"Supported by the Fundamental Research Funds for the Central Universities"（项目号：2017TS085）成果。

[**] 秦崇文，土家族，陕西师范大学文学院，比较文学与世界文学博士生，研究方向为文艺理论、文学人类学。

类学研究会，至今已经有三十多年的学术推进与研究积累，中国文学人类学一派逐步建立起了自己相对独立的知识体系，即以文化文本及其符号编码原理为核心，以文史哲和宗教学打通的"神话历史"为认识目标，以三重证据法和四重证据法为新方法论系统的一种规范化、专门化的知识体系，实现了中国文学人类学一派在20世纪末提出的建构本土学术话语体系的宏伟目标，结束了长期以来文科教育没有本土化的理论和方法论的被动局面。

文学人类学作为一个成长中的新兴学科，人才培养是其可持续发展的关键。目前，文学人类学学科已经成为一种专门化的学术组织和学术单位。大陆和台湾地区的某些高校陆续开设有文学人类学的专业课程，由专门从业人员进行知识的传承、生产和创新等活动，已经培养了一百多位文学人类学方向的硕士和博士，成为中国学术的一大亮点。

目前，文学人类学学科建设仍然"在路上"。学者们对文学人类学学科建设层面上的关注，能够在一定程度上反映该学科的生命力和发展前景。本文将对"文学人类学学科"建设相关问题的研究进行梳理，以期勾勒出中国文学人类学学科建设研究的历史图景，展示所取得的阶段性成果和发展过程中存在的问题，为未来的学科发展提供一些可能性的建议。

一 数据来源与研究方法

本文以量化研究法为主，以可视化的方式对文学人类学学科建设在国内的分析、研究和应用情况做较为精确的数据分析和直观呈现。

由于期刊文章基本能囊括某一研究领域的重要研究成果，而中国知网（CNKI，以下用"知网"表述）期刊数据库和硕博学位论文库在收录范围和文章数量方面较同行而言具有绝对优势，因此本文将文献搜索范围限定在"知网"数据库。

样本文献围绕"文学人类学学科建设"这一主题。使用检索词：文学人类学、文学人类学学科、文学人类学批评、三重证据法、四重证据法、神话原型批评、结构主义神话学、大传统；检索范围：主题、关键词、作者、题名、摘要、目录，并使用"比较文学""世界文学""文学治疗"

"符号编码""文化文本""神话历史""文化人类学""民族志"这八个检
索词在关键词字段补充检索；期刊论文及学位论文截止日期为 2020 年 1 月
1 日；最后一次检索是在 2020 年 6 月 1 日。去除学者简介、期刊目录、会
议动态通讯等文章以及重复、无关论文，保留了书评、学者访谈、会议综
述。最后共计得到 527 篇样本文献。

此方法的局限性在于未能把专著、会议论文全数包含在内，而"知
网"数据收录不全或者不准确也会导致搜索时遗漏一些文献数据，这些都
会对本文的研究结果产生一定影响。文章主要采用文献计量分析法和描述
归纳统计数据方法，所选取的样本文献侧重对文学人类学理论建构的探讨
与方法应用层面。

二 文献类型、时间分布及典型文献

文献数量是衡量某一领域发展的重要指标之一，从文献数量的变化可
以大致分析出中国学界对"文学人类学学科建设"的认知、应用和发展
趋势。

本文遴选出来的 527 篇样本文献中，内容涉及文学人类学的理论体系、
学科范式、文学人类学学会、科研院所、大学单设的研究中心、专门刊
物、出版机构、科研基金等内容。

最早的文献是叶舒宪教授在 1988 年发表的《日出扶桑：中国上古英
雄史诗发掘报告——文学人类学方法的实验》①，此文成为文学人类学研究
的一个标志性事件。笔者把 1988 年至 2019 年间的样本文献分为理论类、
方法类、价值类和实践类四种类型，527 个样本文献的数量年度分布情况
如图 1 所示。

从图 1 可见，1988 年至 2012 年间，文献数量整体上呈上升趋势，在
2012 年达到峰值 56 篇；2012 年至 2019 年间，样本文献数量呈下降趋势，
增长速度放缓，但趋于平稳态势，均值保持在 30 篇左右。

① 叶舒宪：《日出扶桑：中国上古英雄史诗发掘报告——文学人类学方法的实验》，《陕西师
大学报》（哲学社会科学版）1988 年第 1 期。

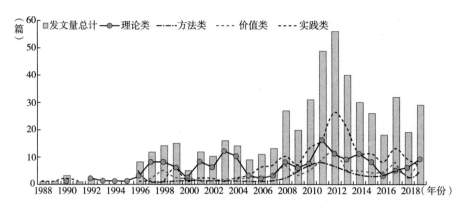

图1 样本文献的年度分布与分类数量统计

从文献类型上看，运用文学人类学的相关理论与方法进行文学研究的文章占比例最大，达到了35.5%，较为集中地出现在2010年以后，并在2012年达到峰值，年度文献数量变化趋势与总体趋势一致；文学人类学理论建设类文献占32%，在年度呈现上，1988年至2014年，呈平稳上升趋势，在2014年达到峰值，其后发文速度放缓（但在2019年有所突破，得益于《四重证据法研究》《文学人类学新论——学科交叉的两大转向》等著作出版，与此同时，学界掀起一股理论探讨的小浪潮），理论建设类文章有待继续推进；文学人类学方法论建构类的文章占12%，较为集中出现在2008年至2019年，峰值出现在2011年，其后方法论探究的文章较少，但2019年出现一批集中探讨四重证据法的文章；文学人类学价值类文章占14%，集中出现在1997年至2019年，峰值出现在2012年；还有一些综合类文章，约占6.5%（见图2）。

整体看来，文学人类学研究的理论建设与方法论探索以及理论与方法的应用几方面结合得较为合理，但在2014年以后，理论和方法层面的建设不足，以应用型文章为主，在2019年有所突破，仍以总结性文章居多。当然，本文对上述样本文献的分类也存在一些不足，如样本论文在涉及理论探讨、方法突破、应用实践、价值意义时，往往这几个层面是有交叉、交融的，很难进行严格区分，这也使得这一研究存在某些局限。

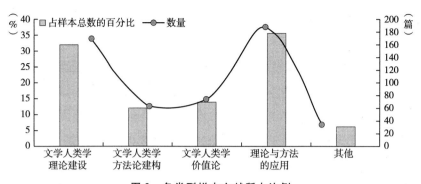

图 2　各类型样本文献所占比例

考察所有样本文献，可将文学人类学研究的学术发展分成三个阶段。

（一）1988 年至 1995 年：理论探索与方法论建构的起步阶段

这一阶段主要是方克强、叶舒宪、户晓辉、彭兆荣等学者进行的开疆拓土式的研究。如方克强教授关于文学人类学的批评实践，对《西游记》中成年礼的原型模式的探讨，以及对我国古典小说中原型意象的分析①；叶舒宪对原型数字"七"之谜进行文学人类学解读，并就原型研究对比较文学的启示方面进行了开创性的分析②，从"世界眼光"与"中国学问"的关系出发，结合自身的文学人类学研究，在理论和方法上进行了总结，为本土文学研究提供一条全新的研究路径③；户晓辉运用文学人类学的理论和方法对中国远古文化中的女性原型进行了文学研究应用尝试④；彭兆荣教授对文学和人类学的概念、关系等进行了深度的解析，进行文学人类学研究理论和方法层面的探索。⑤

---

① 方克强：《方克强的文学人类学批评（二）——原型模式：〈西游记〉的成年礼》和《方克强的文学人类学批评（三）——我国古典小说中原型意象》两篇文章，刊发于《文艺争鸣》1990 年第 3 期和第 4 期。

② 叶舒宪：《原型数字"七"之谜——兼谈原型研究对比较文学的启示》，《外国文学评论》1990 年第 1 期。

③ 叶舒宪：《"世界眼光"与"中国学问"——我的文学人类学研究》，《文艺争鸣》1992 年第 5 期。

④ 户晓辉：《论中国远古文化中的女性原型——文学人类学的尝试》，《西域研究》1991 年第 2 期。

⑤ 彭兆荣：《文学·人类学解析》，《当代文坛》1993 年第 4 期。

（二）1996 年至 2014 年：理论和方法论快速发展、走向成熟阶段

这期间共发表文章 384 篇，占样本总量的 72.9%，特别是在 2008 年至 2014 年，增长速度较快，2012 年达到峰值 56 篇。

自 1996 年起，文学人类学研究的理论性文章在数量上有明显增加的趋势，这得益于 1996 年文学人类学研究会的成立和 1997 年首届文学人类学学术研讨会的召开。在首届研讨会上，与会学者对文学人类学研究进行了广泛的探讨和深入的交流，会后发表了一系列相关论文，智圆、夏敏、宇风、徐文、彭兆荣等学者在会后均对这次会议所取得的成果进行了相关总结，如《首届中国文学人类学学术研讨会综述》《重新认识文学和研究文学——首届文学人类学学术研讨会综述》等综述类论文[①]，对首届文学人类学学术研讨会的概况和取得的成果进行了立体的展示，这次会议成为文学人类学研究史上的一次"里程碑"式的事件。这次会议后掀起了文学人类学的热潮，在理论建设、方法论探索方面取得一系列成果，突破了以往的文学研究范式，进行跨学科交叉研究尝试。在此阶段，乐黛云、叶舒宪、萧兵、李亦园、徐新建、彭兆荣、方克强、程金城、李永平等一批学者对文学人类学的理论以及方法论进行了建构，并把理论运用于实践，进行了大量个案分析与田野调查，极大地拓宽了文学的研究领域，对文学进行跨学科交叉整合研究，极大地冲击了传统的学科建制，一门新兴学科——文学人类学学科逐步建立起来，成为本土学术的新兴增长点。

（三）2015 年至 2019 年，理论与方法论稳定发展和应用阶段

这一阶段的文献数量较前一阶段速度有所放缓，共发表了 154 篇文章，年均约 31 篇。

从应用领域层面看，这一阶段，文学人类学的理论和方法研究继续推

---

① 徐文：《首届中国文学人类学学术研讨会综述》，《中外文化与文论》1997 年第 2 期；智圆：《重新认识文学和研究文学——首届文学人类学学术研讨会综述》，《中国比较文学》1998 年第 2 期；夏敏：《首届文学人类学学术研讨会简介》，《民族文学研究》1998 年第 2 期；宇风：《首届中国文学人类学学术研讨会述要》，《高校社科信息》1998 年第 1 期；彭兆荣：《首届中国文学人类学研讨会综述》，《文艺研究》1998 年第 2 期。

进，并继续应用到古代文学、民俗神话、外国文学、现当代文学、少数民族语言文学、电影改编、田野调查、区域文学及数智科幻等领域，取得丰硕的研究成果。

如叶舒宪、栾为的《四重证据·N级编码·"玉教"理论——叶舒宪先生访谈兼答李永平教授》，叶舒宪对大传统理论的文化治疗意义的探究，柏愔对《聊斋志异·白秋练》中语言巫术现象进行的文学人类学解读，李素娟和贾雯鹤对壮族花婆神话的文学人类学解读，孟霞对20世纪俄罗斯文学中犹大形象的文学人类学分析，任红红从乡村母子关系角度对莫言小说进行的文学人类学解读，许诗怡从文学人类学视域对网络文学改编的思考，潘年英的自传体田野经历与学术历程，孙梦迪从本土文化自觉视角对"玉帛之路"考察丛书的解读，董迎春、覃才对中国少数民族诗歌的文学人类学考察，司聘在文学人类学视域下对云南文学的整体研究，刘大伟用文学人类学视野分析《柴达木文事》，徐新建从文学人类学出发对数智时代的文学幻想进行的观察思考等。①

从文献作者层面看，年轻作者居多，有更多的年轻学子加入文学人类学研究者队伍之中，新生力量逐渐成长起来。从期刊层面看，《文艺理论研究》《民族艺术》《文艺研究》《百色学院学报》《陕西师范大学学报》《中国比较文学》等国内知名期刊陆续刊登文学人类学研究的系列文章，对文

---

① 叶舒宪、栾为：《四重证据·N级编码·"玉教"理论——叶舒宪先生访谈兼答李永平教授》，《陕西师范大学学报》（哲学社会科学版）2016年第5期；叶舒宪：《大传统理论的文化治疗意义初探》，《中国比较文学》2015年第4期；柏愔：《治疗·占卜·招魂·禳灾——〈聊斋志异·白秋练〉中语言巫术现象的文学人类学解读》，《蒲松龄研究》2015年第3期；李素娟、贾雯鹤：《壮族花婆神话的文学人类学解读》，《中南大学学报》2014年第2期；孟霞：《20世纪俄罗斯文学中犹大形象的文学人类学分析》，《外语教学》2014年第2期；任红红：《乡村母子关系的文学人类学研究——以莫言小说为例》，《甘肃社会科学》2016年第4期；许诗怡：《文学人类学视域下的网络文学改编之思——以美国电影〈黑豹〉为例》，《百色学院学报》2018年第5期；潘年英：《走野路小路，但不走近路——我的田野经历与学术历程》，《民族艺术》2018年第3期；孙梦迪：《启发本土文化自觉的"玉帛之路"考察丛书》，《百色学院学报》2017年第6期；董迎春、覃才：《民族志书写与民族志诗学——中国少数民族诗歌的文学人类学考察》，《北方民族大学学报》（哲学社会科学版）2019年第4期；司聘：《民族传说与宗教叙事 文学人类学视域下的云南文学》，《中国宗教》2019年第5期；刘大伟：《文学人类学视野中〈柴达木文事〉》，《青海社会科学》2019年第2期；徐新建：《数智时代的文学幻想——从文学人类学出发的观察思考》，《文学人类学研究》2019年第1辑。

学人类学研究的理论与实践起到重要的推动作用。

三　研究机构、期刊分布、代表作者与相关的科研基金

（一）研究机构

经统计，样本文献涵盖了全国126所高校和相关研究机构，发表文章数量在一定程度上能够体现出研究者和研究机构在某一学术领域的实力。

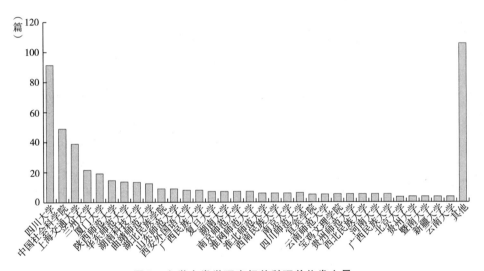

图3　文学人类学研究相关科研单位发文量

样本文献中，文学人类学研究涉及的科研单位众多，但样本数量差距较大，四川大学91篇，占样本总量的17.3%；中国社会科学院49篇，占样本总量的9.3%；上海交通大学39篇，占样本总量的7.4%；发文量在5篇以上的共计36家科研单位，发文总量为409篇，占样本总量的77.6%，其他发文量在4篇以下的单位约占样本总量的20%。

（二）期刊分布与文献作者

经过统计，样本文献刊载于全国31个省、自治区、直辖市出版的211种期刊（含辑刊）。刊载量在5篇以上的期刊有20种（见表1）。

表 1　样本文献期刊刊载量排名（前 20 种）

单位：篇

序号	刊名	刊文量	序号	刊名	刊文量
1	《百色学院学报》	86	11	《淮北师范大学学报》	8
2	《民族文学研究》	21	12	《文艺争鸣》	8
3	《民族艺术》	18	13	《当代文坛》	8
4	《广西民族大学（学院）学报》	14	14	《中文自学指导》	7
5	《西南民族大学学报》	13	15	《北方民族大学学报》	7
6	《文艺理论研究》	12	16	《文学评论》	7
7	《思想战线》	12	17	《湖北民族大学（学院）学报》	7
8	《中国比较文学》	12	18	《社会科学战线》	5
9	《文艺研究》	11	19	《陕西师范大学学报》	5
10	《社会科学家》	9	20	《邯郸学院学报》	5

由表 1 可见，《百色学院学报》《民族文学研究》《民族艺术》《广西民族大学（学院）学报》刊载了相对较多的"文学人类学研究"相关文章，是该领域的核心刊物，尤其是《百色学院学报》占据绝对优势，约占样本文献总量的 16.3%。排名前 20 的期刊发文总量为 275 篇，约占样本总量的 52.2%，成为人们了解该领域发展现状的主要窗口。比较文学学会长春年会后，在北京和昆明分别举办了高级研讨班，会后的研讨成果与访谈相继在《广西民族学院学报》和《文艺研究》刊出。与此同时，广西的《民族艺术》推出文学人类学专栏，这些研究成果引起了学界的广泛关注。

样本文献还出现在如《外国文学评论》《外国文学动态》《北京大学学报》《中国现代文学研究丛刊》《民间文学论坛》《中国社会科学院研究生院学报》《社会科学研究》《文艺评论》《天津社会科学》《南京社会科学》《江西社会科学》《河南社会科学》《上海交通大学学报》《宗教学研究》《中南民族大学学报》《吉首大学学报》等国内知名期刊上。这些期刊对文学人类学学科发展、理论和方法的传播发挥了重要作用。

样本文献中，文章的作者呈现出较高的中心性，形成以叶舒宪、徐新建、彭兆荣为核心的学术作者群。三位学者的发文量约占样本总量的 43.8%，发文最多的是叶舒宪，共 96 篇，约占样本总量的 18.2%。从文献发文量看，乐黛云、萧兵、方克强、程金城、汤晓青、陈器文，林淑荣、潘英海、王大桥、代云红、徐杰舜、杨俪、公维军、苏永前、付海鸿、梁昭、佘振华、唐启翠、谢美英、李菲、李素娟、权雅宁、潘年英、李永平、黄悦、龙仙艳等一大批学者成为文学人类学学科发展的重要推动者。

（三）项目基金

科研基金，在一定程度上反映了国家层面对某一研究领域或学科的学术认可度。现代学科体制下，科研基金成为学科建设的重要内容。

在样本文献中，有国家社会科学基金 83 篇，中国博士后科学基金 3 篇，陕西省教委基金 2 篇，湖南省教委科研基金 2 篇，湖南省社会科学基金 1 篇，河南省软科学研究计划 1 篇。有基金项目的约占样本文献总量的 17.5%（如图 4）。

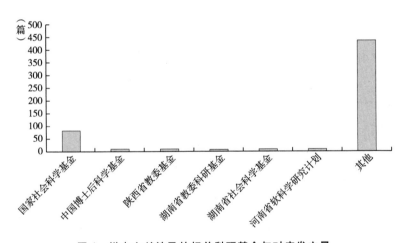

图 4　样本文献涉及的相关科研基金与对应发文量

特别值得一提的是，由中国文学人类学研究会学者群集体申报的选题"中国文学人类学理论与方法研究"，入选 2010 年国家社会科学基金重大基础理论研究招标课题（详见《光明日报》2010 年 9 月 20 日第 6 版），成为国家社会科学的指导性重大选题，为文学人类学这一新兴交叉学科带来良好的发展前景。其后，学者们在文学人类学研究领域陆续获得国家重大社科项目或一般项目及省级项目。从中央到地方，都对文学人类学这一新兴学科给予了足够的重视。

从样本文献研究层次上看，文学人类学研究主要集中在基础研究、政策研究、大众文化、行业指导、高等教育、文艺作品以及高级科普等领域。

学科是一个社会的范畴，文学人类学学科建设是一项系统性工程。内容包括：内在建制，有成熟的理论体系和较为成熟的、得到公认的学科范式；外在建制，表现为有专门的学会，独立的研究院所，单设的大学学院、学系，专门的刊物和出版机构，图书馆中的专设图书序号等。在我国，还包括进入国家的学科目录、学位目录和科研基金申报目录等。

从以上样本文献的科研机构、地理空间分布、期刊发文量、学术群体以及项目基金的统计信息及分析得出：在文学人类学研究领域，形成四川大学、中国社会科学院、兰州大学、上海交通大学、陕西师范大学等主要学术机构，以叶舒宪、徐新建、彭兆荣为核心的作者群。在文献空间分布上，不论是从作者所属机构所在地还是从期刊出版地来讲，北京、上海、广西都是文学人类学研究的学术重镇。

四 中国文学人类学学科建设实践

比较文学开放宽松的环境给予中国文学人类学良好的发展空间。乐黛云先生曾言："比较文学孕育了两个重大新型学科，一个是翻译学，另一个是文学人类学。"①

文学人类学建立的目标是终结文科教育没有本土化的理论和方法论的被动局面，建立起具有中国特色的本土话语理论体系。这种对突破西方话语霸权的渴求，对文化自觉和理论自信以及对传统学科建构的反思，使得文学人类学学科建设能够在短短的三十年间迅速崛起，成为改革开放以来文科教育的典型案例。

从样本文献内容看，可以把学者们对文学人类学学科建设研究概况内容分为四个大类：一是文学人类学的概念、理论建设、范式的研究；二是

---

① 乐黛云：《祝中国文学人类学再上新台阶》，《中国比较文学》2011 年第 2 期。

文学人类学方法论探索；三是文学人类学价值论建构；四是文学人类学学科建设，内容包括研究生和本科生教材建设、师资队伍、课程设置、教育教学、图书出版、数据库和网站建设、翻译与对外传播等。

（一）概念、问题意识与理论建设

学科成熟的一项重要指标就是要有自己独立的理论体系和研究对象，理论建设是文学人类学学科建设的核心。

叶舒宪教授在 20 世纪 80 年代中期开始翻译国外的人类学著作，把《原型批评》等引进国内，借用国外人类学研究的视野进行本土文学研究。除了前文第一部分提到的叶舒宪、方克强、彭兆荣等学者发表的文学人类学研究的文章外，1994 年，叶舒宪教授还介绍了"文学人类学"在国外的发展动态①，使国内学者对文学人类学有一个相对全面的了解。随后，叶教授在《北京大学学报》和《中文自学指导》期刊上发表系列文章，从文化对话角度探讨了文学人类学研究的可能性，以及对文学人类学的研究方法与实践应用做系统介绍②。

1996 年 8 月，中国文学人类学研究会预备会议在上海召开，《文艺研究》编辑部约请部分学者，就"文学人类学在中国的发展及现状与问题"进行了初步讨论，并开辟专栏刊登介绍文学人类学研究文章，介绍研讨成果③。同年，还有周建忠从文学人类学的考古报告视角对萧兵的楚辞研究与弗莱的原型批评的解读，对本土的文学人类学实践成果进行了充分的肯定④；萧兵通过自身对楚辞的文学人类学实验作了报告，向"文学人类学

---

① 叶舒宪：《文学人类学在国外》，《外国文学动态》1994 年第 6 期。
② 叶舒宪：《文化对话与文学人类学的可能性》，《北京大学学报》1996 年第 3 期；叶舒宪、胡芸：《文学人类学研究的方法与实践（上、中、下）》，《中文自学指导》1996 年第 3、4、5 期。
③ 萧兵：《文学人类学：走向"人类"回归"文学"》，叶舒宪：《文学人类学：田野与文本之间》，彭兆荣：《边界不设防：人类学与文学研究》，傅道彬：《文学人类学：一门学科，还是一种方法？》，刘毓庆：《朴学·人类学·文学》，这些文章在《文艺研究》1997 年第 1 期刊发。王小盾：《文学研究是否需要技术》，《文艺研究》1997 年第 3 期。彭兆荣：《再寻"金枝"——文学人类学精神考古》，《文艺研究》1997 年第 5 期。
④ 周建忠：《文学人类学的考古报告——萧兵的楚辞研究与弗莱的原型批评》，《淮阴师专学报》1996 年第 4 期。

年"献上一份大礼①。这些成果与叶教授对国外文学人类学研究的梳理和对文学人类学研究方法的介绍成果一起，为后来的首届文学人类学会议的顺利召开拉开序幕。

1997年11月，首届文学人类学学术研讨会在厦门召开。中国比较文学学会主席乐黛云教授，台湾"中央研究院"院士李亦园教授，中国文化书院院长汤一介教授以及致力于文学人类学研究的学者，萧兵、叶舒宪、曹顺庆、庄孔韶、徐新建、易中天、郑元者、杨儒宾、刘毓庆、Mary Hardy等，共同就文学人类学的定位、范式、方法论、多元文化、知识体制、口传文化与书写文化、仪式展演等问题进行深入讨论，本文第二部分已经做了相关论述，在此不再赘述。

在此次研讨会后，文学人类学稳步发展，尤其在2008年以后，掀起了一股文学人类学研究热潮，学者们陆续发表文学人类学相关的研究论文，对文学人类学的概念、理论、范式进行完善，逐步走向成熟。如李晓禺对文学人类学概念分歧及学科界定的探究，叶舒宪从当代中国文学思想的人类学转向视角对文学人类学的理论与方法进行阐述，徐新建对文学人类学的理论核心——"表述"问题进行论述，彭兆荣的《文学可以如是说：人类学的一种关涉——兼述叶舒宪教授的相关研究》，程金城、万红对文学人类学的元话语的深层剖析，章立明对中国文学人类学的研究概述，叶舒宪对"中国文学人类学理论与方法研究"结项成果的综述，朱存明、陈刚对文学人类学研究范式的讨论，鲜益对中国文学人类学的理论与本土的实践的论述，李菲对新时期文学人类学研究的范式转换与理论推进的论述，王敏对少数民族文学人类学批评生成的外部诱因与内在基础的论述，张常勇对中国文学人类学的理论视域反思，肖伟胜对知识全球化时代文学研究走向的反思，李凤亮从文艺与人类学的相互碰撞与整合共生关系入手的文学人类学研究，石甜对人类学本土化的中国实践十五年的综述，沈茜从"地方知识"的历史性角度对文学人类学知识观进行的思考，吴正彪、王仁芝以个案为基础对文学人类学学术范式理论建构的论述，孙梦迪就《文

---

① 萧兵：《"人学"的复归：文学人类学实验报告（谨述我的楚辞研究向"文学人类学年"献礼）》，《淮阴师专学报》1997年第1期。

学人类学新论》的转向论与理论探索进行的相关评述等。①

（二）方法论研究

在中国，"文学人类学"作为一种学科命名，最早出现在叶舒宪教授的《英雄与太阳：中国上古史诗的原型重构》一书的引言中②，但是作为一种研究方法，可以追溯到民国时期顾颉刚、闻一多、鲁迅等学者的文学研究方法，到现在已有上百年的历史，并成为"文学人类学"研究的重要传统。

改革开放以来，最早出现的介绍文学人类学方法论的期刊文章是叶舒宪在1988年发表在《陕西师范大学学报》上的《日出扶桑：中国上古英雄史诗发掘报告——文学人类学方法的实验》一文，在本文第二部分已介绍过，在此不再赘述。

文学人类学学科发展初期，是理论建构期，同时也是方法论探索期。理论与方法往往与文学实践紧密结合在一起，如对人类学与诗学比较分析、对仪式与展演的文学人类学解读、对传统经典的文学人类学解读、对

---

① 李晓禺：《文学人类学概念分歧及学科界定》，《石河子大学学报》2007年第1期；叶舒宪：《文学人类学的理论与方法——当代中国文学思想的人类学转向视角》，《河北学刊》2011年第3期；徐新建、唐启翠：《"表述"问题：文学人类学的理论核心——上海交通大学人文学院徐新建教授访谈》，《社会科学家》2012年第2期；彭兆荣：《文学可以如是说：人类学的一种关涉——兼述叶舒宪教授的相关研究》，《社会科学战线》2015年第6期；程金城、万红：《关于文学人类学的元话语》，《兰州大学学报》2012年第3期；章立明：《中国文学人类学研究概述》，《民族文学研究》2010年第3期；叶舒宪：《"中国文学人类学理论与方法研究"结项成果综述》，《百色学院学报》2016年第4期；朱存明、陈刚：《百年文学人类学研究范式的审美视阈》，《江苏行政学院学报》2004年第5期；鲜益：《中国文学人类学：理论的移植与本土的实践》，《柳州师专学报》2008年第4期；李菲：《新时期文学人类学研究的范式转换与理论推进》，《文艺理论研究》2009年第3期；王敏：《论少数民族文学人类学批评生成的外部诱因与内在基础》，《新疆大学学报》2010年第4期；张常勇：《中国文学人类学的理论视域反思》，《苏州科技学院学报》2011年第1期；肖伟胜：《知识全球化时代的文学研究何处去？》，《福建论坛》2004年第8期；李凤亮：《文学人类：历史·概念·语境·方法——文艺与人类学的相互碰撞与整合共生》，《福建师范大学学报》2004年第1期；石甜：《人类学本土化的中国实践十五年》，《北方民族大学学报》2015年第5期；沈茜：《"地方知识"的历史性漂移——文学人类学知识观思考》，《贵州师范大学学报》2005年第4期；吴正彪、王仁芝：《文学人类学学术范式的理论建构》，《中国民族报》2019年2月22日；孙梦迪：《转向论与人学思索的理论创新——评〈文学人类学新论〉》，《名作欣赏》2019年第22期。

② 叶舒宪：《英雄与太阳：中国上古史诗的原型重构》，上海社会科学院出版社，1991，第3页。

少数民族风俗、民歌与民族史诗的文学人类学解读、对影视作品的分析、对网络文学的解读以及把田野作业与文本研究相结合等，进行了富有建设性的思考。

除了上文已经涉及方法论的样本文献外，这方面的文章还有，"中国文学人类学理论与方法研究"（国家社科基金重大招标项目）开题论证会实录；叶舒宪、栾为《四重证据·Ｎ级编码·"玉教"理论——叶舒宪先生访谈兼答李永平教授》，唐启翠对文学人类学转向的思考，张丽红对《文学人类学教程》的述评，蒋济永对《文学与人类学》的述评，王玮由"四重证据法"谈文学人类学的破学科研究，权雅宁对文学人类学学术方法的演进进行分析，苏静以闻一多与叶舒宪的研究为例对文学人类学方法的"突破"进行解读，黄向春就文学人类学的民间文学"场域"进行论述，李菲、邱硕对文学人类学跨学科研究方法的同一性问题的论述，谢美英对文学人类学的方法论标杆——《四重证据法研究》的述评，银浩的首届中国文学人类学青年学术论坛札记等。①

（三）学科研究

从方法论到价值论，都是文学人类学学科建设研究的重要组成部分。学科本身具有相对性，是顺应时代发展的需要而设立的，设立学科只是文

---

① 祖晓伟、严平、叶舒宪、乐黛云、庄孔韶、王一川、王保生、汤晓青、金朝霞、陆建德：《"中国文学人类学理论与方法研究"（国家社科基金重大招标项目）开题论证会实录》，《百色学院学报》2011 年第 2 期；叶舒宪、栾为：《四重证据·Ｎ级编码·"玉教"理论——叶舒宪先生访谈兼答李永平教授》，《陕西师范大学学报》（哲学社会科学版）2016 年第 5 期；唐启翠：《从方法论到认识论：文学人类学转向的思考》，《淮北师范大学学报》2011 年第 4 期；张丽红：《打开一个新的世界的钥匙——评叶舒宪先生的〈文学人类学教程〉》，《百色学院学报》2011 年第 1 期；蒋济永：《评叶舒宪〈文学与人类学〉》，《文学评论》2004 年第 4 期；王玮：《由"四重证据法"谈文学人类学的破学科研究》，《剑南文学》2012 年第 8 期；权雅宁：《文学人类学学术方法的演进》，《渭南师范学院学报》2017 年第 23 期；苏静：《文学人类学方法的"突破"——以闻一多与叶舒宪的研究为例》，《文化与传播》2017 年第 3 期；黄向春：《文学人类学：民间文学的"场域"》，《民间文学论坛》1998 年第 4 期；李菲、邱硕：《"田野"的再概念化：兼论文学人类学跨学科研究方法的同一性问题》，《民族文学研究》2019 年第 3 期；谢美英：《文学人类学的方法论标杆〈四重证据法研究〉》，《百色学院学报》2019 年第 4 期；银浩：《方法论问题：文学的人类学转向——首届中国文学人类学青年学术论坛扎（札）记》，《重庆文理学院学报》（社会科学版）2012 年第 1 期。

学研究的一种手段。文学人类学学科乃是文学与人类学学科相撞的结果，其目的是突破传统学科壁垒，进行跨学科研究。

在方法论上，文学人类学的研究方法是多元的，凡是有助于研究的方法都可以用，把人类学的研究方法应用到文学研究领域，以文学为本体；以文学的形式阐释人类学思想，以人类学为本体。文学人类学并非是文学与人类学两门学科的叠加，两门学科的边缘课题是文学人类学的研究对象，边缘也是流动的、动态的边缘。文学人类学研究的范围最为广泛且极具包容性，"人类学的文学（批评）是最有生命力"的新兴学科。①

样本文献中，集中涉及文学人类学学科建设的有：叶舒宪对文学人类学跨学科的研究领域的探讨，代云红对现代学科分类中的"文学人类学"进行剖析，黄向春对文学人类学的学科重建进行研究，袁三英对学科建构中的文学人类学进行论述，叶木桂对文艺人类学视野下的学科问题进行了论述，李永平从丛书出版与学科建设的"共生关系"及其当代价值视角对中国文学人类学学科建设进行了相关论述，王倩对中国文学人类学本科教材编纂的核心问题进行了深入剖析并提出了相关建设意见和建议，杨朴就自己任职高校里面的文学人类学对文学研究以及教学的革新意义进行例证，叶舒宪、徐新建、彭兆荣三位学者为《文学人类学研究》写的发刊词，叶舒宪为苏永前的博士学位论文——《20世纪前期中国文学人类学实践研究》作的序言，陈金星读《20世纪前期中国文学人类学实践研究》所作的札记，潘年英就"中国文学人类学第二届学术年会"的相关论文进行的述评，佘振华的"中国文学人类学学科建设"高峰论坛综述，雷璐荣的全国首届"文学人类学骨干教师高级研讨班"学术综述，叶舒宪在全国首届"文学人类学骨干教师高级研讨班"的总结发言，郭明军在首届文学人类学高研班上的学习心得，谭佳对中国文学人类学研究七十年历程的述评，秦崇文在国际比较文学第22届年会上的发言——《文化自觉与学术自信：文学人类学相关研究在研究生学位领域中的应用（2002—2018）——基于192篇硕士、博士学位论文的计量分析》等，这些学者从

①　乐黛云、李亦园：《文学人类学走向新世纪》，《淮阴师范学院学报》1998年第2期。

不同视角就学科问题进行了相关论述或者研究。①

（四）价值论研究

价值论贯穿文学人类学学科建设研究的始终。在多元化的文化语境中，文学人类学以跨学科为基础并观照自身的学科理念，面对不同历史文化语境与史学观，使得文学人类学具有广泛的阐释力。文学和文化研究注重文本与田野的互动，文化资源共享。注重传统文化资源的开发与重构，倡导建立本土话语体系，让本土理论话语体系走向世界。

样本文献中，如张思雯对文学人类学的现实价值的探索，代云红对中国文学人类学的积极倡导者及革新者——叶舒宪教授的评述，鹿国治对新媒体、文学书写以及文学人类学三者之间的关系分析、对文学人类学研究在当代的广阔前景与应用价值的探讨，代迅对《文学人类学教程》的价值述评，梁昭对"文学人类学"的知识品格的论述，王艳从文学到文化视角

---

① 叶舒宪：《文学人类学：一个跨学科的研究领域》，《郑州大学学报》2003 年第 6 期；代云红：《现代学科分类中的"文学人类学"》，《学术探索》2012 年第 8 期；黄向春：《自由交流与学科重建：文学人类学的提出》，《辽宁大学学报》1998 年第 4 期；袁三英：《学科建构中的文学人类学》，《萍乡高等专科学校学报》2004 年第 3 期；叶木桂：《论文艺人类学的学科问题》，《孝感学院学报》2010 年第 4 期；李永平：《论丛书出版与学科建设的"共生关系"及其当代价值——以中国文学人类学学科为例》，《出版发行研究》2013 年第 3 期；王倩：《中国文学人类学本科教材编纂的核心问题》，《淮北师范大学学报》2014 年第 3 期；杨朴：《"孤岛"试验田的学术新探索——文学人类学对文学研究以及教学的革新意义例证》，《邯郸学院学报》2012 年第 1 期；叶舒宪、徐新建、彭兆荣：《〈文学人类学研究〉发刊词》，《百色学院学报》2018 年第 2 期；叶舒宪：《文学人类学走向新学科——〈20 世纪前期中国文学人类学实践研究〉代序》，《百色学院学报》2017 年第 5 期。陈金星：《文学人类学的学科反思与学术开拓——读〈20 世纪前期中国文学人类学实践研究〉劄记》，《兰州文理学院学报》（社会科学版）2018 年第 6 期；潘年英：《破学科壁垒 跨文化阐释——"中国文学人类学第二届学术年会"论文述评》，《百色学院学报》2008 年第 5 期；佘振华：《故事与展望——"中国文学人类学学科建设"高峰论坛综述》，《百色学院学报》2016 年第 4 期；雷璐荣：《文学人类学的跨学科讲述——全国首届"文学人类学骨干教师高级研讨班"学术综述》，《重庆文理学院学报》（社会科学版）2012 年第 6 期；叶舒宪：《首届"文学人类学骨干教师高级研讨班"总结发言》，《百色学院学报》2012 年第 5 期；郭明军：《茶山回响——首届文学人类学高研班学习心得》，《百色学院学报》2012 年第 5 期；谭佳：《整合与创新：中国文学人类学研究七十年》，《中国文学批评》2019 年第 3 期；秦崇文：《文化大传统理论与四重证据法实践——国际比较文学第 22 届年会文学人类学圆桌会综述》，《百色学院学报》2019 年第 5 期。

对文学人类学的跨界与超越进行阐释等。①

从文学人类学历届年会的主题看，文学人类学研究的理论和方法在动态的研究、发展中不断走向成熟。我们可以从文学人类学历届年会的主题设置管窥中国文学人类学研究的发展动向："多学科、多方法、多层面、多功能——走向新世纪的（中国）文学人类学"，"破学科壁垒 跨文化阐释"，"人类学转向"的对话与交流，"文学人类学前沿：超越文字限制的跨学科范式"，"表述'中国文化'：多元族群与多重视角"，"重估大传统：文学与历史的对话"，"重述中国：文学人类学的新话语"，并就"四重证据五种叙事如何重述中国""多民族中国的文学表述""非物质文化遗产的中国故事"，这些主题极具学理性、前沿性和导向性，对人文学科的发展产生重大影响。

文学人类学作为后现代之后的产物，不仅仅是对知识全球化的反思与本土文化觉醒后的一种理论诉求，更是一种价值意象。文学人类学研究的实践表明，文学人类学的研究并非仅仅停留在改变中国文学研究没有独立理论的处境，获取人类知识、理论和方法层面上，文学人类学多元价值的终极价值论指向是人类命运共同体。

结　论

本文以中国知网（CNKI）期刊数据库收录的 1988—2019 年间有关中国文学人类学学科建设的 527 篇文献为研究样本，通过文献类型、时空分布、作者和研究机构、所载期刊、关键词、社科基金、研究对象所涉及的地域分布等方面的统计数据分析，得出以下结论。

"文学人类学学科"是知识全球化和本土文化自觉的产物。自 20 世纪

---

① 张思雯：《文学人类学的现实价值》，《西安石油大学学报》（社会科学版）2013 年第 3
期；代云红：《叶舒宪：中国文学人类学的积极倡导者及革新者》，《邯郸学院学报》2012
年第 1 期；鹿国治：《新媒体·文学书写·文学人类学》，《淮北师范大学学报》2011 年
第 4 期；代迅：《重新绘制文学研究地图——评〈文学人类学教程〉》，《民族文学研究》
2012 年第 3 期；梁昭：《反思性实践：再论"文学人类学"的知识品格》，《文学人类学
研究》2019 年第 1 辑；王艳：《从文学到文化——文学人类学的跨界与超越》，《文学人
类学研究》2019 年第 1 辑。

80年代"文学人类学"相关提法出现在中国，其后经过三十多年的学术积累，如今已经成为一门新兴交叉学科，成为改革开放后本土学术研究的增长点。

文学人类学在中国的发展经过了"起步""稳步上升""快速发展""走向成熟"几个阶段，目前正处于"走向成熟"阶段，已形成以四川大学、中国社会科学院、兰州大学、厦门大学、上海交通大学、陕西师范大学等多所高校为科研中心，以叶舒宪、徐新建、彭兆荣等为核心作者，以《百色学院学报》《民族艺术》《民族文学研究》《广西民族大学（学院）学报》《中国比较文学》等为核心期刊的学术共同体。特别值得一提的是，文学人类学系列丛书的出版对学科建设起着不可忽视的重要作用。

文学人类学学科对中国的文学研究、理论建设、方法论的革新以及文科教育改革产生了持续而巨大的影响力，为学界带来新的学理性思考，并逐步扩展到传统的其他学科研究领域。迄今，文学人类学研究的理论与方法已经被来自文艺学、比较文学与世界文学、中国现当代文学、英语语言文学、民俗学、中国少数民族语言文学、中国民间文学、英语语言文学、中国古典文学、历史学和文献学、音乐学、中国哲学、美学、专门史、民族学、心理学等至少19个不同学科专业的学者应用到分布于全国的27个省（区、市）的多个民族的多种文类的上百种文本研究之中。

本文认为，学科基础是一门学科的逻辑体系的理论根源和出发点。文学人类学的学科基础的主要作用就是为文学人类学成为一门独立的学科提供支撑。学科基础为文学人类学提供基本的概念，基本的原理与方法论，为文学人类学的建构提供依据。文学人类学以其他相关学科为学科基础，借鉴其他学科（如心理学、社会学、历史学、考古学、训诂学、文艺学、美学、经济学、符号学、伦理学、文化学、文献学、考据学、医学等）的发展经验，要防止不自觉地为其他学科所占领，成为其他学科的附庸的情况发生，这也是样本文献没有提及的，但对学科建设极为重要的问题。

文学人类学要从科学学、学科学中借鉴其发展思路，建构自己特殊的研究领域，发展出适合自身的研究方法论原则，建立自己的理论体系，促进文学人类学的发展。从科学学视角，文学人类学可以发展成为一门科学，成为一门独立的学科，要有文学人类学特有的基本理论、独特的基本概念和特定的研究对象；从文学和人类学学科的视角反观文学人类学的研究问题，从研究方法和研究对象上为文学人类学的发展指明方向。从经济学借鉴其他学科的视角看，文学人类学借鉴经济学的这种发展模式，通过借鉴别的学科的研究方法、变通概念，从而建构属于自己学科的概念体系和方法论原则，为自身的独立化和科学化提供依据。文学人类学学科本身具有逻辑性、规范性、多样性的特点，文学人类学从其他学科之中借鉴概念，但必须要赋予概念以文学人类学的学科意义，文学人类学自身概念的构建和发展应该是文学人类学研究的方向。

本文的分析与实证研究尚停留于基础数据的量化层面，量化研究本身也存在一些局限，对文学人类学的研究亦只是管中窥豹，更深层的理论论述笔者将在其他文章中另行论述。中国文学人类学一派在建构本土话语体系过程中，积极投身理论建设与学术反思，把文学作为人类存在的方式加以研究，并以全人类的生存状态对文学进行观照。在相关理论和方法应用与文学实践中，对知识体系进行更新，取得斐然成绩，为中国学术走出国门、走向世界做出重要贡献。

文学人类学的国际展示

——第 22 届国际比较文学学会分论坛的总结发言

梁　昭　徐新建　胡建升　叶舒宪*

摘要：2019 年 7 月 29 日至 8 月 2 日，第 22 届国际比较文学学会年会在澳门大学举行。大会汇集了来自五湖四海的学者，共同探讨了文学、文学人类学、世界少数族裔文学等话题。其中，"文学人类学研究"论坛设有两个分论坛：一为"民间与民族：世界少数族裔文学比较"，学者们探讨了"民间""民族""少数族裔"等基本概念，并结合丰富的个案对"少数族裔文学"进行了深入的阐释；二为"文学人类学研究"，学者们既关注文学人类学本土文化理论的建构，又分析了地方文化个案，在理论和实践两个层面对研究的基本概念进行了辨析，对学科的未来发展进行了展望。

关键词：文学人类学　国际比较文学　澳门年会　少数族裔文学

2019 年 7 月 29 日至 8 月 2 日，第 22 届国际比较文学学会年会在澳门大学举行。来自五湖四海的近两千名学者与会，共同探讨比较文学、文学人类学、世界少数族裔文学等话题。其中，"文学人类学研究"论坛设有两个分论坛：一为"民间与民族：世界少数族裔文学比较"，学者们探讨了"民间""民族""少数族裔"等基本概念，并结合丰富的个案对"少数族裔文学"进行了深入的阐释；二为"文学人类学研究"，学者们既关

---

* 梁昭，四川大学文学与新闻学院副教授，研究方向为文学人类学、少数民族文学；徐新建，四川大学文学与新闻学院教授，文学人类学专业博士生导师，研究方向为文学人类学、多民族文学；胡建升，上海交通大学人文学院副教授，研究方向为文学人类学、中国传统文化；叶舒宪，上海交通大学人文社科资深教授，人文学院博士生导师，研究方向为比较文学、文学人类学。本文依据上述学者在 2019 年 7 月 29 日至 8 月 2 日期间举行的第 22 届国际比较文学学会年会上的总结发言录音整理，整理者许诗怡，中国社会科学院文学研究所硕士研究生。

注文学人类学本土文化理论的建构，又分析了地方文化个案，在理论和实践两个层面对研究的基本概念进行了辨析，对学科的未来发展进行了展望。

一　民间与民族：世界少数族裔文学比较

梁昭

在本次国际比较文学学会年会上，"文学人类学研究"本来只设立了一个分论坛。但报名参会的人比较多，所以根据议题和文章内容分为两个组："民间与民族：世界少数族裔文学比较"和"文学人类学研究"。以下是对"民间与民族：世界少数族裔文学比较"小组的学者发言简况的总结。

本组的发言从召集人、四川大学徐新建教授进行的论坛宗旨阐述开始。徐老师从国际比较文学的最新研究动向谈起，他谈到当今国际比较文学学界虽然在新的背景下重新聚焦于 18 世纪提出的"世界文学"概念，但学界关于"世界文学"的讨论一般关注经典的作家和作品，徐新建老师认为这种范畴要落实在当今更多元化的文学类型上。另外，他谈到比较诗学和文学理论的"元话语"也需要从文学人类学的角度来充实。在这样的学术转向之下，文学人类学和世界少数族裔文学的议题与国际比较文学学会的会议有着深层的关联。

本组收到参会回执和论文摘要 27 份，实际到会发言的有 11 人。从文学的族群类型来看，本组的发言关注的民族和族群有：中国壮族、彝族、藏族，越南瑶族，美洲印第安人，美国亚裔等。从文学媒介或文学类型来看，有的学者讨论口述传统，有的讨论仪式中的声音，有的讨论手抄本文化和故事的变异，有的讨论电子媒介与写作的关系，还有人讨论文学的经典作品和现实之间的关系。

（一）会议发言

本组的讨论以两位学者关于美洲印第安文学的讨论开场。四川大学徐新建教授回顾了 20 世纪中国学者以考古学和人类学的研究方法，来构建亚洲和美洲之间的具有实证性关联的图景。复旦大学的陈靓老师以美国印第安作家阿诺德·克鲁帕的作品和理论主张为依据，依次讨论了作家主张的部落主义、印第安主义和世界主义等一系列概念，提出世界文学是一种关系性的建构而非实在性关系的观点。

来自台湾的两位老师——台湾高苑科技大学的郭正宜老师和台湾台中科技大学的郑美惠老师——分别做了发言。他们都以在越南进行田野调查时搜集的越南瑶族手抄本古籍为对象，研究其中记载的民间故事。郭老师讨论的是"黄氏女故事"的变迁，郑老师讨论的是"董永故事"的变迁。他们仔细比较了不同版本的异同，以及故事在流传的过程中发生变异的原因。

四川大学邱硕老师的发言，是关于彝族诗人阿库乌雾在前几年开始的微博"断片"写作的文学实验，她着重探讨了"微博"系统对阿库乌雾具体的文本创作形式和内容的影响。

四川大学的藏族学者完德加老师将科幻和佛学的表述进行了平行的对比，讨论两类话语对于时间与空间、生与死的表述异同；指出佛学世界观可以为现代技术世界中的文学表达——如科幻作品提供资源。

四川大学的梁昭，主要分析的是广西"三月三"，重点关注一个地区的仪式文本当中的声音类型，讨论了其中各类不同的声音层次，以及电子媒介技术对于声音的影响。

来自中国社会科学院的毛巧晖研究员的议题是"文学民族志"。她把文学事件放在现实生活中进行考量。讨论的是中国经典作品《红楼梦》的文学意义以及作者视界对于今天现实生存的人群的影响，探讨了作品如何经过传播和学者的讨论，改变当地人对空间结构的认识，以及如何改变自我认知及历史阐释。

本组还有三位研究生发言。他们的论文都是对作家作品的研究。来自埃及的山东大学博士生阿瑚德研究的是古希腊悲剧对中国的戏剧家曹禺和埃及作家作品具体的影响。西安交通大学的肖寒讨论的是美国越战文学中的"创伤"主题。陕西师范大学的古昊鑫讨论了余光中的诗歌作品，阐发关于诗歌和音乐的关系问题。

（二）开放讨论

在讨论环节，学者们讨论了"民间""民族""少数族裔"等概念的生成过程以及在今天怎么理解这些概念。大家还对每个报告人的研究方法和案例中的问题进行了交流。如徐新建老师在开场所说的，小组的发言体现了如何从具体的案例——少数族裔文学研究的案例——来充实比较文学对"世界文学"的再讨论。

总体来说，这次讨论"少数族裔文学"的出发点或结果，并不是为了解答关于"少数族裔文学是什么"的最终模式，而是要关注活生生的少数民族文学与文化的现实，从鲜活的现实变迁中，从具体的个案陈述和推进中来充实、争论"少数族裔"的概念，并生成对其研究的开放性理解。

二 另一种知识样态的文学研究

徐新建

文学人类学这一场我没有听，这不怪我，得怪会议的设计有问题。目前像这样的平行论坛虽保证了民主和多样性，却丢失了相互间的见面讨论，甚至同一个团队就在同一个时间也被分成了两场。当然我也替你们遗憾，因为我们的"民间到民族"这一场也很精彩。

在大会开幕式上，张隆溪教授以及深圳大学的党委书记刘洪一教授提到，本次会议有一个空前绝后的创造，即一会两地、"一国两制"；先在深圳开三天，接着在澳门再开三天。深圳的会是序幕也是前奏，可称为"会前会"或"会中会"，二者合在一起，构成别具一格的大型会议。深圳的会也有主题发言和专题论坛，后面还有一个"加演"。只是相对而言，"加演"的出场很微弱，象征了处于没落的文学现状。会议的最后一天，都快闭幕时，大会请出王安忆作为作家代表发言。这种很不成比例的作家出场现象，反映了现实生活——抑或说文学生活中，无论阅读、创作还是整个的文学实践在当今的地位，体现出文学在社会结构中的影响力不断萎缩。与此相反，文学研究的膨胀反差却也突出。一个著名作家及其作品四周每每包围和簇拥着成千上万的评论家与研究者。这现状导致"曹雪芹"

的名号旁会源源不断地再生产出各式各样派生文本、副文本——形形色色的"红学大观园"，甚至生产出作为影视基地和观光景点的曹雪芹"故居""故乡"，在南方则会有李白、杜甫、苏东坡……，大都一样。为此，我们不禁要再度反问：什么是文学研究？文学研究的意义与目的何在？

为什么要研究文学？我发现眼下的文学研究正在异化，在转变为另一种样态的知识生产。研究者们表面关注文学，实际是在用文学说话，借文学发声。所以很多时候文学并不是学者们想要回去的地方。由于受限于多种情况的表述瓶颈，大家都借文学说话，实际说的是性别研究、文化研究或历史研究，另辟了一条机会主义路径。在国际比较文学领域，很多学者其实都没有扎根"文学"，所做的工作从严格意义上讲，都不能算文学研究。如果从横向比较来看，音乐研究者大部分是音乐家，美术研究者大部分是美术家，唯独文学研究里面，很多人其实并不喜欢文学，但都宣称在做文学研究，原因就在于想借文学说哲学的话、历史的话和社会批评的话，成了我称之为的另一种样态——借文学研究来表述的生产。不过以这种样态生产出来的知识非常暧昧，生产出来后又被"文学"的外壳或"紧身衣"束缚。所以读者们去阅读这样的文学"知识"时，每每难以领悟。19世纪的俄国批评流派中，文学理论几乎都是政治思想、批判哲学；在现代中国的五四时期，文学评论和研究则转变成了意在改造国民、创建国家的新文化运动，知识界的学者们用"文学"点燃了整个社会。事情演变至今又发生了许多变化。在今天国际比较文学澳门年会的场景中，就好比蜷缩进了比较文学的紧身衣里面。可问题仍然存在，那就是：文学研究到底要生产什么？这是第一个大的问题。

其次值得深究的议题是"世界文学"。本次的深圳会场请来了成中英教授做报告，很有意思。成教授是哲学家、新儒家代表人物之一。他的报告题目是《作为文学的世界和世界作为文学》。这个报告让我觉得，文学研究得重新回到学术共同体当中。我认为现代性以后的文学评论和研究其实已远离了社会，陷入文学的自身圈子打交道，而且越来越局限于形式主义的新批评——关注表面的符号修辞，阐释形式、象征以及所谓"诗意的生活"，热衷于说一些文学的皮相。然而文学之所以对人类具有普遍和深刻的意义，就在于它与人性、人心及历史相关。因此，文学研究不仅要研究文学本身，而且要研究与之相关的社会和历史。在这个意义上，文学人类学是有一种使命或者雄心的，即力图让文学融入历史，回归人类。也就是萧兵老师说的"面向文学，回向人类"。① 因为文学是人类的一种状态和一种作品。

另外，对于国际比较文学的深圳和澳门会议，包括将于 2019 年 11 月在广西召开的文学人类学年会，还有一些细节值得思考。与会发言中，秦崇文做的专题统计说文学人类学的理论发展很差。这是客观事实，不过我们已在调整，力图改进。2019 年上半年在西安开了一个会，讨论文学人类学的理论提升。可什么叫文学理论呢？有几个点希望大家关注一下。第一，多年来学界习惯于借文学说人类学的话。这个借是假借，而不是伪装。因为文学这个词语无论在英语世界还是在汉语世界其实已成为一个社会关键词。我最近发表的一篇文章谈到，对于现代中国的社会变迁而言，文学不仅是"关键词"而且是"结构词"，成了影响国家创建和国民生活的原创性工具，一个具有社会再生产能力的新概念。②

但"文学"这个词是有问题的。现代汉语的文学一词，"文"有问题，"学"更有问题，两个字合在一起更是个大问题。这种情况之下，所能做的就是分别从词语、词义和词用着手，重新理解和界定"文学"的含义和功能，并以新的界定为基础，延伸、组合出新的关联语词，如"多文学""多民族文学""多民族文学史观"等。"多文学"观强调不只有一个单数的文学，当西方的莎士比亚碰到中国的关汉卿时，实际上是两种不同文学的相遇，但我们现在只用一个词语来描述这两种状态。就像"萨满"这个词的使用一样，北方说"萨满"，南方就说"巫"。张光直推动"萨满"一词的泛化、标准化，萧兵就反对。③ 所以我们假借一个地方性知识来做普适性话语的时候，意味着一种妥协。这种妥协可以理解，却不应导致地

① 萧兵：《世界村的新来客——"走向人类，回归文学"的文学人类学》，《江苏社会科学》2000 年第 2 期，第 120 ~ 121 页。
② 徐新建：《文学词变：现代中国的新文学创建》，《文艺理论研究》2019 年第 3 期，第 11 ~ 34 页。
③ 谭佳：《两种"物"观——对萧兵批评张光直"泛萨满论"的再评论》，《民族艺术》2018 年第 6 期，第 68 ~ 78 页。

方性概念与词语的遗忘和被埋——如"萨满"一词后面的"巫觋""毕摩""东朗"等其他区域性的通神人物。他/她们绝非"萨满"一词所能指代。"文学"也如此。当我们不得不借用一个词语来言说各种各样的"文学"的时候，需要做的第一件事就是要回到母语、回到词语的"原叙事"。

因此，需要扩展"文学"的意涵及其所指，比如像人类学家李亦园那样，既关注书面文学，也研究口头传统，交替互映地考察分析文学的展演和过程，强调在民间生活世界里，文学是过程性和动态性的存在。① 再如叶舒宪对文化文本的强调，以及提出的"神话历史"说。总之，文学人类学研究注重整体文学观，因此会关注多元的表述与开放的阅读，不仅考察从民间到精英的多类型写作，而且关注亡灵词——送魂歌，阐述神圣与世俗的跨界的关联。这样的文学研究范式，在经典的知识生产里很难出现。所以我们就从扩展"文学"语词的含义做起，将文学视为动态与过程的整体，视为生活世界与生命呈现的文学。

除此之外，还有可用旧词说新话。比如重述"文本"即是这样。我们借助"文本"注入"文化"，一方面让文本关联文化，同时把文化视为文本，强调 culture is text，文化即文本。其中，文化不是修饰语，文化就是文本。这样，当文化作为文本之时，世界就是文本的世界，或者说世界即为文本。文学蕴含其中，成为文本的一种类型。

在深圳的会议上我的发言表面在讲人工智能，其实也还是在讲文本，只不过类型变为电子文本、互联网文本罢了。这样的转变可视为文学人类学研究的必然延伸。我在人工智能里嵌入了"表述"概念，并使之与《未来简史》强调的"人类故事"相结合，凸显人类的文学性变异——一种会讲故事且需要故事的动物，在堕入"零故事"困境时如何摆脱危机的命运问题。他需要重设故事，并用新的故事维系人类的现实稳定与未来牵引。

为此不妨再举人工智能的例子来做说明。先做一个假定：在 20 世纪，人类社群主要由三大故事支撑：自由主义、纳粹主义与共产主义；进入数

---

① 李亦园：《文学人类学的形成》，《中外文化与文论》总第 5 辑，1998 年。

智时代后，上述故事逐渐祛魅，失掉了对人们的动员与凝聚力，人类即将挣扎于"零故事"语境。从这个意义上说，文学的功能在于提供故事，人类的过程即是故事的延伸；生存就是活在不同的故事里。一旦丧失故事，期待救赎的唯有文学。

可见，从文学人类学来看，文学就是人类的自我表述、相互连接以及群体认同与生命救赎。因此在本次国际比较文学会议上，文学人类学提出的科幻与神话是问题的一体两面，神话不仅代表过去，神话也是现在和未来；今天的科幻就是过去的神话，过去的神话是未来的科幻。彼此不是进化与替代关系。人类的文学表达是本能与时空的兼容，想象与欲望同在。

三　文化大传统的理论建构

胡建升

"文学人类学研究"会议专场共有 15 位学者发言，我代表小组对这 15 位学者的会议发言做一个简短的小结。

本组最大的特色在于对本土文化理论建构方面有着独特的思考，这主要归功于上海交通大学叶舒宪老师带来的关于"烟与酒"的精彩论述。在环太平洋文化圈的大背景之下，叶老师对"烟"和"酒"这两种具体可见的、活在当下的物质展开了极具神话幻想的文化阐释，讲述了文学人类学研究者如何利用可见的物质图像来阐释古老的、看不见的、已经被遗忘了的文化精神。这是一个理论建构与实际个案结合得非常好的综合研究。中国社会科学院李川老师针对古希腊的理性精神以及神话幻想之间的吊诡关系，立足于中国本土的文化视角，利用华夏文化中"立象以尽意"的特殊思维方式，展开了独特的理论分析。这对于文学人类学重新反思神话幻想与意识理性之间的文化关系很有帮助。另外，中国社会科学院的研究生许诗怡对文学人类学的玉石之路与玉教神话信仰等诸多命题，展开了独特的理论反思，也颇有深度。

除此之外，在本组的讨论中，还有一些学者依托文化大传统的理论建构与新型视野，对文化小传统的知识现象展开别开生面的文化阐释。陕西师范大学李永平老师对文化文本背后所蕴含的"元秩序"和看不见的文化密码，做了理论上的探讨。上海交通大学胡建升老师做了题为《人文肇元——史前陶器图像与华夏精神》的主题演讲，主要利用史前出土的陶器图像，梳理文字出现以后历代儒者关于《周易》文本、太极图说之间的学案事件，主要从文化大传统的全新视角分析儒者们的文字纷争及其存在缺陷，重构了太极图说的史前人文图像源头。上海交通大学唐启翠老师做了关于"文心与文饰"的精彩报告，她主要从早期发现的玉璜以及各种玉龙图像分析什么是文学的问题。唐老师借用史前玉文、玉物的物质表现形式，重新审视中国本土的文学观念，认为考古出土的佩璜、玉龙等物质图像已经蕴含了文学人类学所提出来的文学新观念。

本组讨论的第三个方面是从民族文学和口传神话、活态文化传承方面进行探讨。中国社会科学院王宪昭老师展示了自己关于民间神话母题的分类编码与数据库建设，这对于文学人类学的跨学科研究来讲是极为方便的。中国社会科学院吴晓东老师做了关于壮族莫一大王与日食月食神话之间隐秘关系的主题演讲，他充分利用《山海经》中的神话故事，结合语音形式转换的古老密码，揭示出莫一大王故事背后所具有的文化编码。西安石油大学郭明军老师做了《作为文化文本的盲人说书》的主题报告，他关注当代的游吟诗人与黄土高原的盲说书人现象。老子说过，"五色令人目盲"。盲人说书属于在小传统文化与口传活态中遗存下来的大传统文化，充满了大智慧，很有价值，我们可以利用这种现存活态的文化资源进行理论建构，展开文化阐释，甚至进行文化反思，可以弥补早期经典文本在历史传播过程中所遗失的大传统文化价值。四川大学李菲老师讨论了民族文学生活与主流学术界讨论的文学生活之间的文化差异，我很认同李菲老师这种活态的民族文学观念。但是我也存有一个困惑，因为生活一词在英语中表述为 life，也就是生命，那么，生活跟生命是不是可以完全画等号？生活是不是就是生命存在？这些问题关乎意识与存在、理性与神话之间的文化关系问题，我们是不是一定要用生活来否定意识，它们之间到底有什么样的文化联系与差异？这也是文学人类学第八届年会所要讨论的一个有趣话题，值得深入思考。

本组讨论的第四个方面是关于作为文化大传统最具有活态根源性的萨

满文化讨论。中国人民大学梁坤老师介绍了自己对北方萨满文化的田野调查结果，她跟叶老师一样，重视田野调查，背着行李，行走三万里路，跨国界实地调查萨满教的文化根源及其文化精神，总结出贯通蒙古国、俄罗斯等多个民族国家的文化精神底色。文学人类学强调，华夏精神的本土文化根源在于萨满文化，而梁老师对北方萨满教的田野工作与文化提升，可以强化和开拓本土文化大传统的理论建构。内蒙古师范大学阿婧斯老师对留传下来的江格尔口传史诗与出土的宗教图像之间的文化关系做了深入讨论。她认为研究口头传统的江格尔史诗，必须要善于将其与出土的宗教图像联系起来。阿婧斯老师的研究重视综合运用第三重证据与第四重证据，展开互证互释，由此获得一种关于口传史诗的整体文化理解。

除了以上几个方面的专题讨论外，本组会议还有关于地方文学的个案研究。北方民族大学吕颖老师报告了宁夏当代文学的比较研究现状，她强调宁夏文学属于华夏文学中具有根性特征的地方性文学，也呼吁文学人类学要关注地方文学研究。上海交通大学王浩博士做了关于西南地名的学术报告，他的报告对象表面上看起来是一个地名问题，但其背后的象征意味与文化想象却是无穷无尽的。陕西师范大学秦崇文博士详细研究了从2000年到现在文学人类学专业硕士论文、博士论文的现状，通过大数据的统计分析，总结出文学人类学专业研究生学位论文存在的优点及不足，提出近些年来文学人类学专业学位论文存在理论不足的问题。由此看来，文学人类学的所有同人今后在理论建构方面还须继续努力。秦博士的大数据研究是非常直观的量化呈现，对文学人类学的未来发展具有一定的指导意义。

15位学者的研究报告聚焦于理论创新以及文化大传统如何开启文化小传统阐释等方面。通过一天的会议，强化了我对文学人类学的新认识，具体有两个方面。第一，文学人类学的研究对象与众不同，其研究重心强调被主流学术界忽视、贬值、边缘化、遗忘了的东西，而这些东西恰恰是文学人类学最要关注的对象。第二，文学人类学具有独特的团队目标与学术使命，特别强调要在可见的、可听的文字文本或者文化文本当中，发现具有原生性、支配性、潜藏性的文化密码。当然，我也认为，文学人类学的现行研究还存在一个缺失，即我们重视文化现象的原编码研究，但对于支撑原编码的文化动力到底是什么，不管它发自人类无意识，还是神话幻想，依旧处于模糊之中，这也是各位同人未来还需深思的问题，并有责任用理论的话语将其建构出来。

四　文学人类学的理论引领

叶舒宪

这是中国比较文学学会从 1996 年建立文学人类学研究会以来第一次国际性会议的展示。虽然徐老师刚才说会议还存在一些不足，但是不要紧，有这个开端，就有后来。

刚才听了一位点评人发言说"发言者彼此之间没有相互的交流"，但是发言的脉络是一个完整系统，主题就是"什么是文学人类学"？什么是被遗忘的大多数？所有的发言都是直接回应什么是"world"。传统的世界文学在课堂就是讲西洋文学，中间点缀一点 China、Japan、Indian 等，然后，他们根本没有我们说的第四世界、没有原住民、没有族群、没有"对神唱歌"，一切都没有。因为 18、19 世纪，歌德、马克思那个时代是殖民时代，所以这个也情有可原。但在今天跟着 19 世纪的人再唱这种大合唱的世界文学，没有多大意义。中国文化内部的多样性是非常令人震惊的，听了今天各位的发言，我的感受是：第一，真正能够从深度上把一个一万年以来的文明脉络拉出来；第二，在这上千万平方公里上展示出的多元草原的森林神话，南方的山地地名，这些都是非常好的教材，所以我们先出中文版，再出英文版。你们每一位发言要负责改写成一个教材章节，要比较通俗易懂，让本科生可以读懂。徐新建老师那一组要怎么样？我们可以合出一本上下册。今天我听很多参会者反映说我们开了这么多年会议，今天这一场是出乎预料的。后来包括文学概念的问题、生活实践都没时间讲了。人类文学生活可以说是民族生活，包括少数民族。

这里面的问题就多了去了。就像徐新建讲的，人类是宇宙中唯一会讲故事的动物。当然，这个故事可以当文学来讲，你在迪士尼乐园带着孩子消费了之后，有没有认识到这就是人家的文学生活，米老鼠现实中有吗？"哈利·波特"园、"达·芬奇密码"园建起来以后的人类，这些年都生活在那个世界，文学是建构现实的，我们生活的世界是文学建构出来的，那在这种情况下还讨论什么是文学，什么不是文学？再举一个例子，假如大家都看了《亚鲁王》——但是文学研究者都看翻译的文本部分，没有看图像的部分——那是一个砍马仪式，这到底是不是文学？所有的原住民、少数民族，他们都不分文学和非文学，文学就是他们的生活，他们的信仰。最核心的就是信仰，在没有找到信仰的时候，我们根本不知道为什么要把活马砍死。看了《指路经》，就知道亡灵要上天堂，"马"是"天马行空"的"马"，当你没有信仰、没有神话观念时，什么也看不懂。这是一个理论指引，这个世界都是文化文本，所谓的文化文本不是指具体的，而是像马克思说的看不见、摸不着，但是支配这个世界前进的东西，这就是我们要找的神话——主要集中在华夏背后的神话。除了关注"文本"之外，徐新建老师还创办了一个叫《文学人类学研究》的杂志，中国社会科学出版社出版的，已经出版了三辑。

我们接着说神话，这里我讲一个概念："神话中国"，就是说我们讲的"神话是信仰支配的"，没有信仰就不会有人类。没有任何一个民族或族群是没有信仰的，只有当代人没有。刘洪一教授在课件上做了一个地球仪，标出了信仰，看来看去全是信仰，看来看去就咱们这一块儿没有。传统中国肯定有信仰，所以这个神话中国的意思就是说，过去把神话当成文学的一类，这是鲁迅、茅盾那个时代遗留下来的一个误读：神话不是属于文学的，反过来，我们所说的文史哲、宗教、心理学都是属于神话。最早的故事讲述一定跟通神和神圣叙事有关。因此，《神话中国》这个刊物也创刊了。从这里看出来，每一个概念都是理论引领，最后指导研究实践。文学人类学现在有一个理论来引领，重新认知以前被遮蔽的中国文化和中国故事，这就是我们的初衷，所以欢迎大家多多批评和加盟，期待大家的新创意和新想法，特别是神话和讨论方面的。

多民族文学

《狼图腾》与乌托邦

——简评《后乌托邦批评：〈狼图腾〉深度诠释》

王一燕* 著 罗 燕** 译①

摘要：李小江的《后乌托邦批评：〈狼图腾〉深度诠释》一书以《狼图腾》为平台，试图建立一种新的分析范畴：后乌托邦批评，以此来揭示中国学人对于当代西方学术传统的批判与反思。王一燕的书评，从中、西方的文化背景和学术差异等方面出发，探讨了西方学术话语中，后殖民与后现代两种研究范式的相关内容。

关键词：《狼图腾》 乌托邦 李小江

一 后寓言与后乌托邦

李小江是一位著名的学者，她对中国社会中的性别和妇女问题进行了开创性的研究，并发表了大量的著作。她的专著《后乌托邦批评：〈狼图腾〉深度诠释》（长江文艺出版社，2010）与她以往的研究有着明显的不同。这里评论的版本是由 Edward Gunn 翻译成英文的 2013 年修订版：《后

---

* 王一燕，新西兰惠灵顿大学教授，中文系主任。李小江原著信息：《后乌托邦批评：〈狼图腾〉深度诠释》，长江文艺出版社，2010。

** 罗燕，四川大学文学人类学专业博士生，研究方向为民族学、文学人类学。

① 译者按：本文译自王一燕教授题为《后乌托邦批评：〈狼图腾〉深度诠释》的书评。该文针对《后乌托邦批评：〈狼图腾〉深度诠释》一书进行评论。原文依据 Edward Mansfield Gunn 的英文版本：*Wolf Totem and the Post – Mao Utopian：A Chinese Perspective on Contemporary Western Scholarship*，发表于《现代中国文学与文化》2019 年 3 月号。原文请见：https：//u. osu. edu/mclc/book – reviews/yiyan – wang/#_ ftn1. 书评内容既包括了对李小江原著中观点的阐述与探讨，同时也对 Edward Mansfield Gunn 的翻译版中的相关问题进行了评述与讨论。本文小标题为译者所加。书评原文中，原著引文部分的页码注释在本文中不再详细标注。

乌托邦批评：〈狼图腾〉深度诠释》（上海人民出版社）。正如副标题所指出的，这是"中国学人对当代西方学术的看法"。李小江对小说《狼图腾》的分析与定位①，说它是"后"寓言，是为了揭示该书的主要用意——批判当代西方学术，并提出一个新的批判范式：后乌托邦的批评。Gunn 将修订版的标题翻译为"后毛乌托邦"，我使用李小江的原始术语"后寓言"，因为这是她的切入点，或许有助于我们理解她关于"后乌托邦"的论点。

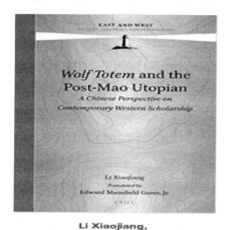

Li Xiaojiang,
Wolf Totem and the Post-Mao Utopian: A Chinese Perspective on Contemporary Western Scholarship
Tr. Edward Mansfield Gunn. Leiden: Brill, 2018. Ix-xviii + 574. ISBN: 978-90-04-27672-7 (Hardcover).

该书由三个主要部分组成。第一部分，文本分析，是对小说《狼图腾》的文本分析。第二部分，寓言解释，讨论了后现代主义和后殖民主义对中国学术界的影响。书中第 27 页"简短的"结论，我认为是书的第三部分，阐述了后乌托邦的具体定义和内容。

第一部分的文本分析集中在三个问题上。第一，《狼图腾》讲述了什么样的故事？第二，为什么《狼图腾》有如此广泛的读者？第三，《狼图腾》是如何吸引读者的？作者将这些问题作为深入讨论的切入点。在回答第一个问题时，李小江详细地讨论了世界文学和中国文学史上"寓言"和

---

① Jiang Rong, *Wolf Totem*, trans. by Howard Gddblatt, Pengguin Book, 2009.

"现代寓言"的构成。她追溯了古老寓言中有关人性的传统，如伊索寓言。并且通过那些讲述国家故事的现代寓言，来唤起人们对想象的共同体的共识。李小江认为《狼图腾》在这种叙事传统方面展现出了独特的成就，她指出这本小说被认为是"后寓言"，在于它是后现代的产物，因此，它是后寓言的。并且进一步提出，《狼图腾》不应被理解为关于人类环境退化的生态叙述，也不应将其简单地视为国家寓言。她坚持认为，这个寓言暗示了"后"时代的人性，进一步支持了她对"后"一词的使用。

为了阐述这本书的审美性，李小江提出了《狼图腾》为何吸引读者这个问题。对她来说，这种叙事方式是令人耳目一新的创新。承袭了那些早期文学作品的叙事传统，这本书的主题，通过主角的生活故事来探索人类生活的意义，但它选择狼作为主角，使之能够绕过人类社会的一些政治纠缠，特别是中国的历史和社会问题，并由此进入了所谓的"原始自然"的生态系统。小说最显著的特点体现在故事发生的主要背景，即一片广阔的草原，这是狼发挥其自由精神的中心舞台。随着叙事的展开，读者被吸引到一个极其引人入胜的自然与文化的情境中。同时，在使用"动作词汇"和"感官词汇"时，《狼图腾》也使读者沉醉于一种文本美之中，这种美正是当下大部分中国小说所缺失的。故事的结尾是狼和大自然的消亡，这进一步增强了故事的吸引力，许多读者正是被故事中的悲剧吸引。

二 失语症与后殖民

李小江的分析，在广度和深度方面都令人印象深刻。她将《狼图腾》置于世界文学和中国文学史的语境中，表现出对不同的语言、文化、历史时代的文本的熟稔。《狼图腾》中的狼被视为一个有勇气、智慧、同情心尤其是具有自由精神的英雄。李小江认为《狼图腾》对狼赋予的积极寓意是独具一格且充满新意的。（她指出，此前在国内有一本类似的寓言小说，是贾平凹在 2000 年所写的《怀念狼》）

李小江对《狼图腾》许多叙述特征的细致解读，不仅显示了她对世界文学的了解程度，同时也显示出她对批判理论及其在西方文学和文化研究中的应用的深刻理解。特别是她的论述非常行云流水地体现了她对西方两种话语的批判：后现代主义和后殖民主义。她认为，当代西方学术主要集中在这两种范式上。基于她对近几十年来全球学术界的理论问题和地缘政治的广泛了解，李小江在中国学术研究中探讨了"失语症"的学理问题（引用了曹顺庆、Roman Jacobson 等人的话）。①尽管她并没有把中国学者无法与世界交流的原因完全归咎于西方，但她指出，西方对国际学术界的支配无疑助长了中国学者试图表达自己学术观点时所遇到的困难。同时，她也指出后现代主义和后殖民主义渗透到西方学术的问题。在她看来，这是因为后现代主义是来源于第一世界，并且也是关于第一世界的理论，也就是指那些直到 20 世纪中叶还是殖民者的国家——以及殖民主义后的国家——后现代主义是那些曾经被第一世界殖民的人的理论。她对处理"第三世界"所面临的问题，或是对像中国这样的第三世界国家的文本几乎没有太大的解释力。由于第三世界倾向于产生寓言性的文本，所以李小江汲取了 Fredric Jameson 的建议，提出了将"后乌托邦批评"作为分析工具。她认为，后乌托邦理论可以使中国学者在国际学术界找到并确立自己的位置，这也是她希望借此书所能达到的目的之一。

我希望以上论述对李小江的写作用意及这本书的相关成就做出了一个公允、恰当的总结。当我受邀为《后乌托邦批评：〈狼图腾〉深度诠释》一书撰写书评时，我很好奇李小江对《狼图腾》中有关性别表征的看法，同时，我也很好奇 Edward Gunn 承诺翻译这样一部巨作的初衷，并期待他能有对李小江的观点做出一些富有洞见的评论。但是，尽管李小江对《狼图腾》的叙事进行了多方面的探讨，却忽视了其中蕴涵的关于性别的论述，并且没有包含 Gunn 对于翻译作品的任何评论或阐释，比如他致力于这项工作的原因，他作为译者的词语选择，等等。对于评论者而言，这本书是很难评论的，特别是关于"身份"的阐述，确实对评论者提出了极大

① 译者注：曹顺庆在其《21 世纪中国文论发展战略与重建中国文论话语》（《东方丛刊》1995 年第 3 辑）中首次提出中国文论"失语症"及"重建中国文论话语"的相关论述，随后在学术界激起热烈讨论。他认为"'学术话语'是专指不同的学术规则，'失语'是指失去了自己的学术规则"。中国文论的"失语"则是指"我们根本没有一套自己的话语，一套自己特有的表达、沟通、解读的学术规则。我们一旦离开了西方文论话语，就几乎没有办法说话，活生生一个学术'哑巴'"。由此，呼吁重建中国文论话语，重视传统文化教育。

的挑战。之所以这么说，是因为李小江在写作的过程中预设了一种"身份政治"。她把自己定位为来自中国的学者，并且她认为中国是第三世界的发展中国家。因此，她提出：

> 作为一个中国学者，我需要审视我自己：在什么程度上你可以"合法地"和"合理地"使用"后"话语？

> 拥有第三世界地位的有幸之处在于，可以使用"后殖民批评"来批判西方霸权的话语世界。在这个话语平台上，许多中国学者可以不经上级允许发言，自觉地完成了身份的转换，与后殖民理论保持一致。

三　中国学者与第三世界

尽管一个人的政治和文化背景确实会影响他对研究问题的判断和选择，但是对于一位读者而言，"中国人"的身份不应该妨碍他采用任何批判的框架。而且，由于中国 2001 年加入世贸组织，2008 年举办北京奥运会，以及正崛起为世界第二大经济体等，中国作为"第三世界"国家的地位也是有待商榷的。无论如何，为什么学术界评价一部文学作品要在意它是否符合一个国家的利益？除此之外，李小江的论述深深植根于中国和西方的二元观念。在我看来，"西方"和"中国"这两个范畴太大了，难以用有意义或有成效的方法来切入比较。鉴于我们之间观点的差异，李小江提出的问题与我认为解决那些问题更有成效和更有价值的方法之间存在着一定距离。例如，对她来说，了解以下问题的答案是非常重要的：

> 后现代话语无法解释的"想象中的中国"事物是什么？
> 在当今的世界之中，这些无法解释的事物比例有多大？
> 它们是整体结构问题还是部分结构问题？

对于读者来说，这些问题太大、太笼统了。从来没有人说过后现代主义能够或者尝试去解释所有的社会问题和自然现象。如果有人认为后现代主义不适用，他们也并未被强迫去使用相关的方法和理论。尽管我们的立场不同，我也能理解李小江所说的中国学者所面临的困境，他们被激烈的竞争要求所累。一方面，中国国内的话语迫使他们用自己的分析和修辞范式为国内读者撰写文章；另一方面，国际学术界的主导话语要求他们熟悉从来没有学习过的体例和范式。然而，后者并非不可克服的挑战，正如李小江自己说的那样：

> 实际上，学习、研究西方文化的东方学者，在跨文化研究方面，对于西方话语的研究有着巨大的优势……一旦你掌握并熟悉它的使用，它就会变成你手中有力的工具。

> 然而，正是在面对自己的国家时，有些问题才会凸显：你在讲"后现代"理论时，整个国家却正处于向"现代化"迈进的过程中，甚至还停留在"前现代"状态。

在李小江的观察与论述中，确有洞见：

> 从未尝过殖民化滋味的中国学者自己意识到了自己的处境：不管是后现代还是后殖民，别人都已经把它留给了自己，当我们借用这些词的时候，总会有一种空洞的感觉。所谓"第三世界"的话语本质一直寄生在"第一世界"的意识形态血肉之上，从未真正独立于它之外。

在她看来，更重要的是，由于中国正处于社会主义和马克思主义的实践中，因此后现代主义和后殖民主义在这里的发展并不充分。正是基于这些因素，李小江作为第三世界文本生产者——中国学者——深入揭示了文本中寓言的意义，并提出了"后乌托邦批评"这一新的分析范式，用它来直接回答中国社会面临的问题。然而，李小江对"后乌托邦批评"并没有给出明确的定义。她说：

> 后乌托邦批评不等同于反乌托邦主义。
> 前者是一种分析范畴，后者是一种政治态度。
> 作为一种分析工具，"后乌托邦"是内化的，而不是"反"导向的"分离"，身体和心灵都在其中，批评也是自我批评。

对于李小江来说，"后乌托邦"分析方法可以将那些不分种族、国家、政党、社会阶层、性别、年龄，"坚持追求梦想，看透现代人、文明甚至人性的罪恶，却拒绝放弃追求善的人团结起来"。在她看来，"后乌托邦批评"诞生于乌托邦实践之中，它将使学者们重新认识对与错，重新发现人类历史的意义。

总而言之，无论是从篇幅还是内容来看，这本书本身就是一本宏大的叙事。它涉及许多学术性和非学术性的问题，并且也一直在努力充分地阐述这些问题。我很钦佩李小江具有莫大的勇气来进行如此艰巨的工作，特别是在关于西方的理论主张方面，她或隐或显对西方学者提出了严厉的批评，这些观点都具有一定的普遍性。虽然我和李小江在书中讨论的许多问题上看法不尽一致，但我还是向同事们推荐《后乌托邦批评：〈狼图腾〉深度诠释》。李小江对当代西方学术的看法值得深入探讨。

元末明初多民族融合剪影：浅论回族诗人丁鹤年的涉道诗歌及道教美学情怀

罗崇蓉*

摘要：元末明初少数民族诗人丁鹤年被清代大家全祖望赞为"文苑巨子"。他本身系回族，但又一生推崇本土道教，写作大量涉道诗歌，作品描写修道生活、神仙境界、养生服食之法，并受道教养生思想影响创办中医养生馆"鹤年堂"，对释道书法绘画亦颇有研究，其诗文在中国文化史上具有一定影响力，是中国历史多民族文化共通共融的典范。本文由此出发，通过分析整理丁鹤年的涉道诗歌，揭示这位少数民族作家背后蕴藏的深层中华传统文化因子，并借此勾勒元明时代民族文化交相辉映的史实。

关键词：回族 丁鹤年 道教 审美

一 丁鹤年的生平经历，与道结缘

丁鹤年生于元惠宗元统三年（1335），卒于明太宗永乐二十二年（1424）。字鹤年，号友鹤山人，晚年又字永庚。祖先是东来的西域人，他生活在元代有名的回族世家中，信仰伊斯兰教。他也是历史上杰出的回族诗人，一生著有四卷诗集《海巢集》《哀思集》《方外集》《续集》。但因后世战乱，流传下来的只有三百多首，收录在《丁鹤年集》[①] 中传世。

丁鹤年的诗文，在中国文化史上具有一定影响力，明朝管时敏[②]的诗

---

* 罗崇蓉，成都大学美术与设计学院讲师，美学博士，研究方向为宗教美学与审美人类学。

① 丁俊生：《丁鹤年诗辑注》，天津古籍出版社，1982。

② 管时敏，明代松江华庭（今上海）人，明代官吏，鹤年好友。曾出使楚府长史四十余年，著有《蚓窍集》，收入《四库全书》。

集《蚓窍集》刊印时，将丁鹤年的评语刻了进去。可见管时敏对丁鹤年的评语是非常重视的。元末文学家戴良在《鹤年吟稿序》中说：丁鹤年的诗歌"尤工于唐律"，"为文章有气节"，"其措辞命意，多出杜子美，而音节格调，则有兼得我朝诸阁老之所长。其入人之深，感人之妙，有非他诗人所可及"。清代著名散文大家全祖望在《鲒埼亭集外编》则称丁鹤年为"文苑巨子"。《四库全书总目》评价他说："鹤年既绝意于功名，惟覃思吟咏，故所得颇深。尤长于五、七言近体，往往沉郁顿挫，逼近古人，无元季纤靡之习。"丁鹤年的诗篇，其中很多涉及道教题材的作品，如探讨道教养生长寿之法，描写神仙环境、神仙故事等游仙题材，属于中国文坛中的涉道诗篇。

丁鹤年出生于蒙古族人统治的元朝，九岁开始学习儒书，《九灵山房集》卷一九《高士传》："年十七，而通诗、书、礼三经。"[①] 曾师从豫章有名的儒士周怀孝，早年深厚的汉文化底蕴为其后来的诗歌创作奠定了基础。

元明朝代更迭，丁鹤年早年生活颠沛流离，躲避战乱，流亡各地，在道观禅院栖身，不得不"转徙逃逸，为童子师，或寄僧舍，卖浆自给"。在浙东"转徙无常"，足迹主要在余姚和庆元路，宁波府所辖的慈溪、定海、奉化等地，而这些地方的禅院和道观，就是丁鹤年流转寄居的安身立命之所[②]。这些经历为丁鹤年诗歌中的道教因子加上了重重的砝码。

丁鹤年大半生生活在汉人统治的明朝，他的诗歌创作也是在明朝时期达到顶峰。在云游途中，他常与隐士、道士、游客诗歌唱答往来。这些格调清新的涉道诗歌，或表达他对长生成仙的向往，或表达对清幽道隐生活的喜爱。

二　描写修道生活，表达清虚志向

丁鹤年兄弟几人都登堂进士，唯鹤年不慕高举，钻研中国传统文化，

---

① （元）戴良：《九灵山房集》卷一九《高士传》，文渊阁《四库全书》，上海古籍出版社，第 1217 册，第 96 页。
② 韩儒林：《元史论丛》，中华书局，1983，第 73 页。

潜心修辞造句，加上少年时生活就一直颠沛流离，释怀感伤，偏爱与有识之士结交学习，游览名山大川，畅怀抒己，往来于道观僧庙之间，诗和唱答，这些诗作或表达与道士的美好情谊，或描写美好神仙境界，或阐释自己对教义教规的理解，虽然丁鹤年非道教人士，但从这些唱答之间流露出的美好感情可以看出丁鹤年深深的爱道情怀。

山居诗呈诸道侣三首

其一

一榻东轩迥绝缘，寒岩枯木共忘年。

虽非悟道庞居士，岂是耽诗贾阆仙？

禅定尽教崖石坐，法音都付涧湍传。

腾腾终日无他伎，只辨饥餐与困眠。

其二

日日看山眼倍明，更无一事可关情。

扫开积雪岩前坐，领取闲云陇上行。

不共羽人谈太易，懒从衲子话无生。

划然时发苏门啸，遥答风声及水声。

其三

懒散形骸不自持，黄冠聊束鬓边丝。

频来猿鹤浑相识，久混龙蛇竟不知。

养拙最宜情澹泊，全生深藉德支离。

看云本自忘饥渴，况有冰泉与石芝。

《山居诗呈诸道侣三首》，其一用佛教人士庞蕴和唐朝著名诗人贾岛作为比喻，用庞蕴修禅的刻苦精神和贾岛作诗的忘我精神喻道侣们修行的不易和执着，第一句中的"迥绝缘"和"共忘年"恰到好处写出道侣悟道与僧人修禅、诗人写诗是一个道理，需要坚持不懈的努力和心灵的宁静忘我。修道的境界是一种清净无扰的虚真状态。

其二的羽人就是仙人的意思，羽化成仙之人。"太易"就是指混沌未开的状态。《列子·天瑞》篇：太易者，未见气也。"苏门啸"指"啸咏"。撮口发出悠长清越的声音，是道教一种养生方术，也是古代用来比喻高士的一种情趣爱好。典故是讲晋代阮籍与隐士孙登相会于苏门山，互相长啸。《晋书·阮籍传》："籍尝于苏门山遇孙登，与商略终古及栖神导气之术。登皆不应，籍因长啸而退。至半岭，闻有声若鸾凤之音，响乎岩谷，乃登之啸也。"这一首讲僧侣在山水之间修炼，心无旁骛，僧侣间的谈话更是广泛，不同神仙谈论天地初开的时候，与修禅的人谈论无生的关系，在俯仰之间像阮籍一样遇见知己长啸抒怀，听见自然之音来回报。抒发诗人与道侣间如同知己的关系。

其三第二句"频来猿鹤浑相识，久混龙蛇竟不知"中"猿鹤"与"龙蛇"相对应，猿鹤在古代用来代指隐逸之士，龙蛇也指隐匿、退隐，《汉书·扬雄传上》"以为君子得时则大行，不得时则龙蛇"。这一句讲僧侣都是隐逸在山野的高士，与下一句一同说明隐逸是修道之必需，这样才能"情澹泊""德支离"。冰泉与石芝，冰泉就是清泉，石芝：《抱朴子》说，此乃石桂芝也，诸芝捣末，或化水服，令人轻身长生不老。道教之人好辟谷，就是不吃五谷，避世居深山，喝溪水，配合食用黄精、玉竹、芝麻、天冬、大枣、黑豆、灵芝、松子、白术、桑葚、石芝等，以达到长生不老飞升成仙的效果。最后一首诗表达修道养生的另一项要求即辟谷，需要修身忘掉饥饿，气与自然化二为一，加上清泉石芝等方剂，就能得道成仙。在他的诗歌《寄铉宗鼎》中也寄予了诗人美好的成仙愿望。

寄铉宗鼎

（时在定水蒲庵闲居。定水寺号双峰，在海滨，地名鹤皋）

开士幽栖何处是？一庵潇洒旁双峰。

弹琴夜和鸣皋鹤，咒钵朝降渡海龙。

万里思乡瞻北斗，十年学道事西宗。

故人海内皆星散，忆尔山中冰雪容。

这首诗也是丁鹤年在游历途中定居定水寺时写的，虽然用了很多佛教术语，但是诗中所体现的是道本禅末的思想，所以笔者将此诗纳入丁鹤年涉道诗歌范围内。诗歌是写给叫铉宗鼎的僧人，喜欢远离尘世的环境，喜欢抚琴凝思。"故人海内皆星散，忆尔山中冰雪容"的"冰雪容"是用来形容仙人的样貌；《庄子·逍遥游》："藐姑射之山有神人居焉，肌肤若冰雪，绰约若处子。"这里形容铉宗鼎容貌不凡。定水寺在杭州附近，可见此诗是诗人云游苏杭地区时所写的。凡诗人所经过地区都留下了他寄托美好心愿的游历诗歌，这些诗歌中不乏抒发作者好道成仙情怀的作品。

三　描写游历生活，表达慕仙情结

丁鹤年隐居武当山期间，假馆授课。因已将家乡父母后事安置，海巢妻子也已病逝，便来到这里与当地隐士特别是宫观道士结游，写下这两首奉谢诗歌给武当宫承舒庵的道士。

假馆武当宫承舒庵赠诗次韵奉谢二首

其一

一归琳馆即逍遥，无复驱驰混市嚣。

载酒每承文士过，斗茶频赴羽人邀。

三清风露从天下，五色云霞匝地飘。

匡坐不眠神益王，静听笙鹤度中宵。

其二

去天尺五去人遥，地位清高隔世嚣。

秘阁校书多考索，初筵设醴重招邀。

每看赋雪才无敌，便觉凌云气欲飘。

枉骑敢烦临暑夕，挐舟或可候寒宵。

其一的琳馆是指武当宫道观。诗中讲来到宫观就仿佛获得自由逍遥，不再为市井喧嚣所驱使，每天带着酒与文人们结游，"斗茶频赴羽人邀"，常赴神仙邀请一起品茶。"三清"尊神，即玉清元始天尊、上清灵宝天尊、太清道德天尊驾云从仙宫而来。《列仙传》载："周灵王太子晋也就是王子乔，好吹笙，作凤鸣，游伊洛间，道士浮丘公接上嵩山，三十余年后乘白鹤驻缑氏山顶，举手谢时人仙去。"诗人借诗描写复归琳馆的喜悦，就像神仙一般的逍遥，在天地间自由翱翔，聆听山中笙鹤叫声。其二讲"去天尺五去人遥，地位清高隔世嚣。秘阁校书多考索，初筵设醴重招邀"是说武当宫观离天宫近而离人世远，地位高远与世事隔绝，藏书丰富，礼宴款待客人，如世外桃源一般。表达了诗人对道侣隐逸生活的喜爱，对道教清幽生活的肯定。

丁鹤年的流亡生涯中的游历诗歌很多都涉及了道教成仙、隐逸、长寿等文化因素，也写作了大量描写生活场景的诗歌，其中也不乏表达自己清虚志向和向往仙境的诗句，如《雪后泛东湖》和《黄鹤楼》：

雪后泛东湖

雪后湖山玉作围，小舟乘兴弄清辉。

贪看月里鸾回舞，不觉风前鹬退飞。

云母屏空春阁寂，水晶宫冷晚霏微。

仙家一笑乾坤老，谁驭瑶池八骏归？

诗歌是写诗人大雪过后泛舟东湖上的美景，有小舟，有仙山，有雪景，加上诗人丰富的想象力，用道教神仙仙境来描写东湖雪后美景，诗中所写的神话典故是周穆王与西王母会于瑶池的故事，《列子·周穆王》记载："穆王不恤国是，不乐臣妾，肆意远游，命驾八骏之乘……遂宾于西王母，觞于瑶池之上，西王母为天子瑶，王和之，其辞哀焉。"穆天子以诸侯进献的八骏神马为御驾，西征而去。一路征讨，抵达昆仑之丘。西王母出来阻止他，请他观黄帝之宫，迎他上瑶池，设宴款待，两人诗歌相和。诗歌歌颂仙人游仙的浪漫之情，表达对神仙境界的无限向往。

黄鹤楼

半空金碧何代楼，仙人鹤驾曾一游。

雕槛看云楚山晓，珠帘卷月湘江秋。

楼前云月长无恙，祢赋崔诗角清壮。

西风忽动庾公尘，仙人仍归九天上。

这首诗是诗人过黄鹤楼，黄鹤楼在丁鹤年湖北武汉老家。相传多位仙人在此楼"驾鹤西去成仙"，此楼更因唐代诗人崔颢一首《黄鹤楼》"昔人已乘黄鹤去，此地空余黄鹤楼。黄鹤一去不复返，白云千载空悠悠，晴川历历汉阳树，芳草萋萋鹦鹉洲。日暮乡关何处是，烟波江上使人愁"而名噪至今，丁鹤年由"芳草萋萋鹦鹉洲"联想到荆州（今湖北武汉）刺史庚亮。庚公好道，喜欢求仙问道，在武昌曾问道翟公之庐。丁鹤年登黄鹤楼，怀古伤今，仙人都在此得道成仙，颂扬其求仙问道的精神。

四 描写仙界环境，表达成仙理想

环翠楼①歌（为余姚道士梁公作）

大山摩穹霄，小山翻洪涛。或翔丹穴凤，或舞寒江蛟。奔腾起伏奇观不可状，云锦屏风金碧障。中有仙家太古坛，鸟啼花发春自闲。子晋②鸾笙乘月过，王乔凫舄凌云还。环翠楼开紫霞里，更揖鸡峰朝舜水。千岩秀色傍窗浮，万壑涛声从座起。烟消日出天溶溶，玉壶倒插金芙蓉。钩帘相对坐长夏，洒然冰雪生心胸。君不见天台嵯峨四万八千丈，若非飙车羽轮那得上？又不见，终南盘亘中原五百里，天梯云栈悬绝那可履？何如羽人高居环翠楼，调笑日月轻公侯。仙韶灵响每坐听，日观霞城时卧游。还丹炼就颜如玉，读书学道日不足。琅函③金检五千言，锦帙牙签三万轴。星为冠兮霓为裳，或参麒麟翳凤凰。翩翩上游白云乡，手把绛节朝紫皇。钧天九奏赐霞觞，醉乘冷风还下方。眼空四海小八荒，层楼栖真寿而昌。此名此境孰敢当？蓝山道士身姓梁。

这首《环翠楼歌》是写给余姚的道士梁公的作品，作者在环翠楼上看见周围景致，想到那里有神仙居住的古坛，想到道教经典故事王子晋乘着青鸾车经过，王乔成仙驾云而还。"何如羽人高居环翠楼，调笑日月轻公侯。仙韶灵响每坐听，日观霞城时卧游，还丹炼就颜如玉，读书学道日不足。"哪里像仙人高高居住在环翠楼，不慕名利，坐听仙韶乐，服用丹药使得自己保持年轻。"或参麒麟翳凤凰。翩翩上游白云乡，手把绛节朝紫皇，钧天九奏赐霞觞，"想象驾着麒麟凤凰上游至天宫，手持符节跪拜天

---

① 环翠楼，位于山东威海。
② 王子晋，周灵王太子，后得道成仙。
③ 琅函：道书。（明）杨慎《艺林伐山·仙经》："琼文、藻笈、琳篆、琅函，皆指道书也"。

神，被赐予精美的酒杯和美酒。"眼空四海小八荒，层楼栖真寿而昌，此名此境孰敢当？蓝山道士身姓梁。"写居住在这里的人既长寿又昌盛，只有梁道士才能担当得起此胜景。诗人在环翠楼对神仙生活的畅想，对飞升成仙的细致描写都可以看出作者的道教情怀，对梁道士的崇敬，希望摆脱世事，做逍遥神仙。作者不仅寄情于景，也寄情于物，《水仙花二首》就是丁鹤年由水仙花想到道教经典人物江妃和她成仙的故事。

水仙二首

其一

湘云冉冉月依依，翠袖霓裳作队归。

怪底香风吹不断，水晶宫里宴江妃。

其二

影娥池①上晚凉多，罗袜生尘水不波。

一夜碧云凝作梦，醒来无奈月明何。

此诗用水仙花比喻水中的仙女江妃，江妃也就是"江斐"，传说中的仙女。汉代刘向《列仙传·江妃二女》："江妃二女者，不知何所人也，出游于江汉之湄，逢郑交甫，见而悦之，不知其神人也。"诗人取意水仙花，神话意味丰富，借对神仙世界的描写寓意水仙花的不凡气质，其一描写湘江之上腾云驾雾霓裳成群，一番胜景，是因为水晶宫中在宴请江妃仙子。

五　对修道者的歌颂

赠玄漠炼师

神仙中人毛外史，方瞳深碧虬髯紫。

了知大道本无为，况是谷神元不死。

---

① 影娥池，汉代未央宫中池名。《三辅黄图·未央宫》："影娥池，武帝凿以玩月。其旁起望鹄台，以眺月影入池中，亦曰眺蟾台。"

偶因救旱驱玄溟，倒泻银汉如建瓴。

功成不居拂衣去，洞庭渺渺君山青。

炼师是对道士的尊称，"方瞳"，方形的瞳孔，古人认为是长寿的象征，也是仙人的特征。"深碧虬髯紫"，深绿色的鬓须和紫色的头发，这些都是神仙的特征。诗中说玄漠炼师也就是毛外史，生一副神仙之相。道教讲求"无为"，和"元神不死"，但毛外史"驱玄溟"就是作求雨的法事，为一方人解了旱灾之苦，功成名就时却挥一挥衣袖去到洞庭湖的君山里去了。诗人赞扬毛外史不慕名利，两袖清风，用神仙的形象来刻画他，表达诗人对神仙的崇敬和无限向往之情。

挽定海章处士

流年惊逝水，世事逐飘风。

卜筑①邻蓬岛，移家类葛洪②。

丹还金鼎伏，剑解玉棺空。

惟有松坛月，通宵贯彩虹。

这是一首挽诗。这首诗作者在题目下加注"处士晚年好道"。处士是古人对隐士的尊称，一般属于道家一流的人物。因此笔者将这首诗纳入丁鹤与道士唱答之作中。"挽"可以看出这是丁鹤年在处士死后写的挽诗。定海在浙东地区，舟山群岛南面。丁鹤年躲避元朝战乱于此为自己居室取名"海巢"，其诗集《海巢集》亦出于此。张处士便是丁鹤年在定海时结识的好道之人，"蓬岛"即蓬莱仙岛，是《山海经》中描写的三座仙山之一（另外两座是"方丈"和"瀛洲"）。诗人写张处士在浙东选址住下，毗邻仙山"蓬莱"，就像道教著名的道士葛洪一样生活在仙境里。"丹还"即"九转还丹"，是道教修炼的一种长生不老仙丹，"金鼎"则是修炼仙丹的器具，"剑解玉棺空"，古人在人死了以后"剑位棺顶"用来镇压的意思，这个典故是说葛洪"时年八十一。视其颜色如生，体亦柔软，举尸人

---

① 卜筑：卜，占卜。卜筑就是选择建造房屋的地址。

② 葛洪：东晋著名道教理论家、医学家、丹术家。字稚川，自号抱朴子。丹阳句容（今属江苏省）人，著有《抱朴子》《金匮药方》《神仙传》等。

棺，甚轻，如空衣，世以为尸解得仙云"（《子藏》卷八百九）。葛洪得道成仙所以玉棺空了。诗人引用道教经典，以葛洪死后飞升成仙比喻张处士早年好道，死后也能得道成仙，最后一句松坛月和贯彩虹的胜景亦是描写了神仙世界的美好和对高节之人张处士的怀念。

诗人不仅往来于道观与道士唱答诗歌，也与道姑往来交流，《赠李仙姑》就是其中一首。

赠李仙姑

何年萼绿华，来降地仙家。
花拥青鸾节，香随白鹿车。
清辉回雪月，玄想结云霞。
不赴瑶池宴，桃开几度花。

萼绿华是道教女仙的名字，是西王母身边的侍女。南朝梁陶弘景《真诰·运题象第一》："愕绿华者，自云是南山人，不知是何山也。女子，年可二十，上下青衣，颜色绝整，以升平三年十一月十日夜降羊权。自此往来，一月之中辄六过来耳。云本姓杨，赠权诗一篇，并致火浣布手巾一枚，金、玉条脱各一枚。条脱乃太而异，精好。神女语权：'君慎勿泄我，泄我则彼此获罪。'访问此人，云是九嶷山中得道女罗郁也。""地仙"是指住在人间的神仙，这里指羊权家。"青鸾""白鹿"都是道教祥瑞之物。"清辉"指皎洁的月光，能洗涤人心灵，葛洪《抱朴子·博喻》："否终则承之以泰，晦极则清辉晨耀。""瑶池"指古代传说中昆仑山上的池名，为西王母所居住。诗中描写仙女下凡的盛况，由繁花簇拥的青凤白鹿车为羊权家送东西，这里是借用萼绿华形象比喻李仙姑非凡的气质容貌。表达诗人对神仙世界的向往和敬慕之情。

赠全真李止水

玄元孙子玄都客，汗漫长游宇宙间。
黄鹤白云迷鄂渚，青牛紫气满函关。
袖中宝剑雌雄合，鼎内金丹大小还。
不见吹笙王子晋，秋来几度候缑山？

诗中的"玄元"就是老子。"玄都"古代指仙人居住的地方。"黄鹤"在这里指黄鹤楼。"鄂渚"是神话中的地名，在黄鹄山上游三百步长江中。"函关"就是函谷关，典故是老子骑青牛出函谷关，守关事前就看见紫气向函谷关飘来。"王子晋"是周灵王太子，因谏言被贬为庶人，出游伊诺时被道士浮丘生点化，上嵩山得道成仙。三十年后他托人告诉家人七月七日现身缑氏山顶，七月七日时他果然乘白鹤驻留山顶，几日后才离去。诗人题名赞美李止水天性纯良保存完好。诗中的"鼎内金丹大小还"是道教术语，指道教的仙丹修炼，服用仙丹可以飞升成仙。诗中贯穿多处道教经典典故，涉及炼丹等内容，可见丁鹤年对道教的熟知程度。

赠刘全真

峨峨崆峒山，去天不盈尺。

西扼弱水流，东挂扶桑日。

中有学仙人，眉白双眼碧。

餐霞衣云雾，凝神炼精魂。

狞龙及猛虎，视之如蚯蚓。

功成朝紫皇，名隶丹台籍。

幡然汗漫游，飞行临八极。

沧海重扬尘，蟠桃几结实。

天上与地下，俯仰成陈迹。

归来敛袵坐，倒卷入冥寂。

万象吾肺腑，四气吾嘘吸。

乃知大还资，不离婴儿质。

蚩蚩世间人，断丧良可惜。

这首诗是写给修道之人刘全真的诗歌。崆峒山，古称"空同山"，位于甘肃省平凉市以西，自古有"中国道教第一山"美誉，是因为司马迁《史记·五帝本纪》说黄帝"西至于崆峒"。传说轩辕黄帝曾亲自登临崆峒山，向隐居在此的广成子"问道"，请教治国之道和养生之术。秦始皇、汉武帝也曾效法黄帝登临崆峒山。诗中说崆峒山雄伟高耸上与天空相接，下西临弱水，东就是扶桑神树日出之处。"中有学仙人，眉白双眼碧。餐霞衣云雾，凝神炼精魂。”这两句是说那里有学仙修道之人刘全真，白眉碧眼（都是古代长寿的相貌特征，也是神仙的相貌特征），食彩霞披云雾。诗中写到刘全真在天地之间任意遨游，在神仙的居所居住。“归来敛衽坐，倒卷入冥寂。万象吾肺腑，四气吾嘘吸。乃知大还资，不离婴儿质。”归来时精心修道，万象归于肺腑之中，吐故纳新，四季之气接在体内孕育，大还丹练就，登峰造极蜕变成圣洁无瑕的婴孩体质。诗歌塑造了刘全真神仙一般的形象，展现了一幅优美的神仙世界的画面。

六　歌颂养生修炼，强化成仙理想

道教十分提倡养生续命，特别在魏晋葛洪之后，道教好生之德就集中体现为客观生命的延续，葛洪说：“其次则真知足。知足者，则能肥遁勿用，颐光山林，纡鸾龙之翼于细分之伍，养浩然之气于蓬华之中。繿缕带索，不以贸龙章之韡晔也。负步杖筴，不以易结驷之骆驿也。藏夜光于嵩岫，不受他山之攻。沉鳞甲于玄渊，以违钻灼之灾。动息知止，无往不足。弃赫奕之朝华，避偾车之险路。吟啸苍崖之间，而万物化为尘氛。怡颜丰柯之下，而朱户变为绳枢。握耒甫田，而麾节忽若执鞭。啜荈漱泉，而大牢同乎藜藿。”① 意思就是隐逸自得的精神自由之追求是低于成仙的二等享受，人只有真正地成为肉身不死，才是一等的追求。

道教认为人的生命相对于宇宙来说是有限的，甚至是弹指一挥间的存在，道教在追求“道”的过程当中，始终将生命、长寿、养生等生命美学思想贯穿到其修炼当中，因为只有通过求“生”，才能与永恒的“道”相连接，只有活着才能用有限的生命参透无限的“道”的奥妙。

丁鹤年，字鹤年，晚年又字永庚。自号友鹤山人。丁鹤年（曾祖父阿老瓦丁，祖父苫思丁，父职马禄丁），是一个极具中国传统特色的名字，父辈希望他像道教神仙故事中的仙鸟一样绵延福寿。古人认为鹤是长寿的象征，也是道教长寿之物象，“千岁之鹤，随时而鸣”（《玉策记》），“鹤寿千岁，以极其游”（《淮南子·说林》）。清代顾嗣立的《元诗选 海巢集》

---

① 葛洪：《抱朴子·内篇》，见《畅玄》，上海古籍出版社，1990，第3页。

中写道："鹤年，以字行，一字永庚。"永庚即长命，长寿。就像丁鹤年其名一样，他的诗歌中也常涉及道教养生修炼、长寿的成分，散发出浓浓的生命关怀气息。

作者与妻居住在定海的时候，就等同于隐居一般，与世隔绝。定海靠海，丁鹤年由此遥想到在东海尽头的蓬莱仙岛，写下了这首《避地》：

避地

避地长年大海东，萧条生事野人同。

深春未耜孤村雨，落日帆樯远浦风。

那得文章偕豹隐，聊将音问托归鸿。

平生自恨无仙骨，五色蓬莱咫尺中。

汉刘向《列女传·陶答子妻》："答子治陶三年，名誉不兴，家富三倍，其妻数谏不用……'妾闻南山有玄豹，雾雨七日而不下食者，何也？欲以泽其毛而成文章也，故藏而远害。犬彘不择食，以肥其身，坐而须死耳。'"后因以"隐豹"比喻爱惜其身，隐居伏处而有所不为。"平生自恨无仙骨，五色蓬莱咫尺中。"最后一句表达自己叹息没有仙根，蓬莱近在东海却无法抵达的怅然若失的心情。虽无法到达蓬莱仙山，但可以通过养生修炼在尘世寻找寄托。

《奉寄九灵先生四首》诗之四曰：

清泉白石两翛然，仙隐何妨日似年。

颇厌文章妨大道，却从奇偶玩先天。

云间犬砥烧丹鼎，雨里龙耕种玉田。

终岁不闻城府事，闭门闲著养生篇①。

九灵先生就是戴良，是丁鹤年的好友，戴良还为其撰写生平，收录在《九灵山房集》中，这首诗就是应邀写给戴良的四首中的一首。"翛然"指自然无为、超脱的样子。仙隐指像神仙一样隐居的生活。"奇偶"用来形容道家的阴阳学说。"先天"这里就代指"周易"。诗中写到九灵

---

① 养生篇：《庄子·养生》，这里指的是戴良喜欢颐养身心的生活态度。

先生生性优雅高洁，在清泉白石间休养生息，在《周易》中探寻大道，像云间大山中修炼丹药，又像飞龙耕种玉田，不喜好仕事，只管闭门静静修著自己的养生心得。丁鹤年也写过相似的诗歌赠予其他友人表达清虚志向，如《寄郑高士二首》：

寄郑高士

其一

闭门凝坐学长生，七返还丹一息成。

野服春深栽白苎，山庵日午荐青精。

烟中鹿引朝真驾，月下鸾随度曲笙。

却笑秦人太痴绝，楼船万里访蓬瀛。

其二

方瞳广颡古先生，气秉先天独混成。

辟谷斋房餐石髓，采苓幽涧役山精。

星辰夜动龙缠剑，风露秋清鹤载笙。

别后仙踪杳难觅，相思几度梦登瀛。

郑高士是丁鹤年的朋友，是和丁鹤年一样有道家情怀的读书人。高士指高尚出俗之人，古时多指隐士。其一中讲郑高士养生修炼的过程。"七返还丹"指的是气功修炼之炼丹的一种方法。七，指火数。其先以红投黑而生药。既有药，然后进火，炼黑入红而成丹，故曰七返还丹。"青精"：青精饭，用南天烛植物叶子浸米，饭呈青碧色，道教人认为食用可延年益寿。诗中讲郑高士闭门静坐修炼长生之术，春天穿上白苎衣料的衣服，严格戒律食用青精饭，加上他心境真一，七返还丹练就而成，终于得道成仙。后两句写成仙后的景象，有鹿引驾，青鸾伴随，歌曲笙箫去往仙境瀛洲。这首诗表达了诗人对得道成仙的向往和对神仙世界的赞美。诗中对道教术语"七返还丹""青精"的描写也看出诗人对道教教义教规的熟知。其二中表达了高士成仙后自己对高士的思念，方瞳广颡古先生就指的是郑高士，方瞳广颡意思是方形的瞳孔，宽阔的额头，这些都是长寿之人和神仙的象征。第二句"辟谷""石髓""采苓""山精"都是修道成仙必不可少的环节和食物。"别后仙踪杳难觅，相思几度梦登瀛。"是说高士成仙后再也见不到他，只能在梦中登上仙境瀛洲去看望高士。诗中对神仙、神仙生活以及对神仙神通广大的力量的描写，可以看出丁鹤年对道教养生的熟知程度和对得道成仙的向往。

七　余论

元末明初是一个特殊的时代，它不仅完成了朝代转换，也完成了政权由少数民族再交还到汉族人手中的转换。这一时期产生了很多与丁鹤年经历相似、趣味相投的少数民族文化人，以丁鹤年、余阙、王翰、伯颜子中为代表的少数民族遗民诗人，自旧朝进入新朝，不愿出仕新朝，对元朝怀有深深的眷恋，发而为文，表现出相似的情感倾向和诗歌主题，对故国旧君的怀恋和追求恬淡美好的道教美学情怀成为他们诗文的共同基调。

道教是中国最悠久古老的宗教，教徒以成仙悟道为最高的理想，道教中的神仙一般是完全自由的化身，来去自如，形态自如，长生不死，生活在清虚及人间难得的圣境之中。同时，修道是外丹和内丹的共同体验，强调在恬静闲淡的环境之中，一般是边远的美丽山林，颐养性情，在自然中陶冶情趣，以生为美，健康向上，内心充实。这些都是中国文人受现世所累、所欲追求的理想生活。

他们一方面沿袭本民族文化传统生活，另一方面受汉文化熏陶，在时代民族交替的背景下生活着，他们用道教逍遥的生活方式为自己在乱世中找到一处寂静之所，在车马喧嚣处为灵魂找到一处依托。这些文人所著作品已经超出其本身意义，他们用汉文字进行创作交流，遣词造句毫不逊色于汉人，善用典故，汲取前人之所长，文章或秀丽婉约，或绮丽乖张，给当时灰暗的社会环境添上一处别样绚丽的风景。清代学者顾嗣立①在论及元代少数民族诗人说："要而论之，有元之兴，西北子弟，尽为横经，涵养既深，异才并出，云石海涯……亦可谓极一时之盛者钦！"② 他的这番话是对元末少数民族文人文化成就与历史地位的肯定。笔者拙笔聚焦于丁鹤

---

① 顾嗣立，清代学者，1665 年出生，1722 年去世。字侠君，号间丘，江苏长洲（今苏州）人，康熙五十一年（1712）进士。著有《秀野集》《间丘集》，辑《元诗选》。
② 顾嗣立：《元诗选》戊集，中华书局，1987，第 32 页。

年，旨在抛砖引玉，引起学界对于这一群体的关注和研究，因为中国的历史就是民族文化融合的历史。

笔者更因写作这篇文章想到一些民族融合的问题。丁鹤年生活在元末明初时期，这一时期北方少数民族取得了中原的统治权，使得各民族文化互相碰撞互相吸收。丁鹤年是这一时期少数民族文化人物的代表，他身上有着本民族伊斯兰教的信仰和生活习惯，更体现着中国传统文人的生活方式。历史学家陈垣先生在《元西域人华化考》中条理分明地论述了元代少数民族被中原文化华化的事实，"华化"在当时所起的作用是积极的，帮助了各民族在内地顺利的生活学习，《明史·西域·默德那国》有云："岂元世，其人遍于四方，皆守教不替。"儒学教育和汉文化的熏染不仅提升了蒙古色目人的汉文化素养，也给他们的思想观念和生活习俗带来很多的变化。① 例如，少数民族人喜欢给自己冠以汉姓，学习琴棋书画，读儒书学写诗文。少数民族在这一时期对汉人生活影响也是很大的，从语言方面来说，元代有不少蒙古语和西域语言的音译词被吸收到汉语汉文中。如车站的"站"就是蒙古语 jam（驿传）的译音。元代词曲中就夹杂着不少蒙古语词语，杂剧中的道白，常见用蒙古语插科打诨者。如杂剧《包待制陈州粜米》，小衙内对责备他的张撇古说："你这个虎剌孩作死也，你的银子又少，怎敢骂我！""虎剌孩"是蒙古语 qulaghai 的音译，意为"贼盗"。方龄贵先生著有《元明戏曲中的蒙古语》② 收集的蒙古词语，可见当时汉人、南人中流行着许多蒙古语的日常用语。中国历史上各民族各地区之间精神物质文化互相吸收是很常见的，这种不同民族文化相互影响是形成多样性的中华文化必不可少的交流。

中国多民族统一国家的形成，经历了漫长的多民族共生与融合的历史进程。中华文化不是单单汉文化一种文化，而是在历史的长河中与这片大地上的各个民族融合影响而形成的综合性文化，是各个民族长期生活发展的产物。当代社会也是一个多民族融合的社会，汉文化和各民族文化共同发展，一起铸造中华文化这座高塔。

---

① 陈得芝：《从元代江南文化看民族融合与中华文明的多样性》，《北方民族大学学报》2010年第 5 期。

② 方龄贵：《元明戏曲中的蒙古语》，汉语大词典出版社，1991，第 28 页。

以"身体"为视角：苗族母语文学的书写与实践

苏明奎*

摘要：《白蚁》剧本的"身体"书写提示着，母语文学虽然具有口头传统的某些"过去""遗留"特征，但书写的是当下人们的生活经验，表征着同时代人的情感结构。母语（母语文学）的传承（传播）以"身体"为物质媒介，同时连接着过去、当下与未来。《白蚁》通过"苗语音乐诗剧"的形式传播母语文学，从文学文本到音乐诗剧，借鉴了口头文学的演述形式，吸纳了现代音乐元素，借助微信自媒体的交流平台，以"身体"传承、"身体"表演、"身体"抵抗的方式实现了跨语际传播和跨文化交流，它是多媒介书写、多主体互动和多学科融合的结果。

关键词："身体"视角　苗族母语文学　跨文化传播

一　问题与语境

苗语音乐诗剧《白蚁》（Gangb nos plub）是苗族音乐人叠贵（剧本作者，苗名 Dieel Guik）与熹楚乐队的合作项目：苗族母语文学与氛围音乐相结合的诗剧。《白蚁》讲述了一个青年如何重拾母语的经历，其文本创作意在回归母语、重拾母语的力量和自信①。在文本之外，创作主体积极推动诗剧的跨文化传播，该剧已于 2018 年 6 月 9 日在贵阳进行了首演，主要以两名

＊　苏明奎，中央民族大学中国少数民族语言文学学院硕士研究生，研究方向为中国少数民族文学。

① 《白蚁：重拾母语的力量与自信》，载微信公众号"夜郎无闲草"，https：//mp. weixin. qq. com/s/wrgFKSatQGXPHPthfH4Njw，2019 年 11 月 27 日。

演员的唱诵和表演串联起整场演出：全程苗语对白，汉语字幕。作为背景音乐的乐器有架子鼓、电子合成器、吉他、贝斯、芦笙、苗鼓、牛腿琴等。虽然是小剧场，演出当天还是吸引了许多观众。演出结束后，观众们与演员交流了观后的感受和思考，《贵州都市报》还对主创叠贵进行了采访。从文学文本到音乐诗剧，再到现场表演，《白蚁》的母语文学实践不仅主动传承苗族传统文化、吸纳现代音乐元素，还积极引导民众参与互动。简言之，《白蚁》文本内外的母语文学实践是以"人"这一能动性主体的在场实现的。

母语文学是多民族文学的有机组成部分，在文化全球化、均质化变迁的当下社会，母语文学有着不可忽视的现实意义。正如梁昭所言，"母语文学"是一个具有强烈吁求性的修辞性术语，它揭示了某种族群文学所处的少数状况，具有保护少数群体的文化权利、凝聚族群情感的重要意义；还能够穿越世界与人类的各种文化展开意义深远的对话。① 作为"少数群体文化权利"重要保证的母语文学因而也就具有了"遗产"的特质。首先，从其所处的边缘性地位来看，强调"遗产"意在突出其文化价值的重要性、存续的危机性和保护的紧迫性。其次，从内容上说，母语文学同样具有"遗产"的特质。在中国少数民族文学研究的语境中，论及母语文学，多指母语作家文学，但其与口头传统是一脉相承的："当代母语书面文学创作其实是不同程度地、各有特色地延续和传承着各民族的口头传统，受源远流长的口头传统的制约和影响。"②

在母语文学的相关研究中，现有成果除了涉及母语文学发展现状的个案研究，还包括对其概念辨析和对外传播等问题的理论探讨。③ 母语文学的传播是中国文学公共知识话语空间中非常重要的环节，这方面的研究成果目前主要集中为对其传播困境的原因分析。④ 值得注意的是，在这一问

---

① 梁昭：《从"母语文学"看少数权利和文化认同》，《中外文化与文论》2014 年第 1 期。
② 罗庆春：《口头传统与中国当代少数民族母语文学创作——以彝族为例》，《西南民族大学学报》（人文社会科学版）2010 年第 6 期。
③ 参见钟进文主编《中国少数民族母语文学研究》，民族出版社，2014。
④ 李晓峰提出中国少数民族母语文学跨语际传播困境的原因，即文化"洼地效应"与单边译人书面的形成，文化公平权力的缺席与母语文学传播权力的放逐，传播意识的缺乏与母语文学的自我遮蔽。参见李晓峰《各民族母语文学跨语际传播困境原因初探》，《社会科学家》2012 年第 9 期。

题上，李晓峰以彝族诗人阿库乌雾为例，强调要提高母语文学传播的自觉意识：将自我生命主体作为媒介，以纸质文本（诗集）、口头文本（声音）同时出场的方式，在世界多元文化的文学语境中传播母语文学。① 与此相关，李菲在将"身体"引入非物质文化遗产的相关讨论时提出：

> 全球性遗产运动的意识形态、利益诉求和实践过程，持续不断地在各种不同的社会场景中转换为形形色色、切身可触、极具地方感的以及情感化的身体经验与身体事实。"身体"故而理应有所担当，成为人们从自身出发重新审视"遗产"议题的一个重要视角。②

同时，从中华民族"多元一体"的内在格局和本质特征出发，强调"身体"在本土语境中具有多元价值的面向。③

循此思路，关注"身体"的物质性、在场性与能动性特征是母语文学对外传播的重要途径。一方面，少数民族母语文学具有突出的"遗产特征"，其创作和传播与强调活态演述、口耳相传的口头传统紧密关联；另一方面，以生命主体作为媒介，"身体"的在场是母语文学跨文化传播的关键。借由苗语音乐诗剧《白蚁》文本内外的母语文学实践，本文在对《白蚁》文学剧本进行细读的基础上，以"身体"作为视角，打开母语文学传播空间中"传承""表演""抵抗"等"身体"命题，从传播主体与传播立场两方面，思考母语文学跨语际传播与跨文化交流的相关问题。

二　文学剧本的"身体"书写

《白蚁》的剧本分为：《楔子：穿过黄昏去看望一条河流的死亡》、《第1幕：伟大的孤独或者骄傲》、《第2幕：高山上的花朵盛开的瘦青年》、《第3幕：白蚁》、《第4幕：愤怒的希望》、《第5幕：爱生死》、《第6幕：历史》以及《尾声：我看见我》八个部分。它讲述了一个生活

---

① 李晓峰：《多民族母语文学跨语际传播的困境与新路》，《云南民族大学学报》（哲学社会科学版）2010年第2期。
② 李菲：《身体的隐匿：非物质文化遗产知识反思》，民族出版社，2017，第3页。
③ 李菲：《身体的隐匿：非物质文化遗产知识反思》，民族出版社，2017，第33页。

在现代社会的苗族青年面对村庄的发展变迁，感知到了"丧失母语"的危机，于是他以一个孱弱但充满斗志的"瘦青年"的形象，渴望通过"含糊不清"的"呓语"再现族群的历史。在这一过程中，他却发现自己与历史已经逐渐背离，同时他无力地感觉到"母语已死"——历史变迁，族群更迭。但是他并不惧怕"死亡"，以爱（身体）作为"母语"重生的起点，他"愤怒的希望"寻找历史，最终发现并创造了历史。概而言之，《白蚁》讲述的是作者重拾母语的个人经历。剧本创作缘起于叠贵十年前所在村寨遭遇的变故，根据他的描述：

> 十年之前，我的寨子遭遇着前所未有的变故：数年间，村民陆续离世，且每年两三人，其中大多是青壮年。于是，人心惶惶，乡间便传说："在这之前的某个雨夜，有人听见地龙从我们的土地上起身离开了，隆隆声响彻山谷。……那个世界（死人的世界）比这个世界繁华，我们的寨子已不属于我们（属于鬼魂）。"
>
> 此刻，我正坐在十年前我翻来覆去辗转难眠的房间，过去的一切像山谷间弥漫的晨雾，已然消散在苗壮成长的树林里，寨子依然是我们的寨子。人们把事件的原因归于龙的离开。尽管那时我已经很少回到寨子里，可是我的心也跟着慌乱，躁动，我在城市里呓语般地书写，至今我依然记得当时脑海中、眼睛里的意象和心中的语言不停地来回翻滚的境况。《白蚁》就是那些呓语。①

"呓语"在此或可理解为自谦、调侃之意，但它也暗指了文本的叙述方式。从"呓语"一词出发，正是因为其零碎、断续之感，使得《白蚁》在叙事上并没有一条清晰的线索，其叙事方式是围绕"醉人"与"行人"两个角色对"历史与现实""族群与个人""爱与恨""生与死"等命题的争辩与讨论推进展开的。"醉人"与"行人"并非截然对立的关系，而是一个从对立冲突到协商妥协，再到理解融合的过程。在第1幕中，"行人"并不理解"醉人"失去"母语"的痛苦以及他"灵魂与肉体分离"的四

①《一场久等的苗语文学与氛围音乐的孤独实验》，载微信公众号"夜郎无闲草"，https：//mp. weixin. qq. com/s/ggOhFIsiNjHAQ2wG9y6okw，2019年11月27日。

处飘荡，于是两人发生了争吵①。到了第 4 幕，在"信仰破灭"的问题上两人达成默契，最终选择坚守"信仰"②。如果结合诗剧的现场表演，演员的情绪和氛围音乐的加入，这种感受会更为强烈。"行人"与"醉人"所呈现的正是熔铸于生命个体之中的两面性，即"理性与非理性""历史与现实""族群与个人""生与死""爱与恨"的复杂纠葛。但它们并不是彼此对立和分裂的，而是纠缠交融在一起的。

叠贵在采访中提到"醉人"与"行人"可以理解成"理性"与"非理性"的关系："这个设置并没有太多的考虑，只是觉得必须这样设定。现在想来，更多的是出于对苗族文化传统的考虑，因为当今人类的知识经验有太多理性的成分，非理性被忽略，甚至被贬低。"③ 也就是说，这种叙事方式是作者有意为之的。但是，这种"非理性叙事"却造成了混乱和跳跃的叙事效果。比如，作者对"历史"的再现是通过对神话意象和历史事件的重述实现的：苗族起源神话"蝴蝶妈妈"和族群迁徙的历史"古老的经书和服饰诉说的苦难无人问津"④。

这些彼此拼贴的意象或事件只是作为历史感的某种提示性符号，从而造成了叙事上的混乱、跳跃之感。这一叙事方式与其说是对苗族传统叙事的复归⑤，毋宁说是对启蒙理性主义的反思。潜藏于《白蚁》文本之中的"现代性焦虑"正反映了主体生命在一个急剧变化的社会语境中，由于经济、地理、文化等诸多纠缠在一起的因素，对"现代"与"传统"、"全球化"与"本土化"、"神话历史"的认同嬗变，而这正是 21 世纪以来少

---

① 《白蚁》《楔子：穿过黄昏去看望一条河流的死亡》。未见刊，文稿由叠贵提供。

② 《白蚁》《第 4 幕：愤怒的希望》，同上。

③ 《重拾母语的力量——专访苗语诗剧〈白蚁〉主创人叠贵》，《贵州都市报》2018 年 6 月 16 日。

④ 《白蚁》《第 4 幕：愤怒的希望》。未见刊，文稿由叠贵提供。苗族服饰有"绣在衣服上的历史"之称。此处以"苦难"和"服饰"提示苗族的迁徙历史。

⑤ 此处的混乱、跳跃是"非理性叙事"的主要特征。何圣伦提到，非理性化叙事是苗族口头文学叙事的一大特征："这种没有文字记载的口头传承本身就存在造成叙事非理性化的潜在原因，因为人的记忆力和应变能力始终是有限的……正是这种丢失和丢失后的填补造成了叙事内容和形式的非理性化。另外，各类文化司职在传承叙事时都存在不同程度的应变误差，长时间的述诵和复杂的内容还可能造成叙事人不自觉的误漏或者叙事秩序的混乱，而这种误漏和混乱又是一种叙事非理性化的体现……"见何圣伦《苗文化非理性化传承与沈从文小说的叙事空白》，《贵州社会科学》2004 年第 3 期。

数民族文学普遍的叙事模式①。但《白蚁》对"非理性叙事"的传承并非某个后发人群艰于应对片面发展进程时的一种"逃避式反应"。结合《历史》一幕中"醉人"的叙述："带上一块白色的布，带上一根竹子上路。忘记历史忘记双脚忘记水稻忘记身份忘记方向。"② 作者似乎意在将历史扁平化为一个个神话或事件，造成历史再现的"去历史化"，从而选择逃离（忘记）历史的创伤性记忆——族群迁徙的苦难、村落更迭的创痛。但在接下来"行人：没有历史没有记忆没有人，妹妹和姐姐的梳子然后掉了十八根齿"③ 的叙述之后，"醉人"又接着说道："所有的绿线红线黑线白线黄线紫线灰线蓝线都穿在我粗糙的身体炙热的身体远古的身体。"④

这里的"绿线红线黑线白线黄线紫线灰线蓝线……"可以联系叠贵的自述来解读："我们既属于自己又不属于自己，既属于社会（族群）又不属于社会（族群），这里存在一个可怕的悖论，我们既要成为自己认定的自己，却又面临着社会（族群）的非难。换句话说，《白蚁》试图展现的是集体主义传统中的个体经验。"⑤ 作者拒绝族群历史孤立化的封闭叙事，个体经验与族群历史彼此相关，所以他试图寻找和打开的正是立足于"人类命运共同体"广阔视野中的"非线性历史"。也就是说，母语所具有的过去的"遗留"特质与其传承主体当下的"在场性"紧密相连，而连接这两者的关键便是"我粗糙的身体炙热的身体远古的身体"。正如李菲提到的，"在此刻与彼时、此地与他乡的二元结构中，过去的遗产对当下和未来进程所施加的各种强有力的限制、介入和形塑，始终无法脱离身体这一关键中介。因而，遗产的三重时间面向——过去、现在与未来，都需要返回身体之中才能达成最终的理解"⑥。

在人们的"身体"逐步卷入文化全球化的当下社会，母语的传承与母语文学的传播需要重新打开"身体"的视角。《白蚁》剧本的"身体"书

---

① 刘大先：《新世纪少数民族文学的叙事模式、情感结构与价值诉求》，《文艺研究》2016年第4期。
② 《白蚁》《第6幕：历史》。
③ 《白蚁》《第6幕：历史》。
④ 《白蚁》《第6幕：历史》。
⑤ 受访人：叠贵，访谈人：苏明奎，2019年11月26日。
⑥ 李菲：《身体的隐匿：非物质文化遗产知识反思》，民族出版社，2017，第3页。

写提示着，母语文学虽然具有口头传统的某些"过去""遗留"特征，但书写的是当下人们的生活经验，表征着同时代人的情感结构。母语（母语文学）的传承（传播）以"身体"为物质媒介，同时连接着过去、当下与未来。简言之，由身体出发重新思考人与自然、宇宙万物的源生性纽带，才能重返"文化作为生命存在"的原点。[①]

三 "身体"实践：多重参与的母语文学传播

如果说《白蚁》的剧本是"重拾母语的自信"这一实践行为的文本书写，那么叠贵及其创作主体积极推广诗剧的行为即是一次"身体"在场的母语文学实践。

从母语文学传播主体的角度而言，《白蚁》的跨文化传播联系着"身体"传承与"身体"表演两个方面。一方面，《白蚁》的完成是叠贵及其主创人员对苗族文化传承的结果，它是一个积极吸纳与主动探求的过程；另一方面，诗剧的成功演出是两位演员、所有乐手和现场观众合力完成的结果。在母语文学的传播立场上，《白蚁》积极探求跨语际传播与跨文化交流的尝试即是母语文学立足于文化多元论立场的"身体"抵抗的姿态。

（一）传播主体的"身体"传承与表演

苗族作为历史上有语言无文字的民族，很大程度上，"身体"传承便充当着其存续记忆和传递文化的方式。正如保罗·康纳德（Paul Connerton）在《社会如何记忆》中提到的："在身体作为知识对象或者话语对象的意义上，被看作是由社会构成的……在身体是在具体实践和行为中被文化构成的这个意义上，它也是由社会构成的。"[②] 所以，《白蚁》的"身体"传承便是苗族文化记忆的方式，其传承的有效性和连续性即体现在传承主体切身参与过程中的"学习""实践""活动""传播"等"行为"。

叠贵是诗剧项目的直接推动者，《白蚁》是他十年前用汉文创作的，

---

① 李菲：《身体的隐匿：非物质文化遗产知识反思》，民族出版社，2017，第4页。
② 〔美〕康纳德著《社会如何记忆》，纳日碧力戈译，上海人民出版社，2000，第127页。

之后又学习苗文，在前版本的基础上翻译（再创作）了苗文版。他近几年致力于苗族口头传统的再现与重述，为苗族文化的交流传播搭建桥梁。在《白蚁》创作之前，他就在进行母语新民谣的创作，音乐主题涉及人的身份、认同与归宿的探讨。① 他还与出版社合作 "苗族古歌神话故事" 系列绘本，组织和策划过 "魅：乌蒙神话的叙意重述" "苗族古歌的文本讲读与演唱" 等艺术展和交流活动，其主要目的就是借助画布、绘本、讲唱、演出等媒介和形式重述当地的民族神话。② 除此之外，他还成立了工作室，以微信自媒体为依托，推送口头文学经典，思考现代社会下多民族口头传统的创新性发展等问题。除了叠贵自己，他的另一位搭档——侯德忠（苗名 Liangf Nail Lix）的参与也非常重要。他在诗剧表演中担任 "行人" 一角（ "醉人" 由叠贵担任），还负责了《白蚁》苗文版第 4 到第 6 幕的翻译，目前在出版社做编辑，有着民族学的背景，研究苗族鬼神文化。③

《白蚁》的成功演出也是两位演员、所有乐手和现场观众合力完成的结果。与此相关的便是《白蚁》的另一支主创（不可或缺的传播主体）——贵州独立乐队 "熹楚" 的 "身体" 演奏。熹楚是 2014 年成立的 4 人乐队，其音乐类型并没有清晰的定位，却与《白蚁》有着共同的 "现代性焦虑"： "对故土的眷顾和留恋、倾注的情感伴随着变故，在清晰与朦胧之间，天渊到咫尺，方寸至无垠。"④ 所以，叠贵与熹楚的碰撞是一次不谋而合的勇敢尝试。专注于氛围音乐的熹楚乐队似乎只是为诗剧的表演提供某种伴奏或背景，但并不意味着它只是作为表演主体的补充和陪衬， "作为艺术，氛围音乐不仅回应着主体心态，而且引领提升后者臻于一个更高的境界"⑤。在《白蚁》的首演中，电子乐器与芦笙、牛腿琴等民族传统乐器巧妙融合，不仅准确把握和传递了演员的欲望和情绪，还提升了诗

① 《重拾母语的力量——专访苗语诗剧〈白蚁〉主创人叠贵》，《贵州都市报》2018 年 6 月 16 日。

② 《重拾母语的力量——专访苗语诗剧〈白蚁〉主创人叠贵》，《贵州都市报》2018 年 6 月 16 日。

③ 《一场久等的苗语文学与氛围音乐的孤独实验》，载微信公众号 "夜郎无闲草"，https://mp. weixin. qq. com/s/ggOhFIsiNjHAQ2wG9y6okw，2019 年 11 月 27 日。

④ 小包（熹楚乐队主唱）：《白蚁栖息于无声之处》，载微信公众号 "夜郎无闲草"，https://mp. weixin. qq. com/s/3zmG2iMXZUM7d－cSJTSK7w，2019 年 11 月 27 日。

⑤ 尤西林：《论氛围音乐》，《东方艺术》1996 年第 6 期。

剧主题的感受力和震撼力，渲染和丰富了整场表演。叠贵与熹楚的融合并不是一蹴而就的（目前依然在探索之中），其音乐形式也并不完全由《白蚁》的内容决定。吉他手邓睿提到，他们"一开始几乎是属于一个抓瞎状态，因为在排练的过程中，无法很轻松地通过听清内容去判断诗的进度。不过经过了几次排练的磨合，大家开始逐渐熟悉起来，并慢慢建立了默契"①。可以说，两者的融合是经历了一系列的碰撞、交流与协商才达成默契的。所以在这其中，氛围音乐同样起着不可或缺的主体作用。

还需要提及的是，以对白形式表演的演员犹如两位对歌问答的苗族民间歌手（演出时叠贵还自带杨梅酒上台），对白中两位演员以写定的文本为基础，还会根据现场气氛融入更多层次的表达，其间贯穿着争辩、交流、理解和融合等复杂的情绪。这一切的完成除了需要氛围音乐的助力（"身体"的演奏），也离不开观众的互动和参与。正如一位观众在观后感中提到的："从第二幕开始我把鞋脱了，脚踩着地毯，和着鼓点一起前进，我们抛却了历史，在折叠的时空中看到自我。这是我心目中最合适的听法。"②

（二）传播的文化多元论立场："身体"的抵抗

作为"身体遗产"的母语文学，是现代社会与新技术革命中"抵抗"的资源性力量。叠贵曾提到，排练前期"在'数博会'——人类对人工智能、大数据等新一代信息技术的集中探讨——开幕当天，在这个高原城市，从金阳新区到花溪有30公里的路程，Liangf（侯德忠）还是愿意前往贵州民族大学附近的排练室与大家进行排练。如果一定要说这是母语的力量，那也没有什么错"③。与此相关，诗剧的演出地点在"贵阳一鸢戏剧实验"工作室，剧场成立于2016年9月，从其成立至今上演的多种剧目（话剧和现代舞剧、儿童剧等）来看，或可将该剧场定义为"身体"剧场，

---

① 《林林总总的自然表达：贵州难得的盯鞋自赏》，载微信公众号"夜郎无闲草"，https：//mp. weixin. qq. com/s/ZJqQ – GnTDT9g8sKCohxhgQ，2019年11月27日。

② 《白蚁首场回顾》，载微信公众号"夜郎无闲草"，https：//mp. weixin. qq. com/s/8LBEy3vEHK2aWaWYeisAFQ，2019年11月27日。

③ 《白蚁：重拾母语的力量与自信》，载微信公众号"夜郎无闲草"，https：//mp. weixin. qq. com/s/8LBEy3vEHK2aWaWYeisAFQ，2019年11月27日。

而其艺术宗旨也颇具"抵抗"的意味：呈现小剧场中多元（而非一元）城市文化，扩展贵阳的艺术生活空间，想将进剧场看演出（"身体"的在场）变成常态化的文化生活。① 更有意思的是，一鸢实验室位于贵阳化工研究院内——贵州省规模最大的专业科研机构，也是现代工业社会的重要标志。这些事件的组合（偶然或非偶然）也似乎提示着：身体的抵抗，是抵制文化全球化、均质化变迁的最后一道防线②。在全球化时代，多民族族群文化要想实现与世界文化平等的交流与对话，最重要的文化立场和精神抉择就是对本族群文化差异性的坚守，要创造性地恪守本族群文化独立的精神品质，不惜一切代价捍卫本族群母语文明和母语文化的尊严。③ 这种坚守也就是母语文学立足于文化多元论立场的"身体"抵抗的姿态。

值得注意的是，《白蚁》的文学剧本：先有汉文版再有苗文版——从汉语回归苗语。从某种意义上说，这也彰显了母语文学在中国文学公共知识话语空间中"不在场的在场"④ 的时代征候，但它并非完全缺席，而依然有着更广阔和更多元的表达空间。《白蚁》跨语际传播的尝试就是为了激活母语文学而做的努力，它是作者"回归母语，从母语出发"的"身体"实践。

结 语

传播是多民族母语文学争取文化权力、拓展生存空间的重要方式。苗语音乐诗剧《白蚁》的跨文化传播，其"身体"实践能为母语文学的传播提供什么启示呢？彝族诗人阿库乌雾曾在采访中提到自己喜欢在公开场合朗诵诗歌的原因："朗诵成为我发表作品的方式，其实这恰恰是古老的母

---

① 《专访一鸢戏剧实验工作室艺术总监马玲》，多彩贵州网，http：//mini. eastday. com/bd-mip/180414033647775. html，2019 年 11 月 27 日。

② 李菲：《身体与传承：非物质文化遗产研究的范式转型》，《思想战线》2014 年第 6 期。

③ 蒋蓝：《罗庆春：用母语跟世界对话》，《成都日报》2013 年 4 月 5 日。

④ 李晓峰从文学书写（创作）、文学传播、文学研究、文学史知识四个方面论述了母语文学在中国文学公共知识话语空间中"不在场的在场"的现实处境。参见李晓峰《"不在场的在场"：中国少数民族母语文学的处境》，《北方民族大学学报》（哲学社会科学版）2012 年第 2 期。

语文学的传播方式：口口相传。而声情并茂的朗诵，恰恰又能突破语言障碍。因为我也意识到，如今的汉语中，诗与歌是完全脱节的，我渴望在'纸上'与'声音'中的双重创作与发表。"①《白蚁》以"苗语音乐诗剧"的形式传播母语文学尚处在探索阶段，但这一尝试也提醒我们，母语文学不仅可以借助单一的书面文学媒介进行表达和传播，从文学文本到音乐诗剧，再到现场表演，《白蚁》借鉴了口头文学的演述形式，吸纳了现代音乐元素，借助微信自媒体的交流平台，以"身体"传承、"身体"表演、"身体"抵抗的方式实现了跨语际传播和跨文化交流，它是多媒介书写、多主体互动和多学科融合的结果。

---

① 蒋蓝：《罗庆春：用母语跟世界对话》，《成都日报》2013年4月5日。

前沿对话：多民族文学的瓶颈与突破

马克·本德尔　梁　昭　汤晓青　徐新建　等*

摘要：2019 年 5 月 29 日，"多民族文学研究的瓶颈与突破"学术对话在四川大学举行。活动由中国多民族文化凝聚与国家认同协同创新中心、教育部人文社科重点基地中国俗文化研究所及国家社科基金重大项目"中国多民族文学的共同发展研究"课题组合办。四川大学梁昭主持，徐新建引言，中国社会科学院汤晓青、美国俄亥俄州立大学马克·本德尔（Mark Bender）、西南民族大学阿库乌雾（罗庆春）、四川大学李菲和阜阳师范学院李长中做主题发言，西南民族大学罗安平、四川师范大学佘振华、西北民族大学王艳与四川大学完德加等参与对话。本次讨论以十多年来多民族文学研究取得的成果为前提，对存在的瓶颈现象进行反思。

关键词：多民族文学　口头传统　中国少数民族语言文学

引言：为什么要谈论多民族文学研究的瓶颈

梁昭：各位老师、各位同学，大家晚上好！欢迎参加"多民族文学研究的瓶颈与突破"的学术对话与讨论。首先，我介绍一下受邀而来的嘉宾：来自美国俄亥俄州立大学的马克·本德尔（Mark Bender）教授，他长期致力于中国的多民族文学研究；中国社会科学院民族文学研究所的汤晓青教授；西南民族大学的诗人兼学者阿库乌雾（罗庆春）教授；阜阳师范

---

*　马克·本德尔（Mark Bender），美国俄亥俄州立大学教授，研究方向为中国的多民族文学研究；梁昭，文学博士，四川大学文学与新闻学院副教授，研究方向为比较文学、少数民族文学；汤晓青，中国社会科学院研究员，研究方向为民族文学；徐新建，四川大学文学与新闻学院教授，文学人类学专业博士生导师，研究方向为文学人类学、多民族文学。

学院的李长中教授；四川大学文学与新闻学院的徐新建教授、李菲副教授、邱硕副研究员、完德加博士；我是四川大学的梁昭。今天在座的还有来自国内其他高校的青年教师：西南民族大学的罗安平副教授，四川师范大学的佘振华副教授，西北民族大学的王艳博士，还有来自四川大学文学与新闻学院文学人类学和少数民族语言文学专业的博士生、硕士生以及来自北京师范大学的彝族博士生和诗人张海彬。欢迎大家！

今晚的议题是：多民族文学研究的瓶颈与突破。之所以讨论这个题目，有两个原因。一是在过去的十余年里，多民族文学研究在理论和方法的范式上都出现了转换。在座的老师们都参与甚至是推动了该范式的转换。比如，徐新建老师和汤晓青老师在 2004 年共同发起了第一届"多民族文学研究论坛"，此后该论坛又举办了十二届，基本上是一年一届，分别在不同的城市举行。这十多届的论坛硕果累累，提出并巩固了多民族文学研究话语的讨论，为多民族文学的发展做出了巨大的贡献。伴随着论坛的进行，在汤晓青老师的主持下，有关多民族文学史观、多民族研究方法论、多民族文学案例的系列学术论文在《民族文学研究》上陆续发表，在中国少数民族文学学界和中国文学学界引起较大反响。

2011 年，徐新建教授的课题"中国多民族文学的共同发展研究"获得第二批国家社科基金重大招标项目批准。该课题意义重大。第一，它开拓了民族文学研究的视野，不仅将"少数民族文学"放在中国多民族文学的层面去观照，同时还拉开了世界性的比较框架——把中国的多民族文学放到了国际族裔文化发展的视野下展开讨论。第二，它打破了单一民族的研究视角，倡导把少数民族文学研究看作多民族、多语言、多媒介的研究对象，并以文学人类学作为基本方法进行了多民族文学的案例研究。第三，围绕该课题，在全国范围内展开了一系列的学术协作和人才培养。比如我们在座的李菲、邱硕、罗安平、佘振华、王艳、完德加、赵靓，还有我本人，都是在这个课题的研究过程中进入了多民族文学的领域，获益匪浅。目前四川大学在硕、博士课程里都开设了"多民族国家的文化和文学""中国少数民族文学专题研究"的课程。我们力图在"多民族文学研究"的视野中持续进行知识生产和传承。

今晚举办学术对话的第二个原因：即便我们已经取得了一定的成绩，

但多民族文学研究欲向前推进的理论和方法上的困境已经暴露了出来。所以徐新建老师建议把今晚的题目定为"多民族文学研究的瓶颈"，希望这个主题能够激起大家产生相互碰撞的思维火花，突破研究瓶颈，推动学术发展。——因此，我们另一个关键词是"突破"。

今天参与讨论的嘉宾本身就是一个多民族的构成：既有国内各民族学者，也有国际友人。在座的一些老师和同学也许是第一次见到马克老师，我在这里再补充介绍一下他的背景。近几年来，马克老师几乎每年都要来中国一到两次开展学术调研、参加学术会议。这其中有一些和四川大学、西南民族大学的合作进行项目，所以马克老师是川大的老朋友了。其实，自20世纪80年代开始，马克老师就来到中国学习、教书、开展研究，还参与了中国比较文学的发轫活动。当时马克老师与中国比较文学学界的青年学者建立起了深厚的学术友谊，共同创办了一份名为《文贝》的刊物——今天有人专门研究《文贝》，把它视为中国比较文学的早期文献资料。之后，马克老师的研究覆盖了我们提出的多民族文学。在很多时候，我们说"多民族文学"，是想以这一话语来突破少数民族文学话语的单一模式，但是我们选择的案例大多还是中国少数民族文学，缺乏汉族文学的融入。然而，马克老师不仅钻研苗族古歌、彝族诗歌——比如阿库乌雾老师就是他的主要研究对象，同时也研究汉族文学，如苏州评弹。所以马克老师是把东部的汉民族文学和西部的少数民族文学放在一起，构成了一个完整的中国多民族文学图景。今天，我们趁马克老师和汤晓青老师同时在成都参加学术活动之机，组织了这次学术讨论。

一　多民族文学研究的"瓶颈"之困

徐新建：梁昭老师向大家介绍了我们一些突飞猛进的成绩和势如破竹的进势，而我要讲的是瓶颈。说到瓶颈，主要有以下几个方面。

首先，在显著的成就面前，我们面临的局势实际上很严峻。在我看来，中国多民族文学研究的下一阶段很可能举步维艰。要是这一步走不出去，未来的研究将很难超越。为此，我们在题目中加入了"瓶颈"二字。可这并不代表所有人的想法。今天的学者们，参加会议的老师们、同行们会不会同意这个命题，完全可以讨论。不过，我自己觉得说"瓶颈"一点都不夸张，用水流到一定时期后出现滞留不通的情形来比喻我们目前的格局是非常形象的。要是这个水堵在这儿的时间长了，就会腐坏。所以，首先要做的就是把"瓶颈"疏通，等疏通后，才能谈突破。

其次，我们所面对的瓶颈有哪些呢？主要有以下几点。

第一是创作实践方面的瓶颈。我们讨论的是多民族文学研究，我们的研究是依托在实践之上的，如果瓶颈出现在研究对象上，那么我们的研究就会变成当代的古代文学、当代遗产学。也就是说，民族文学成了当下的遗产，从而引发我们研究的变质。

自20世纪初到现在，多民族文学的发展在过去一个世纪内出现了两次高潮。第一次高潮出现在新中国建立约十周年之际。当时一大批年轻作家，特别是以伍略为代表的少数民族作家，构成了多民族文学的主力军。他们的创作涉及了中国的各个地区。可以说，那是一个从无到有、从少到多、从弱到强的时期。第二次高潮出现在80年代。那时正值改革开放，人们的思想得到解放，创作圈迎来了又一次绽放。因此，这两次高潮成了我们不断进行回溯性解释的研究对象，像玛拉沁夫、张承志等的身份已不单单是作家，而是学术界的研究对象。这已经形成了一个历史格局。

然而，进入21世纪，多民族文学在创作上的缺陷日益增多，并且表现在很多方面。比如，网络文学的出现影响了传统的、印刷的精英文学。网络书籍的上线致使纸质刊物破产倒闭。以往的书写方式也由此陷入危机。关于这方面的细节，我就不展开讲了，大家只要去看看相关的研究成果就会知道。这样的问题不光出现在多民族文学的发展和研究之中，并且已成为整个时代的大问题，只不过多民族写作的问题比较特殊，我在此就不一一展开了。

实践层面上的瓶颈会导致什么样的后果呢？那就是研究人员和研究对象在比例上的严重失调。也就是说，可能出现十个博士围着一个作家、一百个硕士围着一个作品进行高度重复的知识生产。我参与过很多次大学里的研究生学位论文答辩，其中好多次都遇到了研究托尼·莫里森（Toni Morrison）《蓝色的眼睛》（*The Bluest Eyes*）的学生。作家就那么几个，生产队伍却越来越大，翻来覆去都是换汤不换药。一本《红楼梦》就养了好几万人，这对得起曹雪芹吗？我们眼前的形势是非常严峻的，每年招那么多学生，可在实践上却没有正常发展，所以重复生产与过度阐释也就不足为奇了。至于实践层面的问题出自哪里？有很多原因，既有外部的，也有内部的，还有书写与刊物等方面的。

第二就是教学方面的瓶颈。高校是一个生产单位、培训机构，教学永远是它的主营业务。我列举一些指标和现象来说明这一瓶颈。很多年前，我们就呼吁中国文学应该是整体的、多民族的；为此我们提出了多民族的文学史书写。然而，这个问题直到今天也没得到根本性的改善。现在所谓的中国文学照样是以汉民族为主体的文学，其他少数民族文学仍然被遮蔽了，连一个完整的多民族文学史课程都开展不起来。迄今为止，国内著名大学依然没有少数民族语言文学专业，许多"985""211"院校以及其他院校的 A 类学科也缺乏多民族文学专业的从业者。这样的教学瓶颈造成的直接后果是什么呢？那就是新一代没有受过多民族文学教育的从业者们，他/她们的学术记忆仍然固化在二十年前、三十年前、五十年前甚至八十年前，仍未跳脱出胡适、郑振铎所代表的五四新文学。曹顺庆教授提到的"三重霸权"问题依然存在，[①] 并且已经固化成了一个不知何时才能改变的格局。

以四川大学为例，尽管我们的团队看起来很强大，但实际上仍很边缘。我们开设的课程依然不被认为是主干课程。对于少数民族文学课程的开设，别人甚至会问，你们做的是学问吗？少数民族文学是文学吗？之所以会有这样的质疑，是因为他们自有一套文学的标准，比如唐诗宋词以及近代的小说。意思就是，少数民族没有这些东西，怎么算得上文学？最让我印象深刻的一次经历发生在西南民族大学。当时阿库乌雾组织讨论，请了一大批所谓的"牛人"评论家，一位学者说："什么少数民族文学？请拿代表性的人物和作品出来。"我就当面跟他们抬起了杠，说："拿出来你也读不懂。《格萨尔王》你看得懂吗？《江格尔》《玛拉斯》，你知道吗？"于是，他不吭气了。这说明，在这些著名的评论家心目中，少数民族文学

---

① 曹顺庆：《三重话语霸权下的少数民族文学研究》，《民族文学研究》2005 年第 3 期，第 5~11 页。

是不存在的。所以说，这个局面非常严峻，必须尽早解决。从高校的文学生产和知识传承的意义上来看，我认为这样的瓶颈是越来越显著了。我们招了这么多学生，而留给学生走的路是没有改变的，这就是教学方面的瓶颈。

第三个瓶颈是理论研究的瓶颈，或者说知识体系与话语的瓶颈。造成该瓶颈主要有两个原因。

第一个原因来自外围，即整个学术界对包括中国少数民族文学在内的中国多民族文学，缺少观念、认知、阐释和理论上的包容与推进。就拿多民族文学史观来说，到现在都未达成共识。更有甚者还说着风凉话，好像这样的研究是基于民族团结的政治协商，研究多民族文学不过是体现政治正确的问题罢了，而无关学理推进和理论创新。

第二个原因在于内部。其情况更加严重。总结一下，从十二届"多民族文学研究论坛"到现在，我们看似出了很多成果，可仍然是卡在一个初级的、理论表达的阶段。具体表现在以下两点。

一是比例的失调。大致来说，（当然，我没有计算过的，只是用一个形象的说法）大概有80%的学问还停留在既有理论的"挪用"阶段，即大多把处理西方文学、现代文学、汉民族文学的理论工具和理论模型，挪用到少数民族文学、《格萨尔王》或者阿库乌雾的母语写作等上来。这样做只是在表面上提升了他们的价值，却没有做出任何实质性的贡献。比如，《格萨尔王》被定义为史诗，仿佛一下子就让它面目生辉，地位崇高。然而《格萨尔王》就只是史诗吗？这种"挪用"在多大程度上遮蔽、扭曲了《格萨尔王》的文学自在性？当然，《格萨尔王》是文学，但又不仅仅是文学。若它是文学，又是哪一种文学？按理来说，《格萨尔王》加入世界文学的队伍，应当变成一种新的文学，成为独立于"荷马史诗"之外的文学。然而，它并未成为我们现在所谈论的多文学，因为它还是属于史诗，包含在英文世界对文学分类使用的四大体裁之中。

另外，彝族《指路经》也是值得研究的对象。2018年阿库乌雾向我们重新阐释了它。基本来说，《指路经》是哪一类文学？这个问题很难回答。说它是民间口头传统，或者仪式文本，抑或宗教信仰文学，都很牵强。因为《指路经》里面很多自在特点，既没有被理解，更没有被阐释。这就是我所说的来自内部的瓶颈。

二是创造的失真。这里的本真性不光是语言学意义上的母语偏离，还包括以自己为主体的自在的母语。某些少数民族的用词和用语还相对稚嫩。它们力图在非常艰难地汇入强有力的汉语文论和西方文学的阵营里，却一不小心就被收编，被同化，被排除。打个比方，他们都还在路上，还没有回家。而他们又有两个家，一个是回不去的自己的老家，另一个就是现有的话语大谱系。所以，他们要发展自我文论，力量还非常单薄。最近，我们做了一些新的尝试，比如在《民族艺术》杂志上推了一期有关文学与审美的"范畴"讨论。① 其中，陆晓芹博士研究壮族歌唱，从中发现了"暖"，并且将它作为一种可以跟悲剧、喜剧并置的范畴。类似地，还有侗族大歌里面的"养"和郭明军在山西介休发现的"闹"。不过，它们能否被接受？能否"回家"，我们还暂不知晓，甚至担心是否会把它们送上一条歧路。

在目前中国多民族文学的场域，很多事情如果再不去突破，很可能就没有机会了。很多人还没有看到这样的事实，就开始写博士论文，发表文章。那我就要问了，你研究的是什么文学？或者是什么诗歌？这部获奖的小说又属于什么小说？这样的情况不是没有发生过。阿来就碰到过一个很大的障碍。他写的那本《瞻对》反响不错，评论界却感到为难，不知道如何分类。后来，他拿去评奖，第一次申请时将它纳入"报告文学"的范畴，结果人家说这不是"报告文学"，得了零票。第二次再度申请，纳入"非虚构写作"，勉强得了个奖。最近，阿来自己重新阐述，他到北京大学演讲，说自己写的是历史。我觉得他这么做风险更大，因为汉语中的"历史"这个词更强大，一不小心就会被它一口吞掉。一个（少数民族）诗人敢去讲历史？什么叫历史？强大的史学界早有一套理论。甚至可以说早已垄断了对"历史"一词的解释权。一个毫无史学背景的人怎么能随意去谈、去写历史呢？

类似的问题还有很多。足见这条道路上充满陷阱和歧途。但更大的问

---

① 徐新建、陆晓芹、郭明军：《本土范畴：多元审美的话语意义》，《民族艺术》2019年第1期，第27~33页。

题在于，很多人连路都没有，却还以为自己走得很好。

为此，我们还得继续追问的是，多民族文学的瓶颈有没有可能突破？如何突破？这取决于我们承不承认现在有瓶颈。我非常期待各位嘉宾，特别是马克·本德老师的发言。原因在于，马克老师除了在中国学术界很有名，还承担了向美国读者书写文学史的责任。上次来川大讲学的哈佛大学王德威教授，就与马克老师等合作出版了多卷本的《哥伦比亚中国文学史》。在这本书里，马克老师写的就是中国文学史中的少数民族文学。可以说，在英语世界的读者眼中，马克老师是一座桥梁，所以我特别希望听到马克老师对中国文学的见解。我就先说这些，谢谢！

二　如何看待多民族文学的研究瓶颈？

梁昭：谢谢徐老师的引言！接下来，让我们欢迎五位与谈人，第一位是来自中国社会科学院的汤晓青老师。

（一）口头传统再研究

汤晓青：我再提供一些信息吧。前段时间，在北京开了一个非常热闹的"亚洲文明论坛"。当时，除了我国国家领导人发表了讲话之外，我们研究所的朝戈金所长以"口头传统对文明互建的影响"为题做了发言。就目前的情况来看，一方面有徐老师刚才所提到的危机；另一方面，但凡是有国家领导人讲话的场合，除了唐诗宋词等汉族悠久的文学传统外，一定会提及少数民族三大史诗。现在的少数民族三大史诗是个什么状况呢？和文学人类学的"三驾马车"一样，我们研究所也有史诗研究的"三驾马车"，即朝戈金、尹虎彬、巴莫曲布嫫三人组成的学术团体。他们正在着力推进以史诗研究为龙头的中国少数民族口头传统研究。他们研究的范围已经超越了传统的研究范畴，不仅涉及北方民族的英雄史诗，还有南方民族的史诗，比如迁徙史诗、创世史诗，当然也有英雄史诗。他们有建构一套新的知识体系的学术理想，即中国多民族的口头叙事传统研究。这个方向的研究与中国传统的汉语文学，特别是古代文学的书面文学传统形成了互补。

古代文学的诗歌传统注重抒情，很少涉及叙事，20世纪以来的古典文学研究领域，对古代文学叙事传统的研究渐渐深入，但都关注的是汉语书写传统。少数民族文学研究的推进，基本建立了一套多民族口头叙事学的学术框架。目前，基于民族文学研究所几代学人共同努力建设的"中国少数民族文学资料库"（1995～2005年）、"中国少数民族文学影音图文档案库"（2012～2015年）已经粗具规模。建设这样一个档案库的目的，是要将研究所的学者通过多种渠道采集到的各民族口头的、活态的文学资料做数据化的管理。我们在做这项工作时，碰到了诸多问题。比如，当我们要对采集的资料，利用元数据做标识的时候，就会发现，由于我们对这些资料的认识还不够清晰，著录归类时不免有些"不知所措"。比方说，在建立一个资料集的时候，第一项叫作"创建者"，那么，这一项都包括什么人呢？是这个文本的演述人，还是资料的收集者、提供者，或者是数据库资料的录入者？这些层面的信息如何标识？研究者面对口头叙事活态传承的复杂情况时，类似的问题会反复出现。用什么办法才能把各民族的口头文学传统在现代性的知识生产过程中表述出来？是一件非常难办的事情。现在我们研究所做的，就是一些基础工作，比如资料库和元数据的建立，用现代性的、标准化的学术体系来统一处理一些活态的、口传的文学资料，希望达到一个共享与交流的目的。当然了，这一过程中遇到的问题也是层出不穷的，比方说如何处理不同民族之间语言的问题，以及我们对资料的认识。这项工作意义重大，但又困难重重，它难就难在该怎么做？依我来看，还是应该回到最原初的状态。

我们这个学科所面临的最大挑战，就是如何用新方法、新理论等一切新的手段来把原来的文学观提升为"大文学"的观念。我们所说的文本，不光是作家创作的，以及被演唱的和被记录的，还包括其他依靠口头传承下来的。口头传统有一套自己的表述方式，谁来唱？在什么情况下唱？还有与之相关的一系列的仪式、信仰等许许多多的元素，都是文本不可或缺的一部分。当我们把文本的边界拓宽到声音和影像时，"文学""文本"的观念被突破，学界的质疑声也随之而来，他们会问："这是文学吗？"所以，摆在我们面前一个很尴尬的事实是：经常有人觉得我们研究的不能称为文学。那么问题来了，少数民族文学的口头传统和口头叙事到底有没有文学性？要回答这一问题，应当回到每一个民族中去考察他们的文学概念是什么。我们可以和完德加讨论了藏语中"文学"是什么？如何表述？它的原义是什么？同理，阿库乌雾老师就可以说一说彝族的"文"，"文"是什么？文学又是什么？有时候，我们去采访歌手，问对方唱的是什么歌？他们会说自己也不知道，他们有母语的名称，无法用汉语对译。要是我们继续追问，他们就会根据现行通用的民歌分类回答"我唱的这是劳动歌"。

回到原点的研究就是要重新梳理话语体系，辨识学界通用的名词术语在描述民间的口头文学现象时是否准确，也要解决丰富的地方性知识如何成为学术界的共享资源的问题。这不是一个简单的翻译工作，做数据库的主题词表是其中的一项基础性工作，即对每一个词条给出词典释意。就像我们写论文，提出一个概念后，必须给它一个定义。现在的研究很多还停留在表面，停留在观念形态。前两年由巴莫曲布嫫研究员任首席专家的国家社科基金重大项目"中国少数民族口头传统专题数据库建设：口头传统元数据标准建设"立项，项目的基本任务是制定应用于口头传统研究领域的数据采集、汇交、整合、质控、审编、获取以及共享的标准体系，以促进数字资源向知识本体的转化，完善数字化、数据化和网络信息化的专业研究环境。期待这个项目的完成能够为少数民族口头文学的研究提供深远发展的路径和方法。

（二）多民族文学研究的美国实践

梁昭：谢谢汤老师。下面我们有请马克·本德尔老师。

马克·本德尔：大家好，今天我特别高兴，见到了许多老朋友和新朋友。首先，我觉得徐老师提的话题意义重大。一方面，在中国之外，特别是民族学界和民间文学界，也遇到了同样的问题，需要解决。最近，俄亥俄州立大学的多萝西·诺耶斯（Dorothy Noyes）出版了一本名为《谦逊的理论：当民俗进入社会生活》（*Humble Theory：Folklore's Grasp on Social Life*）的书，引起了很大的反响。① 这本书的内容主要就是在讨论民间文学

---

① 西南民族大学罗安平教授翻译补充：诺耶斯老师是美国民俗学会的会长，也是俄亥俄州立大学民族研究中心的顶梁柱。这本书出版于2016年，其中讲到的 Humble Theory，实际上就是在说民俗学怎么样理解社会生活。"Humble Theory"跟"Grand Theory"是相对的，如果直接翻译的话，可译为"谦逊的理论"或"谦卑的理论"。就是讲这种理论怎么用小的、细致入微的方式来进入我们生活实践的研究。

和民族学到底是怎么一回事，是要去创造一个宏大的理论呢？还是对既有的理论进行跨越式建构？

在这本书中，诺耶斯女士利用了一些比较小众但集中的理论去研究各种问题，我强烈推荐大家去看看，了解一下她提出的"Humble Theory"。2017 年，《美国民俗学》期刊（*The Journal of American Folklore*）登载了美国著名民间文学学者艾略特·欧林（Elliott Oring）写的《回到未来：二十一世纪的理论问题》（Back to the Future：Question for Theory in 21 Century）一文。这篇文章原本是他当年参加的一个学术会议上的发言，后整理成文。在这篇论文中，他提出了人类在 21 世纪会面临的诸多问题。他认为，我们现在的方法特别多，但人类到底面对什么样的问题，很少有人为此发声。于是，很多人开始倡导研究民间文学和民族文学，并且提出我们该问什么样的问题。所以，我觉得还是比较值得阅读的。

另外，我还想说，最近的美国民俗学期刊也出现了转向。原来他们老是强调美国民间文学，但现在变得更国际化了，出现了中国多民族文学研究。比如，我的一位研究生曾经在青海待了三年多，最近就在该领域的期刊上发表过有关《格萨尔王》的文章，题目是《超越行吟诗人的西藏格萨尔史诗》。他提出，《格萨尔王》是多样化的，不仅仅是一部史诗，还是各种各样的小故事和地方戏。①

最近，美国的学界还出现了计算机民俗学，运用大数据的方法研究童话和神话等比较传统的母体，对它们进行再次认识。他们的主要精力集中在文本中的女性，尤其是性方面，我觉得很有意思。像这样的文章和方法，也是值得中国学者借鉴的。另外，我还想提到的是盛行于 20 世纪 70～80 年代西方世界的"表演理论"。大概在 90 年代，巴莫曲布嫫、朝戈金把它引入了中国。虽然当时"表演理论"在西方已经逐渐减弱，但最近又活跃了起来，成了一种潮流。我认为，无论在东方还是西方，我们都需要停下来，看看我们到底在干什么？眼前的问题又是什么？想想我们到底有什么方法？有什么样的愿望？又该怎么样去实现？如果时间允许的话，

---

① 罗安平老师翻译补充：该文章的作者是马克老师的学生，徐老师也认识，2009 年还在成都做了一次讲座。简单讲，作者以世界物质里的生态类型为基础，把《格萨尔王》看成一类关于生态系统的书写。

待会儿我想发表一些我对中国学术界的看法，谢谢大家！

（三）创作没有瓶颈

梁昭：谢谢马克老师。下面欢迎阿库乌雾老师发言。

阿库乌雾：看到"瓶颈与突破"这个题目，和研究者的角度不同的是，作为一名作家，到目前为止我还没感受到过有瓶颈。我本人是一个彝族作家，我要是考虑瓶颈太多，那就真的无法突破了。因为一旦遇到瓶颈不突破的话，从某种意义上讲我就"死"了，我的文学创作就"死"了，我所传承的文脉就没有任何存在和延续的意义了。所以，在创作的层面上，我觉得没有瓶颈，这或许取决于个人的认识和体会。另外，如果多民族文学的瓶颈出现了，多民族文学创作走向枯萎了，那多民族文学的当代性和未来意义也就丧失了，多民族文学理论研究也就失去了理论价值。所以多民族文学必须不断创新发展，也就是说从文学创作实践上要不断开辟新领域、新话题、新的语言艺术创造可能性。因此，我想说的第一段话就是：从一定意义上讲，现代意义上的中国多民族文学创作才开始，不应该马上就有瓶颈，不应该自寻瓶颈，而是要遵循文学创作的本体规律，不断处于自我更新、自我超越的"拒绝瓶颈"的发展态势。

我更注重考虑如何突破。首先，我国的历史文化沿革决定了我们还得提倡整体，我还是主张继续强化中国文学的整体观建设，这是中国的国情决定的。中国文学不仅有审美和学术研究意义上的价值，还有进行民族识别、民族平等、民族团结等政治和文化建设任务。新中国成立之初，民族识别和民族划分以后，中国作协出色完成了让56个民族都拥有中国作家协会会员的任务。这看起来是个政治任务，但是也从国家层面承认了中国文学的"多民族性"。如今，只有在新时代重新提出中国文学整体观，才可以深度体现中国这样一个多民族国家文学的丰富性、多元性和整体性。很多少数民族没有文字，有的只是口头传统，情况和民间文学很像。所以，把他们的文学从母语文学过渡到汉语文学，是体现中国文学一体化的工作，也是符合实际情况的。我个人认为，中华民族文学共和的样态可能会一直存在。

其次，我认为还需加强中国多民族母语文学与汉语文学的关系研究。

过去我们研究各民族的汉语文学比较多，忽略了各民族汉语文学与本民族母语文学的内在关联，特别是有文字民族一直保持了汉语与母语叙事"两条腿走路"的文明传承与知识生产形态。今天，很多有自己民族文字的作家，甚至是一大批比较受主流批评界关注的民族作家，他们的汉语创作很难完全摆脱本民族的母语文化背景，其创作实质上是母语文化与汉语文化的互动产物和叙事体系。所以，少数民族作家用汉语进行文学创作能为汉语做出怎样的贡献和拓展，也值得我们去研究。

我之前提过"第二母语"，尽管听起来有些许生硬，但我觉得很实用。我的意思是，某些少数民族同胞用陌生的"民化汉语"进行文学创作时，"汉语"既是这些作家的"母语"，又是与本民族的"文化母语"有别的"文学母语"。他们在中国新文学的场域里是不是有一定的价值？或者从当年新文化运动开始，李金发他们那一代人面对东西方"文化混血"之时，是不是也有过类似的尝试？当他们用西方文论引导汉语写作的时候，仿佛出现了一个历史性的断裂。国人的审美在此进入了一个中断时期，所以大家都读不懂。后来，随着朦胧诗的兴起，另一个中断时期又出现了，以至于"新的美学的崛起"不得不站出来说话。在这样一个过程当中，面对少数民族的汉语写作，我们要做的是深入讨论，而不是在表层上纠结，更不能轻易下结论。所以乌热尔图、阿来、霍达、扎西达瓦到底和汉语发生了什么关系，他们在什么样的层面使用了汉字，又是怎么使用的，汉语在他们的身体里面起到了什么样的作用，都是值得我们研究的。

我经常反问自己："真的已经可以拿汉语来写诗了吗？"2019年3月，我在哈佛大学演讲时，就对听众们说："我知道你们在座的每一位都听得懂汉语，但我还是觉得大家要向我学习，因为我是以写诗的方式学习汉语。不过，我的汉语到现在还是不怎么样，说话说不好，写诗也写不好，可能就小学生水平吧！"说完，他们全都笑了。我在思考当少数民族背景的人在使用国家通用语写作的时候，他们到底能写到什么程度，艺术创造的空间有多大，他们提供的"汉字文献"是否都可以被视作汉语文学作品，或者说，在一个由多民族参与建构的语言与生命互动关系中，第二语言和第三语言是否可以用于文学创作，这些作品又是否能体现汉语文学新的生命力，我认为，这一连串问题既跟文化政治有关，又不完全是因为文化政治。对于文化命运的透彻，对于语言文化与生命实践关系的拷问，我们必须直面，不可能回避。但同时，它又是一个人类语言对生命进行左右与熔铸，或培养与适应的问题。

这样，就可以引申到第二语言的文学研究了。其实多民族文学成为第二语言文学，是全世界都有的现象。在西方，一个作家可以使用两三种语言进行创作，已经是司空见惯的事了。那么，中国的少数民族用汉语写作，又算不算严格意义上的第二语言创作呢？中国既是一个整体的国家，又是一个多元一体的文化结构。那么，中国的多民族文学又能不能成为世界第二语言文学创作的一部分呢？我觉得这些问题都值得去探究。现实是，由于大家都说它们是少数民族文学，突然有人说是第二语言文学时，听起来会觉得不太适应甚至刺耳？这些问题，似乎是我们不敢去面对的。另外一个问题是，能不能把少数民族文学当作用少数民族身份进行创作的现代作家的作品？如果把其中优秀的文学作品当作第二语言文学，那他们就融入全球的第二语言文学中去了，也就不再是"少数民族文学"。然而，他们的作品的确是具有中国性和中国特色的。在中国这样一个在同一国家不同民族身份的作家使用国家通用语进行创作的背景下，怎样从文化、语言、历史、政治上去把握文学、民族和政治的发展，是很有讨论价值的。

我们要正视语言、历史、文化、政治、经济、时代与文学的关系。很可惜这些关系都没有理顺，因为很多时候人们把这些重要话题当作"敏感话题"避而不谈，能说能谈的内容又似乎太肤浅、太常识。照这样下去，恐怕我们的研究是很难找到突破口的，当然就有了所谓的"瓶颈"。所以，我觉得还是按照自己的路子来走吧，能走多远就走多远。至于深度和力度问题，要自己去把握。不过，首先要做的就是在中国当代多民族汉语文学界提出这个问题。

另外，必须长期坚持对各民族民间现存的母语口头文学和书面文学足够的重视。这永远是多民族国家未来文学发展取之不尽、用之不竭的源泉。就像刚刚汤老师说的，一旦各民族文学丧失了他们的母语，多民族文学便无从谈起了，就只剩汉语文学了，然后它会成为中国文学，再进一步就是国族文学了。其实，众所周知，所谓汉语文学自古以来都具有"多民族性"。所以，多民族文学真正的差异还是要依靠中国境内多民族、多语种的，历史悠久、丰富厚重的母语资源。由于母语会影响作家的审美观、价值观，因此，我们要做的就是从母语的表层出发，挖掘其背后深层的文化精神密码和独特的生命信息。比如，母语世界给了他们什么？文化基因给了他们什么？与此同时，大家也要朝着"人类大同"和担当人类命运共同体的方向努力，去缔造一个伟大的文学传统，这既是国家的事业，也是多民族文学与文化创造的使命。

最后，要加强多民族国家各民族文学理论、美学理论以及思想资源的挖掘与利用。通过理论研究和指导实践，努力建设基于本土审美传统的多民族文学理论和美学思潮，从而形成中国的、丰富的、多元的、开放的理论智慧体系。为什么这么说呢？因为某些少数民族是有一套自己的诗学理论的，比如彝族古典诗学，还有好几个民族也都存在古典文论。那么，这样一些理论资源是否可以拿来共享？是不是可以拿来借鉴、探索甚至支撑我们中国文学批评的"本土化"，从而使我们不完全受西方话语的笼罩，在找到自己的话语体系后，再与西方进行平等对话，进行互动互补，最终取得一股博大的、深厚的多民族文学精神？我觉得这些话题都是很有必要讨论的。

（四）多民族文学研究的内部和外部

梁昭：谢谢阿库乌雾老师，下面欢迎李菲老师发言。

李菲：其实，我自己特别惭愧，对于多民族文学，我不大有发言权，因为我对文学作品没有与生俱来的亲近感。可能是自己太理性的缘故吧，我很难做到把一部文学作品读完。要是翻了前面的几章，我大概猜到它后面怎么写了之后，我的情景代入感就消失了，于是我就放弃阅读了。所以，我今天先得把这个弱点暴露出来，再谈谈我能谈的吧。

在多民族文学的困境和前景这个问题上，我觉得可以从三个角度来思考。第一，从多民族文学内部来看，它的困境和瓶颈到底是什么？第二，从多民族文学外部来看，它的困境和瓶颈又是什么？有没有我们看不到的地方？第三，从多民族文学的旁边来看，又有什么值得我们借鉴的东西？对于它的内部，我们焦虑的到底是没有推进的新动力，还是没有新方法？是对象还是方法出了问题？由于多民族文学也是一个领域，文学人类学研究同样有这个过程。我们研究的是一系列叫作多民族文学的对象，它们聚集起来形成一块研究领域，当它朝着一个准学科的方向往前走时，就一定会遇到一个坎儿，即如何从对象的学科转化为方法的学科。

本质上来说，多民族文学研究目前还没有自己的专门方法。以文学人类学作为参照物，无论是四重证据法，还是N级编码，它都有一套自己的术语、观念和方法论，于是它才有了一定的聚焦力。同理，其他的研究领域或者准学科也应如此。从目前的情况来看，我们不否认作为对象的多民族文学，因为它是一个既有的事实。但说到作为多民族文学的方法，情况就大不一样了。在我看来，现在确实没有一个能够代表该领域的方法和方法论。现有的多民族文学研究成果其实非常碎片化，最开始都站在宏观层面上提出理论，接着就突然变到微观层面的诗人、作者、作品的分析，整个过程都非常碎片化。个案如何积累和提升无从谈起，正如马克老师所说，我们如何谦逊，或者说低微，这的确是个问题。我们低微的目的不是琐碎地讲那些细枝末节，而是通过研究细枝末节拔高理论，从而照亮整个领域。多民族文学走向何方是不是也应该提上议事日程了？比如，在比较文学视野里，很多民族文学最后的走向都是整体文学。把多民族文学描述为一个阶段性的量，可以展现出现象世界里多民族存在的文学事实。然而，它往前走可能是什么呢？当我们遇到当下的困境后，还有可能往前推进吗？这不是我的专业，所以我谈不了太多，只不过在这里作为问题提出来，希望各位老师能给予宝贵的意见。

下一个要谈的问题也比较具体，我想问：多民族文学到底是反映了汉族学者的救赎心态，还是体现了少数民族作家自己的兴趣？少数民族作家在乎自己创作的是多民族文学吗？多民族文学到底是学理的正确，还是道德的判断？给我的感觉就是，它更多的是汉族学者和汉族作家的心灵安慰剂，用来缓解他们的焦虑。然而，"多民族文学"这个概念真的是少数民族作家所需要的吗？他们在乎这个东西吗？这就是多民族文学内部的问题了。

此外，当我们把眼光向外拓展，从多民族文学的外部来看，瓶颈就更多了。比如，在当代这个文化表征井喷的时代，文学还能成为多民族研究的理性入口吗？还能成为多民族介入现实世界、进行日常生活、参与社会活动的重要渠道和砝码吗？当下，多民族游戏、图像，甚至量子通信都出来了，那么多民族文学对我们认识和探讨现实世界还能起到多大的作用呢？我们在这里焦虑这么多，别人可能觉得根本不重要，很有可能他们是从当下中国多民族问题和多民族视野、观念出发，压根儿不理会多民族文学，因为其他的入口更具冲击力和问题意识。

从多民族方面来看，以现当代大文学、人类学和文化研究这三个领域为参照。现当代的大文学在做的其实是守住文学这个核心，但说到多民族文学就很牵强了。这是因为，多民族文学里头的"文学"和现代大文学里的"文学"根本不是一回事。比如彝族文学跟藏族文学，这两种文学用的基础概念和他们对"文学"这个词语的身体感受是不一样的，所以在走向"文学相对主义"之后，"多民族文学"这个概念是会被瓦解的。正因如此，问题聚焦就变得很难，即便我们现在发展多民族文学研究，但真的很难开展真实的、有效的对话。而大文学就不一样了，它就是开宗明义，绕不过去就守着它，守着"文学"这一核心，来看它的边缘能有多大。第二个可以借鉴的领域是人类学。一方面我们以中国为例，有费孝通先生提出的"多元一体"宏观理论；另一方面，以我自己为代表，或者说有我自己在其中的大量人类学家都在做田野。人类学有一个好处，在于它在宏观的多元一体结构会和微观的村落田野之间有一个中观的理论，比如区域理论或者交换系统理论，都是中层部分。这样做的意义在于，能让宏观理论和微观个案相互靠近。而从人类学的话语来说，多民族文学其实是微观作品和作家分析的碎片，多民族文学观是一个观念的倡导，但缺乏中层理论作为支撑。那么，哪些东西可以作为理论支撑的基础呢？我觉得这得回到一些核心概念，进行一次再概念化的过程。比如"文类""口传"，先把这些具有中层潜质的关键词提出来，然后再在多民族的领域里进行跨界比较，提炼出一套可供操作的中层理论，最后借助它打通宏观的多民族文学观和微观的文学作品。但是，我这不是这方面的专家，具体怎么操作我插不上话，只是提出一个可以借鉴的点。

最后，我还想引用一下文化研究。我们在进行多民族文学研究时，还执着于要在"一"里头去辨识独立存在的"多"，从而赋予"多"伦理上和主体上的独立地位。然而，文化研究不一样，它的核心词语是"杂糅"与"移动"。我和汤晓青老师、徐新建老师以及孙九霞老师进行过一次讨论，谈到在文化研究的领域中，学界关注的不再是某一阶段如何给某一独立的本体赋予主体性，而是在一个共在的世界里，文化研究在承认了既有的主体性与独立性的同时，还迈出了更前沿的一步。当我们真要引用文化研究的"杂糅"和"移动"时，所面临的挑战可能就是"多民族"三个字是否还那么重要？无论是早期的作品，还是后来的著作，阿库乌雾老师在实践中都特别强调混杂性。我认为"多民族"这种命名可能是因为缺乏直面后现代的移动性和混合性，并且这一短板是天然的。面对全球化给出的命题，这的确没有解决的办法。

总之，无论从多民族文学的内部、外部和旁边来看，都存在困境和瓶颈。至于如何解决，我力量有限，期待徐老师的点拨。

（五）多民族文学之间能否形成共享和评价标准？

梁昭：谢谢李菲老师。接下来，欢迎李长中老师发言。

李长中：谢谢梁老师！首先，非常感谢徐老师邀请我来参加这次座谈，为此，我专门做了一个提纲。不过，我的见解还很粗浅，希望大家多多批评指正。首先，从题目来讲，不仅多民族文学研究出现了瓶颈，汉语言文学的情况也一样，例如比较文学和现当代文学。为什么我们现在突然就有了关于瓶颈的焦虑？一方面源于我们对已有学科的反思，随着我国综合国力的提升，这样的反思越来越强；另一方面是因为我们没办法及时提出阐释本土经验的话语。对多民族文学的瓶颈我认为主要体现在作家文学上。目前，多民族文学的研究已经取得了很大的成就，不过这并不影响瓶颈的形成。一方面，在少数民族生成"作家文学"这个概念以来，我们使用的都是别人的话语体系。通过主流话语来接受西方文论，而不是用自己的理论去阐释本土的经验，因此，就造成了徐老师所说的"挪用"问题。

第二，为什么这个问题突然间就引发一大波焦虑了？在我看来，这是因为"地方性知识"在20世纪90年代的兴起。由于这些原因，用别人的语言来阐释本土经验的方法和范式就行不通了。到了这个时候，我们才发现，少数民族文学研究出现问题了。那么，造成这一瓶颈的根源在哪儿？如果要展开阐释，这个问题相当复杂。概括地说，有以下几个问题。第一，除了我们这些常驻多民族文学研究领域的学者外，其他人很少走进来，这就造成了研究队伍的固化，知识生产也就受到了限制。虽然我们每年为少数民族语言文学申请了那么多课题，发表了那么多文章，但正如李菲老师所说，这是一个碎片化的问题，没有形成一个持之以恒的推进性成果。表面上看，每年少数民族文学年会的参会人员越来越多，但我们的研究模式却依旧没什么变化。即便出现了新话题，也没有新观念，这说明我们的研究没有反思性。第二，主流话语也对我们表现出了排斥。现实告诉我们，少数民族文学阵营确实处在一个兴旺发达的阶段，研究人员也是与日俱增，但是我们生产的这些知识很少能在主流的著名刊物上刊登。这说明，我们的队伍可以生产知识，但这些知识无法进入公共的学术空间。所以，它们就成为被遮蔽的那一部分，不但保守，而且缺乏活力。第三，我认为现在舆论的推进功能越来越弱。如果大家都能够清楚地明白80年代的文学研究为什么能硕果累累，问题就好解决了。因为在那个时候，大量的研究话语进来了，使得我们的舆论有了新鲜血液，对事物发展的看法形成了新的视角。然而，现在的理论却没有能够让我们付诸实践的能力，这就导致理论知识的匮乏。当然，我没有全盘否决，也有一些理论，比如重绘中国文学地图、中华多民族文学史观等。然而，我想要说的是，为什么这些理论到现在没有后续推进？依我看，这是因为我们缺乏一个可持续性的、开放性的过程。就拿重绘中国文学地图来说，我们是一个多民族国家，多民族文学可以建设一个整体的中国文学，但这里面有很多的问题没有来得及被思考，例如什么样的少数民族文学可以进入中国文学史，怎样处理主体民族文学和多民族文学的关系等。再比如说少数民族文学和多民族文学的共享价值，以及以什么样的结构体例将少数民族文学纳入多民族文学的范畴？或者说多民族文学的价值比较在哪里？多民族文学之间能否形成共享的评价标准？这些话题我们都还没有进行深入分析。2017年，一位编辑在电话里对我说，我之前提出的一个重述历史的概念很好，但为什么后来就再没有对它进行理论上的深化了呢？我回答说因为我推进不了了。然后他就直接告诉我："你们少数民族文学都有这样的情况。"这个案例说明，我们缺乏细节上的补充。我们对某个理论信手拈来，比如民族性、国族性等，但谁又对这些理论做出了清晰的阐释呢？再比如"地方性知识"，真的是说得清的吗？也就是说，我们信奉"拿来主义"，而在知识考古这方面还非常欠缺。

另外，还有多民族文学史观的问题。它本来是一波影响很大的思潮，然而在讨论时却出现了一系列状况。由于过于强调现实，从而导致多民族文学史观的问题由何以入史变成了一个应该入史的问题。如果我们谈论的是入史的问题，那就得研究所有的少数民族文学为什么能载入史册？但如果聊的话题是少数民族文学应该入史，那就简单了。反正不停地出版各民族的文学书籍就行了。但后果就是，多民族国家内部的复杂性被简化和过滤了，从而导致少数民族文学研究推进功能的丧失。阿库乌雾老师刚说他没有焦虑，我是不太敢苟同的。我赞同他提出的多民族文学本身不存在瓶颈，但我不认为多民族文学研究不存在瓶颈。

说了那么多的瓶颈问题，现在我想谈谈突破。当前，我们既没有针对少数民族文学的本土理论，也没有本土范式。怎么才能改变我们目前的这个现状？我觉得应当在研究方式上做出转变。不要追问少数民族文学是什么，而是从本体上去看这个问题。应当看到的是，一个少数民族文学具备了什么样的价值？这就是由本体论转向了价值论。为什么要有这样一个转向？众所周知，任何一个研究对象都存在两种研究方法，一个是本体论，另一个就是价值论。

既然目前的理论没有办法解决眼前的问题，那么不如返回到它的价值上。正如刚刚其他老师所讲，少数民族文学这个概念的阐释是多元的。既然概念多元了，那么价值也不是单一的。如果从这一点上去考察，我认为这理应成为少数民族文学研究的突破点。老实说，目前我就正在做这方面的工作，即以少数民族文学的价值来开展少数民族文学研究，看它能拓展到什么程度。在我看来，第一，能拓展少数民族文学的艺术价值。如果要弄清研究少数民族文学有什么用，必须要知道少数民族文学的价值来源。第二，能拓展少数民族文学价值观，也就是价值主体对价值观的认同。在当前这个价值多元的社会里，每个人对同一研究对象的价值取向都不一样。于是，价值主体和价值对象之间就产生了价值观，它可以帮助我们深入理解现有的价值主体和价值对象存在什么样的关系。第三，能拓展少数民族价值观的整体研究。若要知道少数民族文学有什么用，就要看目前少数民族文学舆论里哪些东西是和我们是相契合的。这样做能对知识起到一个考古作用，挖掘真正符合言说对象的东西。第四，通过研究少数民族文学有什么用，可以为少数民族文学批评和文学研究提供一项价值标准。因为少数民族文学和"地方性知识"是多元的，因此价值标准也不尽相同。

总之，我个人认为，少数民族文学研究必须要有一个转向，即从本体论转向价值论。非常感谢大家的聆听，我的发言到此结束。

梁昭：非常感谢以上几位老师的精彩发言。这种对谈方式也是进行现代学术生产的方式之一。因为它既不是以现成的文章为基础，也不是以个案为对象，而是进行一次集中的爆发性讨论，让谈话者得以从具体的案例和材料中抽出身来，从宏观的层面来展开讨论。各位老师的发言既有彼此的呼应，也有针锋相对的碰撞。由于会议必须在 10 点结束，而我们又很难有机会请到马克老师，所以我想多给他一些时间，让他来谈谈刚刚没有来得及谈的研究。

三　面对瓶颈：路在何方？

马克·本德尔：好的，我再说一会儿。从 20 世纪 80 年代以来，我就开始关注中国的少数民族与多民族文化。当时，我到昆明访问了一些人，向他们了解一些史诗。从我的亲身体验来看，对于中国的年轻学者来说，田野工作依然非常重要，因为它能补充课本上没有的部分。最近，我和罗庆春（阿库乌雾）老师合作，翻译了一本民族志。工作的内容也涉及我收集的其他文本，比如我 20 世纪 80 年代就开始翻译的黔东南苗族史诗，这是我为研究中国民间文学——尤其是中国少数民族文学和地方文化迈出的重要一步。通过翻译这本书，让更多的人理解苗族文化与田野过程，是非常重要的。

之后，到了 90 年代，我又去了苏州，因为我觉得苏州文化也是中国文化中一个很有特色的标志，并且很多文化是和少数民族有关的。我在苏州也访谈了很多人，了解他们的美学观，和我在苗族地区的发现一样。在翻译彝族史诗的时候，我遇到了很多困难，其中一个就是无法用汉语或西方文论去理解文本里到底在说什么。因此，我觉田野调查特别重要。在我做学问的这四十年里，我做的就是把中国的多民族文化、多民族文学——特别是民间文学介绍到国外，属于比较基础的工作。另外，我觉得其他的美国人类学家在中国西南地区也做了不少工作，让西方世界看到了汉族之外的中国少数民族，以及他们的文学、文化和艺术。

让我感到高兴的是，在最近的二十年里，越来越多的美国学校和学生了解到了中国的少数民族文学。一个显著的成果就是，在最近的十年里，有一些美国期刊发表了相关的文章。比如阿库乌雾老师的诗歌，就已经在六七部美国期刊上刊登了。此外，像我刚才所说的，我的学生把藏族文学介绍到了美国，当然还有其他人类学家和民间文学学者都为此做出了贡献。

就目前美国的形势来看，基础是有的，但我希望还能继续多多介绍，多多翻译。说到翻译，这不仅是语言问题，还是民族问题，因为不是每一个词语都能在外语中对接的。目前，中国国内有很多人在做着把少数民族文学翻译成英语的工作，比如最近我就发现昆明民族出版社出版了十七部少数民族英文版史诗。但是，也暴露了一个问题，翻译者大部分是云南当地人，尽管他们常常和国外的专家合作，但毕竟他们的母语不是英语，所以译本的质量还有待提高。同时，我一个西方人来到中国，也不可能随便拿起某个少数民族的文学作品就开始翻译。因此，加强这方面的合作，是非常有必要的。

徐新建：我觉得应该重视这种非学院式的、多人式的、有准备但又即兴式的对话和讨论。首先，我回应一下马克老师。虽然他只有一个人在这儿，但是他的在场是一个类别的代表。今天，作为一名中国问题专家，马克老师是从英语世界的角度来观察、关注和介绍中国多民族文学的研究人员。引起我们关注的是他的中国方向与中国维度，也就是关注马克老师的世界眼光。

第一，通过马克老师，还有其他中介学者，助推了中国文学进入西方世界。比如，他和他的团队把《格萨尔王》和阿库乌雾老师的诗歌译成英文，让中国的少数民族文学作品融入英语世界。也就是说，促使中国少数民族文学逐渐成为世界文学的一部分。

第二，在没有马克老师的出场时，我们讲的多民族文学其实是中国国内的汉族文学和非汉族文学意义上的"多"，而不是世界文学维度上的"多"。本来我们今天的话题是"中国多民族文学"，这样一来则可把其中的国别去掉，因为"多民族文学"是全人类的话题，不能仅限于某个国家。因此，我们也希望今后马克老师也为我们讲一讲美国的多民族文学。

另外，在座的各位不仅来自不同的民族，研究的领域也具有跨族群性。比如，阿库乌雾老师就讨论过印第安民族的文学。大家都知道，印第安民族横跨美洲南北两个大陆，不仅跨国家，还跨洲。除此之外，美国还有黑人文学、亚裔文学，以及被称为"美国华裔文学"的汉语文学。有机会的话，我们还可以围绕这一话题进行对话，拓宽视野。

中国的范围很大，研究内容也很丰富，但是，一旦把视野展开到全球的结构中，它就是一个世界性问题了。这次讨论主要聚焦中国，而马克老师扮演的角色就是联通中美两国的桥梁，既让我们有了突破的机会，也让我们看到了世界。对此，我们并不只是说说而已，还付诸了行动。在阿库乌雾老师的发起下，西南民族大学举办过首届"世界少数族裔文学国际研讨会"。① 2019 年 8 月，我们会去澳门参加世界比较文学学会年会，11 月，还将在广西民族大学召开第二届世界少数族裔文学年会暨文学人类学年会。我觉得，我们这次讨论的话题需要更多的跨国对话，不仅面向中国少数民族文学，像印度的多民族文学、不列颠的英格兰文学与苏格兰文学等都可纳入其中。

回到之前的讨论。马克老师提出，面对这么多的方法时，我们首先要思考的应该是问题，就是要关注提出什么样的研究问题。我完全同意。理论只是工具，学术研究更应该关心的是对问题的提出和阐释。当然，李长中老师提及的本体论转向价值论，也是值得讨论的。因此，在我们承认有瓶颈之后，下一步就是讨论有没有可能突破了。如果我们继续走下去，很可能会出现某个转向。然而，讨论它到底是不是本体论出了问题已经没有价值，就像阿库乌雾老师讲的那样，是不是母语写作就要让位于第二语言写作，还有待商榷。

梁昭：好的，我们还有一些时间，那就开放一下讨论。

李菲：我先回应一下李长中老师刚才所说的价值论转向。我个人对这个观点是不太赞同的。因为多民族文学的提出，它的起点就是价值论，现在需要的是从本体论转向方法论，这也一直是我们的短板所在。另外，作

---

① 罗庆春、王菊：《共生·共谋·共荣——"世界少数族裔文学国际研讨会"会议综述》，《中外文化与文论》2017 年第 2 期。

为价值判断，"多民族"和"多民族文学"几乎是绝对正确的，无论是从前，还是现在，它都是没有讨论的余地的。

王艳： 刚刚汤老师也提到了，党的十八大以来，习近平总书记多次强调《格萨尔王传》《玛纳斯》《江格尔》三大民族史诗的重要性，史诗具有永恒的魅力，不同于《红楼梦》《三国演义》《西游记》《水浒传》四大名著，史诗是千千万万的人民"书写"而成，是集体的智慧和结晶。《格萨尔王传》已经成为中国文学史中不可或缺的一部分，它的地位和价值已经与《诗经》、楚辞、汉赋、唐诗宋词等中国历史上经典文学作品平起平坐，共同构成了中国文学版图中不可或缺的一部分。

我想举两个例子，第一是今年（2019）3月29日，我们研究院（西北民族大学格萨尔研究院）在北京民族文化宫举行了《格萨尔文库》发布会，国家民委主任巴特尔出席了发布会，这在新书发布会中并不多见，也恰恰说明了少数民族文学作为一种自上而下的文学事业，从一开始便带有浓厚的政治色彩。《格萨尔文库》三卷30册，约2500万字，包括藏族、蒙古族、土族、裕固族四种民族语言、文字和汉文对照本。自此，《格萨尔》史诗的搜集、整理、翻译工作可以说已经结束了，下一步要思考的是怎么建立中国史诗学的理论体系和话语体系。

自20世纪90年代朝戈金先生将"口头程式理论"引入中国以来，"口头程式理论"成为国内研究口头传统，尤其是少数民族史诗大型叙事等民间口传文学最有力的理论工具。西方的"荷马"已死，而中国的"荷马"依然在雪域高原上游吟歌唱，不断地生成新的、活态的文本，这种"主体"的存在和延续体现了中国口头传统的多样性和丰富性，草原上依旧歌声如风。[①] 据统计，中国知网（CNKI）上"口头程式理论"在中国的译介与应用有700多篇，[②] 涉及史诗、民歌、民间故事等多样态的口头文学样式。然而，遗憾的是我们有活态的田野场，却始终无法超越口头程式理论来建立自己的理论体系，一直在给西方的理论做注脚。

---

① 王艳：《口头诗学理论的范式转换及理论推进》，《青海社会科学》2019年第1期。
② 郭翠潇：《口头程式理论在中国的译介与应用——基于中国知网期刊数据库文献的实证研究》，《民族文学研究》2016年第6期。文中统计数据是710篇，时间截至2015年12月31日。

另一个例子是昨天（5月28日）一场围绕阿来的新作《云中记》的作品研讨会在北京举行，去年（2018）11月，由中国作家协会主办的"边地书、博物志与史诗——阿来作品国际研讨会"在北京师范大学举行，仅从参会的学者可以看出，阿来已经从一个"边地"的少数民族作家走到了文学的"中心"。当我们说少数民族文学总是被主流文学所忽视的时候，不妨反思一下，我们有几个像阿来这样被文学界高度认可的少数民族作家？当我们觉得《格萨尔王传》是一部伟大的史诗的时候，不妨思考一下，脱离了史诗传承的语境，普通的大众从文本当中能否感受到和四大名著一样的审美体验？之前的少数民族文学研讨会，更多是我们自己关起门来交流和讨论，很像刘大先老师提到的少数民族文学发生了"内卷化"——日益收缩、向内生长。① 所以，我认为多民族文学的瓶颈在于跨越语言的樊篱，为大众贡献出更多、更好的经典化作品，把我们的文学变成共享的文学。

完德加：我觉得在生活世界中，少数民族心中并没有"少数民族文学"这个概念，因为他们在自己文化里不是少数。他们是自信的，也会认为自己是中心的。我们在西南多民族文学与文化研究中能够看到，哪怕很小的一个群体，在其传统叙事中也都是世界的中心。

我们现在研究多民族文学时，首先要搞清楚作为对象的多民族文学在客观上是如何存在的？它与"少数民族文学"有何差异？在具体研究方面，马克老师说他做的是最基础的工作，但我认为那是最重要的工作。因为我们的研究也在最基础的工作中才能关注到多民族文学自身的"多元"特征。就拿刚刚提到的阿来文学作品来说，不少人曾讨论他的作品能不能代表藏族文学的问题，甚至有人怀疑是不是藏族文学，大家对此各有其说。在汉文文坛上获得很高评价的阿来文学作品，在母语文学学界却知之甚少，尚未真正介绍到藏族母语文学之中。由此看来，多民族文学的瓶颈不能只看到描写多民族生活的文学之上，更应该看到用母语书写的文学。关于多民族文学的问题，如果单从汉文为载体的文学角度讨论，就会忽略许许多

---

① 刘大先：《积极的多样性——文化多元主义的超越与少数民族文学的愿景》，《南京社会科学》2019 年第 5 期。

多的母语文学。多民族文学的真实出场，首先要有多民族母语的出场。因此，多民族文学及其研究确实有很多瓶颈，其中语言是第一个瓶颈。

总而言之，我认为多民族文学及其研究重在其"多元"特征，是中国文学丰富多彩的主要内涵，也是中华民族多元文化"不同而和"的世界叙事。这次讨论让我感触颇深，因为老师们把我带到了一个更广阔的视野，让我可以从更多的角度去对待文学。谢谢！

结语：过程即是反思

梁昭：感谢今天所有发言的老师。作为主持人，我认为今天的讨论是非常有意义的。在座的同学可能会觉得焦虑：仿佛我们提出了问题，却没有给出解决问题的方法。实际上，在学术讨论中提出问题的目的并不是要立即得到确切的答案，因为提出问题这一过程就是在进行学术反思。比如，我们今天提到多民族文学存不存在瓶颈？它的瓶颈又是什么？该如何突破这个瓶颈？这些提问也为今后的研究指出了大致的方向。

此外，提出问题还可以打破做学问重复生产的套路。比如，曾经在课上，同学们提问，现在我们没有"多民族文学史"的著述，那么该如何写出反映"多民族史观"的文学史呢？经过课堂上的梳理和讨论，我们发现，原有的"少数民族文学史"的写作，是和单一的民族文学史的建构是同步的。也就是说，如果是以"史"的方式来建构"多民族文学"，实际上就是对"少数民族文学"论述的重复。因此，今天提倡的"多民族文学史观"，并不意味着把所有民族的文学"加"起来，再编一套文学史——这样做无非又是回到了单一性的视角。文学实践本来就是一个话语场域的问题。我们现在讨论的主题在将来可能会被问题化，也可能被回顾或再情景化，成为一个历史过程。可能就像徐新建老师说的那样，我们可能开启一系列新的行动实践和研究范式，这也就是这次讨论的意义所在。

再次感谢大家的参与！

图书在版编目（CIP）数据

文学人类学研究. 2020 年. 第一辑／徐新建主编
. -- 北京：社会科学文献出版社，2021.1
ISBN 978 - 7 - 5201 - 7783 - 2

Ⅰ.①文…　Ⅱ.①徐…　Ⅲ.①文化人类学 - 研究
Ⅳ.①C958

中国版本图书馆 CIP 数据核字（2021）第 016522 号

文学人类学研究（2020 年第一辑）

主　　　编／徐新建

出　版　人／王利民
责任编辑／张倩郢

出　　　版／社会科学文献出版社·人文分社（010）59367215
　　　　　　地址：北京市北三环中路甲 29 号院华龙大厦　邮编：100029
　　　　　　网址：www. ssap. com. cn
发　　　行／市场营销中心（010）59367081　59367083
印　　　装／三河市龙林印务有限公司

规　　　格／开　本：787mm×1092mm　1/16
　　　　　　印　张：15.5　字　数：241 千字
版　　　次／2021 年 1 月第 1 版　2021 年 1 月第 1 次印刷
书　　　号／ISBN 978 - 7 - 5201 - 7783 - 2
定　　　价／89.00 元

本书如有印装质量问题，请与读者服务中心（010 - 59367028）联系